易学象数论

〔清〕黄宗羲◇撰
郑万耕◇点校

周易书

中华书局

总　目

易学象数论

〔清〕黄宗羲 撰

点校说明

黄宗羲(一六一〇——一六九五年),字太冲,浙江余姚人。其父黄尊素为东林学派中的人物之一,被魏忠贤陷害而死。黄宗羲受父遗命,问学于刘宗周。明思宗即位,他入都讼冤,以铁锥刺伤仇人。清兵南下,他召募义兵进行反抗,所部号为黄氏“世忠营”,但不久即败散。明室恢复无望,他隐居著书,著述颇多,世称梨洲先生。

黄宗羲是我国明末清初的著名思想家。他学识渊博,对天文、历算、历史、地理都有研究。他特别重视史学,开辟了清代史学研究的风气,对易学更有很深的造诣。

清朝初年,由于汉学的兴盛,易学亦重考据,尤其注重对汉易学、象数图书之学的考辨。黄宗羲、黄宗炎、毛奇龄、胡渭、惠栋等人用力尤勤。黄宗羲的易学象数论就是此种穷本溯源、钩深索隐、考其流变的易学著述之一。

易学象数论共六卷,前三卷论河图、洛书、先天方位、纳甲、纳音、月建、卦气、卦变、互卦、筮法、占法等,而附以所著原象,以辨象学之讹;后三卷论太玄、乾凿度、元包、潜虚、洞极、洪范数、皇极数,以及六壬、太乙、遁甲等,以订数学之失。其持论皆有依据，辨论精详，使人一一洞晓其始末，而得其瑕疵。对于我们了解汉易的本来面貌，河图、洛书、先天之学的流变，多所裨益。

这次点校出版易学象数论，以文渊阁四库全书本（简称四库本）为底本，用广雅书局丛书本（简称广雅本）参校。校勘中凡改正错谬、删减衍文、增补文句，均出注予以说明。一般笔误、形误之字，以及图表和卦象中错误，则随手改正，不再予以说明。避讳字仍予保留。黄氏此书所征引之古籍达数十种之多。其中引文有原文照录者，有概述其意者，有原文概述羼杂者，有中间删略者，有偶尔脱落一二文字者等等，情况较为复杂。此次点校，引文均用引号标出，以清眉目。引文中脱误之文字，除个别与理解文义关系重大者予以补正并出注说明外，一般不作校补。对引文中由于作者所用版本而造成与通行本之不同，则一律仍旧。书后择要附录了有关文献，以资参阅。

郑万耕

目　录

易学象数论自序[一]

夫易者，范围天地之书也。广大无所不备，故九流百家之学，皆可窜入焉。自九流百家借之以行其说，而于易之本意反晦矣。汉儒林传：孔子六传至菑川田何，易道大兴。吾不知田何之说何如也！降而焦、京，世应、飞伏、动爻、互体、五行、纳甲之变，无不具者。吾读李鼎祚易解，一时诸儒之说芜秽康庄，使观象玩占之理，尽入于淫瞽方技之流，可不悲夫！有魏王辅嗣出而注易，得意忘象，得意忘言；日时岁月，五气相推，悉皆摈落，多所不关，庶几潦水尽而寒潭清矣。顾论者谓其以老、庄解易，试读其注，简当而无浮意，何曾笼落玄旨？故能远历于唐，发为正义，其廓清之功不可泯也。然而魏伯阳之参同契，陈希夷之图、书，远有端绪。世之好奇者，卑王注之淡薄，未尝不以别传私之。逮伊川作易传，收其昆仑旁薄者，散之于六十四卦中，理到语精，易道于是而大定矣。其时康节上接种放、穆修、李之才之传，而创河图先天之说，是亦不过一家之学耳。晦庵作本义，加之于开卷，读易者从之。后世颁之于学

〔一〕四库本未收此序，今据广雅本及南雷文定三集、南雷文约补。

官,初犹兼易传并行,久而止行本义。于是经生学士信以为羲、文、周、孔,其道不同,所谓象数者,又语焉不详,将夫子之韦编三绝者,须求之卖酱箍桶之徒,而易学之榛芜,盖仍如京、焦之时矣。自科举之学一定,世不敢复议,稍有出入其说者,即以穿凿诬之。夫所谓穿凿者,必其与圣经不合者也。摘发传注之讹,复还经文之旧,不可谓之穿凿也。河图、洛书,欧阳子言其怪妄之尤甚者,且与汉儒异趣,不特不见于经,亦是不见于传。先天之方位明与"出震""齐巽"之文相背,而晦翁反致疑于经文之卦位;生十六,生三十二,卦不成卦,爻不成爻。一切非经文所有,顾可谓之不穿凿乎?晦翁曰:"谈易者譬之烛笼,添得一条骨子,则障了一路光明,若能尽去其障,使之统体光明,岂不更好。"斯言是也。奈何添入康节之学,使之统体皆障乎?世儒过视象数,以为绝学,故为所欺。余一一疏通之,知其于易本了无干涉,而后反求之程传,或亦廓清之一端也。

易学象数论卷一

图书一

欧阳修言“河图、洛书怪妄”之尤甚者，自朱子列之本义，家传户诵，今有见欧阳子之言者，且以欧阳子为怪妄矣。然欧阳子言其怪妄，亦未尝言其怪妄之由。后之人徒见图、书之说载在圣经，虽明知其穿凿傅会，终不敢犯古今之不韪而黜其非。中间一二大儒亦尝至疑于此。张南轩以河图为兴易之祥；魏鹤山则信蒋山之说，以先天图为河图，五行生成数为洛书，而戴九履一者则太乙九宫之数；宋潜溪则信刘歆，以八卦为河图，班固洪范本文为洛书；皆碍经文而为之变说也。是故欧阳子既黜图、书，不得不并系辞而疑其伪。不伪系辞则“河出图，洛出书”之文驾乎其上，其说终莫之能伸也。然则欲明“图书”之义，亦惟求之经文而已。六经之言“图书”凡四：书顾命曰“河图在东序”；论语曰“河不出图”；礼运曰“河出马图”；易曰“河出图，洛出书，圣人则之”。由是而求之“图书”之说，从可知矣。圣人之作易也，一则曰“仰以观于天文，俯以察于地理”；再则曰“仰则观象于天，俯则观法于地，于是始作八卦”。

此章之意，正与相类。“天垂象，见吉凶，圣人象之”者，仰观于天也。“河出图，洛出书，圣人则之”者，俯察于地也。谓之“图”者，山川险易，南北高深，如后世之图经是也；谓之“书”者，风土刚柔，户口扼塞，如夏之禹贡、周之职方是也；谓之“河”、“洛”者，河、洛为天下之中，凡四方所上图书皆以“河”、“洛”系其名也。顾命“西序”之“大训”，犹今之祖训；“东序”之“河图”，犹今之黄册，故与宝玉杂陈。不然，其所陈者为龙马之蜕与？抑伏羲画卦之稿本与？无是理也。孔子之时，世莫宗周，列国各自有其人民土地，而河、洛之图书不至，无以知其盈虚消息之数，故叹“河不出图”。其与“凤鸟”言之者，凤不至为天时，图不出为人事，言天时人事两无所据也。若图书为画卦叙畴之原，则卦画畴叙之后，河复出图，将焉用之？而孔子叹之者，岂再欲为画卦之事耶！观论语，而图书之为地理益明矣。礼运出于汉儒，此可无论。扬子曰：“众言淆乱则折诸圣。”经文既如是其明显，则后儒之纷纭，徒为辞费而已矣。某之为此言者，发端于永嘉薛士隆。士隆曰：“河图之数四十有五，乾元用九之数也；洛书之数五十有五，大衍五十之数也。究其终始之数，九实尸之。故地有九州，天有九野。传称河、洛皆九曲，岂取数于是乎！”士隆既不安后儒之说，超然远览，而又胶滞于数，始信众言之难破也。

图书二

按，汉儒孔安国、刘歆皆以八卦为河图，洪范本文为洛书。郑玄依纬书则云：“河图有九篇，洛书有六篇。”自唐以前皆祖其说，而无有异同。其一六居下之图，扬雄曰“三八为木，为东方”；“四九为金，为西方”；“二七为火，为南方”；“一六为水，为北方”。又曰：“一与六共宗，二与七共明，三与八成友，四与九同道，五与十〔一〕相守。”乾坤凿度曰：“天本一而立，一为数原，地配生六，成天地之数，合而成水性。天三地八木，天七地二火，天五地十土，天九地四金。”虞翻易注曰：“一六合水，二七合火，三八合木，四九合金，五十合土。”黄帝内经曰：“太过者其数成，不及者其数生，土常以生也。”王冰注：“生数：水数一，火数二，木数三，金数四，土数五。成数：水数六，火数七，木数八，金数九，土数五。”历考诸家，皆以为天地之数，初未尝以此为河图也。其戴九履一之图，乾凿度曰：“太乙行九宫，四正四维皆合于十五。”张衡曰：“律历卦候，九宫风角，数有征效。”魏伯阳曰：“土王四季，罗络始终，青赤白黑，各居一方，皆禀中宫，戊己之功。”又曰：“太乙乃君，移居中州。”内经有眚于三，东方；眚于九，南方；眚于七，西方；眚于一，北方；眚于四维。历考诸家，皆以为九宫之数，初未尝以此为洛书也。图书之所指既如彼，二数之称名又如此，两者判然不相及。至宋而方士牵强扭合，儒者又从缘饰以为授受之秘，而汉、唐以来之议论一切抹煞矣。当日欧阳子之所谓怪妄者，犹是汉儒之说，第以龙马神龟为不经耳。若二数乃日者之常谈，且不足怪妄之矣。奈之何旋毛圻文之附会纷纷如寐语也。且图书亦自有辨，天地之数固命之为图，九宫之数是亦一图也，岂可为书！汉儒图则言画，书则

〔一〕“十”，扬雄太玄作“五”。

言文，犹致严于名实，此则不暇自掩其失矣。

图书三

刘牧谓“河图之数九，洛书之数十”。李觏、张行成、朱震皆因之，而朱子以为反置。一证之邵子，曰：“圆者，星也。历纪之数，其肇于此乎？方者，土也。画州井地之法，其放于此乎？盖圆者河图之数，方者洛书之文。”然鹤山辨之曰：“邵子但言方圆之象，不指九十之数。若以象观之，则九又圆于十矣。且星少阳，土少柔；偶者为方为阴，奇者为圆为阳，十偶而九奇，邵子之言反若有助于牧也。”再证之关子明，曰：“河图之文，七前六后，八左九右。洛书之文，九前一后，三左七右，四前左二前右，八后左六后右。”然关子明伪书也，不可为证。刘因为之解曰：“关氏之书者非伪，后人之托夫关氏也。盖伪其自作者，托之于圣人也。”则又不然。关氏书亡，阮逸伪作，安见非后人之托夫关氏乎？三证之大戴礼，明堂篇有二九四七五三六一八。郑氏注云：“法龟文也。”然郑玄注小戴礼，未尝注大戴礼，在艺文志可考。今之所传亦后人假托为之也，其疏略不出于郑氏明矣。况郑氏明言“河图九篇，洛书六篇”，岂又以九宫为洛书，自背其说哉！凡此数证，皆不足以绌牧。在宋以前，二数未尝有图、书之名，安得谓此九彼十？至于刘、邵，则同出希夷，授受甚明。若彼此异同，所传者亦复何事？故以十为图九为书者，特始于朱子，后之诸儒相率而不敢违耳。就二数通之于易，则十者有天一至地十之系可据，九者并无明文。此朱子争十为河图之意长于长民也。虽然，自一至十之数，易之所有也；自一至十之方位，易之所无也。一三五七九之合于天，二四六八十之合于地，易之所有也；一六合，二七合，三八合，四九合，五十合，易之所无也。天地之数，易之所有也；水火木金土之生成，易之所无也。试尽去后人之添入，依经为说，则此数仍于易无与，而况名之为河图乎？

图书四

世之言五行者，莫不本于生成之数，皆以为造化之自然，无容复议也。某则以九流之失，由此数失之于始。夫太虚絪缊相感，止有一气，无所谓天气也，无所谓地气也。自其清通而不可见，则谓之天；自其凝滞而有形象，则谓之地，故曰资始资生，又曰天施地生。言天唱而不和，地和而不唱。今所谓生者，唱也；所谓成者，和也。一三五，天之生数，六八十地之成数；二四地之生数，七九天之成数，是天唱而复和，地和而复唱。真若太虚之中两气并行，天气地气其为物贰矣。是故一气之流行，无时而息。当其和也为春，是木之行；和之至而温为夏，是火之行；温之杀而凉为秋，是金之行；凉之至而寒为冬，是水之行；寒之杀则又和，木火金水之化生万物，其凝之之性即土。盖木火金水土，目虽五而气则一，皆天也；其成形而为万物，皆地也。若以水木土天之所生，火〔一〕金地之所生，则

〔一〕“火”，原作“灭”，今据广雅本改。

春冬属天，夏秋属地，五行各有分属。一气循环，忽截而为天，忽截而为地，恐无此法象矣。原其一水、二火、三木、四金、五土，不过以质之轻重为数之多寡、第之先后。故土重于金，金重于木，木重于火，火重于水。然方其为气，岂有轻重之可言！未闻凉重于温，寒轻于和也。则知天一至地十之数，于五行无与矣。是故言五行天生地成可也，言地生天成不可也；言奇数属天偶数属地可也，言某行属奇数，某行属偶数不可也。此千古不解之惑，儒者不免，况于术数家乎。

图书五

天一至地十之数，儒者必欲言圣人则之以画卦。崔憬曰："三天者，谓从三始，顺数而至五七九，不取于一。两地者，谓从二起，逆数而十八六，不取于四。""艮为少阳，其数三。坎为中阳，其数五。震为长阳，其数七。乾为老阳，其数九。兑为少阴，其数二。离为中阴，其数十。巽为长阴，其数八。坤为老阴，其数六。"刘长民曰："水六金九火七木八而生八卦。此坎、离、震、兑四卦。六居坎而生乾，谓三为坎，三为乾也。九居兑而生坤，谓三为兑，六为坤也。七居离而生巽，谓三为离，四为巽也。八居震而生艮，谓三为震，五为艮也。"朱子曰："河图之虚五与十者，太极也。奇数二十，偶数二十者，两仪也。以一二三四为六七八九者，四象也。析四方之合，以为乾、坤、离、坎；补四隅之空，以为兑、震、巽、艮者，八卦也。"同此一数而三家所指不同。如此配卦之论，始于崔憬。憬但言其数，不言其位。乾、坤、震、巽数有可据，其附会者，坎、离、艮、兑耳。长民兼位数而言，六为水而坎属之，七为火而离属之，八为木而震属之，九为金而兑属之。以四卦之五行迁就其位数，未为不可，至于乾、坤、艮、巽则不可通矣。朱子主先天之说，以乾南坤北者，伏羲之卦位也；离南坎北者，文王之卦位也。河图出于宓戏，其时尚无离南坎北之位，硬以乾南坤北配之，则更无一合者矣。天下之物一人以为然，千万人以为然，其为物也不远矣。一人可指之为此，又一人可指之为彼，其为物也无定名矣。故以天地之数配八卦者，皆非定名也。

图书六

龙图序见于宋文鉴，以十为河图。朱子辨刘牧九为河图之非，不取此为证者，以其为假书也。见语类。故刘静修曰："龙图之说未必出于刘牧之前。"吕伯恭从而误信之，犹张敬夫为戴氏师愈所欺也。"希夷未闻有书，传至邵子而后有书。"宋景濂以为不然，曰："龙图序非图南不能作也。"张理注以第一图为"未合之位〔一〕"，第二图为"已合之位"，盖不知序言"后既合也"为第三图。又以"天一居上为道之宗"一语误解在南为上，于是第二图上位置一于南，置二于北，置四于东，置三于西。以之合于下位，则二六居下，一七居上，四八居左，三九居右，不可通矣。乃言："当如太乙、遁甲阴阳二局，以一二三四为天

〔一〕"位"，四库本易象图说作"数"。

盘，在上随时运转，六七八九为地盘，布定不易。以一在南动而右转，初交一居东南，二居西北，三居西南，四居东北；再交一居东北，二居西南，三居东南，四居西北，然后为生成之位；即朱子河图。三交一西北，二东南，三东北，四西南；四交一西南，二东北，三西北，四东南。再转则复于南。”如此则龙图已合者且有六图，不胜支离。盖不知“天一居上”之“上”谓上位也。某故正之，以复希夷之旧。然序之为说固不能无疑，谓河出未合之图，“伏羲合而用之”，是伏羲画卦又画图矣。系辞天数二十有五，积一三五七九而得之，地数三十，积二四六八十而得之。今上位分为一二三四五十，下位分为六七八九，则天数杂地数之中，地数杂天数之中，上得六位，下得四位，无乃天数六、地数四乎？既以其数托之于易，又与易背，宜乎？朱子以为假也。

龙图序

且夫龙马始负图，出于羲皇之代，在太古之先也。今存已合之位或疑之，况更陈其未合之数耶？然则何以知之？答曰：于仲尼三陈九卦之义，探其旨，所以知之也。九卦谓履、谦、复、恒、损、益、困、井、巽之九卦也。

已合之位即今之所谓河图是也。自未合至已合，其图有三，亦犹九卦之三陈也，于九卦之义无取。

况夫天之垂象，的如贯珠，少有差则不成次序矣。故自一至于盈万，皆累累然如系之于缕也。且若龙图本合，则圣人不得见其象，所以天意先未合而形其象，圣人观象而明其用。是龙图者，天散而示之，伏羲合而用之，仲尼默而形之。

未合之位为河之所出，已合之位为伏羲所成。

始龙图之未合也，惟五十五数。上二十五，天数也。

第一图 上位

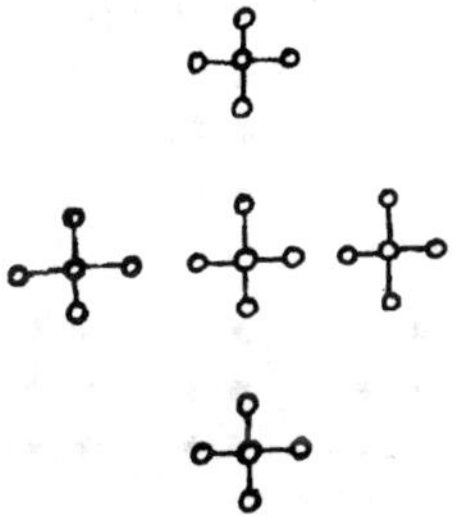

中贯三五九，外包之十五，尽天三天五天九并十五之用，后形一六无位，上位去一，下位去六。又显二十四之为用也。兹所谓天垂象矣。

第二图 上位[一]

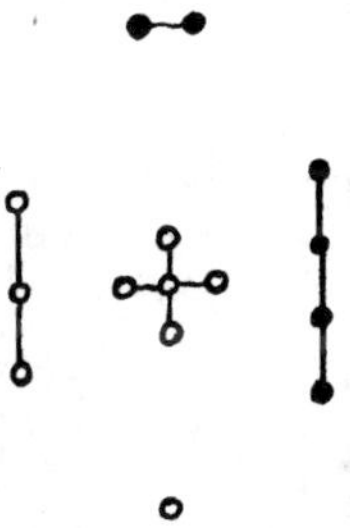

中贯三五九者，以第一图而论，中五之从三，是中贯三也；中五之居中，是中贯五也；上五中五下五之从，是中贯九也。去其所从之九，又去无位之一，而分之四方中央，则凡五行之生数皆天数之所成，为第二图也。

〔一〕原图上二、右四为白圈，今依惯例改为黑圈。广雅本上二、下一、左三、右四皆与中五相连。

下三十，地数也。亦分五位，五位言四方中央也。皆明五之用也。上位形五，下位形六。十分为六，五位六五，三十数也。形坤之象焉。坤用六也。

第一图　下位〔一〕

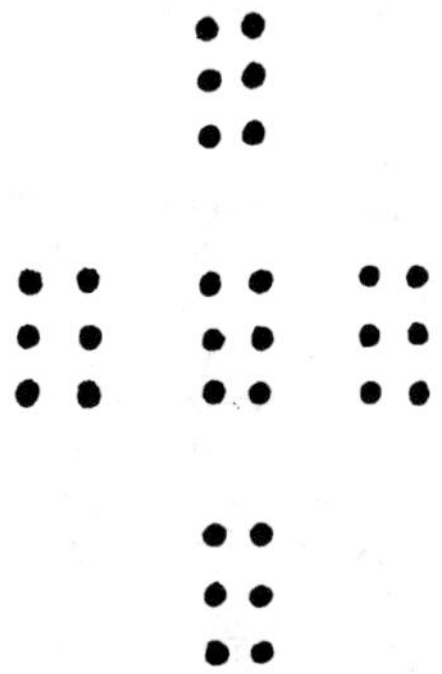

六分而成〔二〕四象，成七九八六之四象。地六不配。谓中央六也。一分在南边，六成〔三〕少阳七。二分在东边，六成〔四〕少阴八。三分在西边六成老阳九。惟在北边，六便成老阴数，更无外数添也。

第二图　下位〔五〕

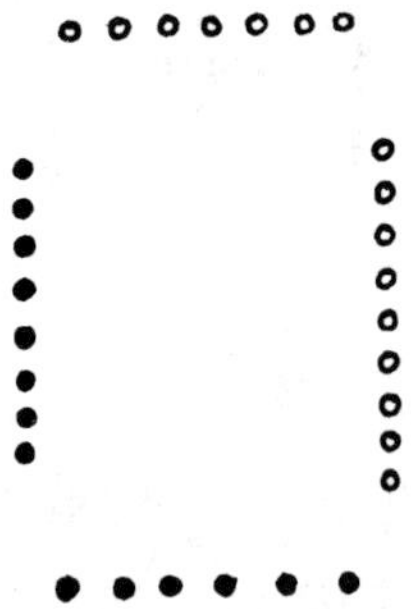

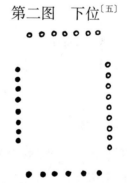

〔一〕原图皆为白圈，今依惯例改为黑圈。

〔二〕〔三〕〔四〕“成”，宋文鉴皆作“几”。

〔五〕原图右为八个白圈，今据注文及图义补为九个白圈。原图下六左八皆为白圈，今依惯例改为黑圈。

以三十分为五位，每位得六，为第一图。取中央之六，分其一配南为七，分其二配东为八，分其三配西为九，中央更无余分，故下六不配。凡五行之成数皆地数所分，为第二图也。

在上则一不用，形二十四；在下则六不用，亦形二十四。上位中心去其一，见二十四〔一〕。下位中心去其六，亦见二十四，以一岁三百六旬周于二十四气也。故阴阳进退皆用二十四。

天数二十五，去其从九，犹存十六，于生数十五之中则一不用。生数虽十五，而天数固二十五也。一不用则二十四。地数中央之六分配四方，六即不用，数仍三十也。然依原位四方各六，则中六不用，形为二十四。

后既合也，天一居上为道之宗，地六居下为气之本。一六上下，覆载之中，运四十九之数，为造化之用也。

此第三图，合上下位而为一也。天一居上，以在上位故谓之上；地六居下，以在下位故谓之下，非言一南而六北也。

天三干地二，地四为之用。此更明九六之用，谓天三统地二地四成九，为乾元之用也。九干五行成数四十，是谓“大衍之数五十，其用四十有九”也。

五行成数六七八九十，积之得四十，以九加之，合大衍之数。

三若在阳则避孤阴，在阴则避寡阳。成八卦者，三位也。谓一三五之三位。二与四只两位，两位则不成卦体，是无中正不为用也。在阳则为孤阴，四二是也；在阴则为寡阳，七九是也。三皆不处之，若避之也。

一三五则三在阳，六八十则三在阴。

大矣哉！龙图之变，岐分万涂。今略述其梗概焉。

〔一〕“见二十”，原作“下位中”，今据宋文鉴改。

先天图一

邵子先天横图次序，以“易有太极，是生两仪。两仪生四象，四象生八卦”为据。黄东发言：“生两生四生八，易之有矣。生十六生三十二，易有之否耶?”某则据易之生两生四生八，而后知横图之非也。“易有太极，是生两仪”，所谓一阴一阳者是也。其一阳也，已括一百九十二爻之奇；其一阴也，已括一百九十二爻之偶。以三百八十四画为两仪，非以两画为两仪也。若如朱子以第一爻而言，则一阴一阳之所生者，各止三十二爻，而初爻以上之奇偶，又待此三十二爻以生。阴阳者，气也。爻者，质也。一落于爻，已有定位，焉能以此位生彼位哉！“两仪生四象”，所谓老阳、老阴、少阳、少阴是也。乾为老阳，坤为老阴，震、坎、艮为少阳，巽、离、兑为少阴。三奇☰者，老阳之象；三偶☷者，老阴之象；一奇二偶☳ ☵ ☶者，少阳之象；一偶二奇者☴ ☲ ☱，少阴之象。是三画八卦，即四象也。故曰“八卦成列，象在其中矣”，“八卦以象告”。此质之经文而无疑者也。又曰：“易有四象，所以示也。”又曰：“象者，言乎象者也。”今观彖传，必发明二卦之德，则象之为三画八卦明矣。是故四象之中，以一卦为一象者，乾、坤是也；以三卦为一象者，震、坎、艮与巽、离、兑是也。必如康节均二卦为一象，乾、离、坎、坤于四象之位得矣；兑之为老阳，震之为少阴，巽之为少阳，艮之为老阴，无乃杂而越乎？易言“阳卦多阴，阴卦多阳”，震、艮之为阳卦，巽、兑之为阴卦，可无疑矣。反而置之，明背经文，而学者不以为非，何也？至于八卦次序，乾、坤、震、巽、坎、离、艮、兑，其在说卦者，亦可据矣。而易为乾一、兑二、离三、震四、巽五、坎六、艮七、坤八，以缘饰图之左阴右阳。学者信经文乎？信传注乎？“四象生八卦”者，周礼太卜“经卦皆八，别皆六十四”；占人“以八卦占筮之八故”。则六十四卦统言之，皆谓之八卦也。盖内卦为贞，外卦为悔，举贞可以该悔。举乾之贞，而坤乾、震乾、巽乾、坎乾、离乾、艮乾、兑乾该之矣。以下七卦皆然。证之于易，曰：“八卦定吉凶。”若三画之八卦，吉凶何从定乎？曰“包牺氏始作八卦”，其下文自益至夬所取之十卦，已在其中，则八卦之该六十四亦明矣。由是言之，太极、两仪、四象、八卦，因全体而见。盖细推八卦即六十四卦。之中，皆有两仪四象之理，而两仪四象初不画于卦之外也。其言生者，即“生生谓易”之生，非次第而生之谓。康节加一倍之法，从此章而得，实非此章之旨。又何待生十六生三十二而后出经文之外也。其谓之先天者，以此章所生八卦，与前章“始作八卦”，其文相合，以为宓戏之时，止有三画而无六画，故谓之先天。又以己之意生十六、生三十二、生六十四，仿此章而为之，以补羲皇之阙，亦谓之先天。不知此章于六十四卦已自全俱，补之反为重出。易言“因而重之”，生十六、生三十二、生六十四，是积累而后成者，岂可谓之重乎！既不难明背，何止如东发言非易之所有耶？

先天图二

邵子先天方位，以“天地定位，山泽通气，雷风相薄，水火不相射，八卦相错”为据，而作乾南坤北，离东坎西，震东北，兑东南，巽西南，艮西北之图。于是为之说曰：“‘数往者顺’，若顺天而行，是左旋也，皆已生之卦也。乾一兑二离三震四，生之序也。震初为冬至，离、兑之中为春分，乾末交夏至。故由震至乾皆已生之卦。‘知来者逆’，若逆天而行，是右行也，皆未生之卦也。巽五坎六艮七坤八，生之序也。巽初为夏至，坎、艮之中为秋分，坤末交冬至。故由巽至坤皆未生之卦。”又仿此而演之，以为六十四卦方位。夫卦之方位，已见“帝出乎震”一章。康节舍其明明可据者，而于未尝言方位者重出之，以为先天，是谓非所据而据焉。“天地定位”，言天位乎上，地位乎下，未闻南上而北下也。“山泽通气”，山必资乎泽，泽必出乎山，其气相通，无往不然。奚取其相对乎？“雷风相薄”，震居东，巽居东南，遇近而合，故言相薄。远之则不能薄矣。东北为寅时，方正月，岂雷发声之时耶？“水火不相射”，南方炎，北方寒，犹之冬寒夏热也。离东坎西，是指春热秋寒，谁其信之？此皆先儒所已言者。某则即以邵子所据者，破邵子之说。“帝出乎震”之下文：“动万物者莫疾乎雷，挠万物者莫疾乎风，燥万物者莫熯乎火，说万物者莫说乎泽，润万物者莫润乎水，终万物始万物者莫盛乎艮。”其次序非即上文“离南坎北”之位乎？但除乾、坤于外耳。继之以“故水火相逮，雷风不相悖，山泽通气，然后能变化，既成万物也”。然则前之“天地定位”四句，正为离南坎北之方位而言也。何所容先天之说杂其中耶？且卦爻之言方位者，西南皆指坤，东北皆指艮，南狩南征必为离，西山西郊必为兑。使有乾南坤北之位在其先，不应卦爻无阑入之者。康节所谓“已生、未生”者，因横图乾一兑二之序。

乾一兑二之序，一人之私言也。则左旋右行之说，益不足凭耳。凡先天四图，其说非尽出自邵子也。朱震经筵表云：“陈抟以先天图传种放，放传穆修，修传李之才，之才传邵雍。放以河图、洛书传李溉，溉传许坚，坚传范谔昌，谔昌传刘牧。”故朱子云：“宓戏四图，其说皆出邵氏。”然观刘牧钩深索隐图，乾与坤数九也，震与巽数九也，坎与离，艮与兑，数皆九也。其所谓九数者，天一地八定位，山七泽二通气，雷四风五相薄，水六火三不相射。则知先天图之传，不仅邵氏得之也。

天根月窟

康节因先天图而创为天根月窟，即参同契“乾、坤门户”、“牝牡”之论也。故以八卦言者，指坤、震二卦之间为天根，以其为一阳所生之处也；指乾、巽二卦之间为月窟，以其为一阴所生之处也。程前村直方谓“天根在卯，离、兑之中是也；月窟在酉，坎、艮之中是也”，引尔雅“天根氐也”、长杨赋“西压月窟”证之。然与康节“乾遇巽时观月窟，地逢雷处见天根”之诗背矣。以六十四卦言者，朱子曰：“天根月窟指复、姤二卦。”有以十二辟卦言者，十一月为天根，五月为月窟。其三十六宫，凡有六说。以八卦言者三：乾一、兑二、离三、震四、巽五、坎六、艮七、坤八之次序，积数为三十六。乾一对坤八为九，兑二对艮七为九，离三对坎六为九，震四对巽五为九，四九亦为三十六。乾画三，坤画六，震、坎、艮画各五，巽、离、兑画各四，积数亦三十六。以六十四卦言者二，朱子曰：“卦之不易者有八，乾、坤、坎、离、颐、中孚、大过、小过。反易者二十八，合之为三十六。”方虚谷回曰：“复起子左得一百八十日，姤起午右得一百八十日。一旬为一宫，三百六十日为三十六宫。”以十二辟卦言者一，鲍鲁斋恂曰：“自复至乾六卦，阳爻二十一，阴爻十五，合之则三十六。自姤至坤六卦，阴爻二十一，阳爻十五，合之亦三十六。阳爻阴爻总七十二，以配合言，故云三十六。”按诸说推之，其以阳生为天根，阴生为月窟，无不同也。盖康节之意，所谓天根者，性也；所谓月窟者，命也。性命双修，老氏之学。其理为易所无，故其数与易无与也。

八卦方位

离南坎北之位见于经文，而卦爻所指之方亦与之相合，是亦可以无疑矣。盖画卦之时，即有此方位。易不始于文王，则方位亦不始于文王，故不当云“文王八卦方位”也。乃康节必欲言文王，因先天乾南坤北之位，改而为此。朱子则主张“康节之说过当”，反致疑于经文。曰“曷言齐乎巽，不可晓”，曰“坤在西南，不诚东北〔一〕方无地”，曰“乾西北，亦不可晓，如何阴阳来此相薄”，曰“西方肃杀之气〔二〕，如何言万物之所说”，凡此数说，有何不可晓。巽当春夏之交，万物毕出，故谓之齐。观北地少雨，得风则生气郁然可验也。夏秋之交，土之所位，故坤位之，非言地也。若如此致难，则先天方位巽在西南，何不疑东北无风耶？其余七卦莫不皆然。乾主立冬以后、冬至

〔一〕“东北”，朱子语类卷七十七作“西北”。
〔二〕“气”，朱子语类卷七十七作“地”。

以前，故阴阳相薄。观说卦，乾之为寒为冰，非西北何以置之！万物告成于秋，如何不说。朱子注“元亨利贞”之“利”曰：“利者，生物之遂，物各得宜，不相妨害。于时为秋，于人为义，而得其分之和。”非说乎？顾未尝以肃杀为嫌也。然则朱子所以致疑者，由先天之说先入于中，故曰“主张太过”也。康节曰：“乾、坤交而为泰，言文王改先天图之义。先天乾南坤北，交而为泰，故乾北坤南。坎、离交而为既济。先天离东坎西，交而为既济，故离南坎北。乾生于子，先天乾居午，而其生在子，故下而至北。坤生于午，坤居子，而其生在午，故上而至南。坎终于寅，坎当申，交于离，故终寅。离终于申。离当寅，交于坎，故终申。”所谓交者，不取对待言之也。即以对待而论，则乾南坤北者，亦必乾北坤南，而后泰之形可成也，今坤在西南，乾在西北；离东坎西者，亦必离西坎东，而后既济之形可成也，今离在上，坎在下，于义何居？借曰：“再变而后为今位。”是乾南坤北之后，离南坎北之前，中间又有一方位矣。乾位戌，坤位未，坎位子，离位午，于子午寅申皆无当也。康节又曰：“震、兑，始交者也，阳本在上，阴本在下，阳下而交于阴，阴上而交于阳。震一阳在下，兑一阴在上，故为始交。故当朝夕之位。坎、离，交之极者也，坎阳在中，离阴在中，故为交之极。故当子午之位。四正皆为用位。巽、艮不交，而阴阳犹杂也，巽一阴在下，艮一阳在上，适得上下本然，故为不交。故当用中之偏。乾、坤，纯阳纯阴也，故当不用之位。”东方阳主用，西方阴为不用。夫气化周流不息，无时不用。若以时过为不用，则春秋不用者子午，冬夏不用者卯酉，安在四正之皆为用位也？必以西南、西北为不用之位，则夏秋之交，秋冬之交，气化岂其或息乎？康节又曰：“乾、坤纵而六子横，易之本也。先天之位。震、兑横而六卦纵，易之用也。”由前之说，则后自坎、离以外皆横也；由后之说，则前自坎、离以外皆纵也。图同而说异，不自知其迁就与？是故离南坎北之位，本无可疑，自康节以为“从先天改出，牵前曳后”，始不胜其支离。朱子求其所以改之之故而不可得，遂至不信经文，吁可怪也。

纳甲一

世言纳甲本于参同契，然京房积算已言：“分天地乾、坤之象，益之以甲乙壬癸。甲壬阳，入乾。乙癸阴，入坤。震、巽之象配庚辛，庚阳，入震。辛阴，入巽。坎、离之象配戊己，戊阳，入坎。己阴，入离。艮、兑之象配丙丁。丙阳，入艮。丁阴，入兑。”是则西汉之前已有之矣。魏伯阳因其说，而以月象附会之。参同契曰：“三日出为爽，震◒庚受西方。八日兑◯受丁，上弦平如绳。十五乾○体就，盛满甲东方。”“十六转就绪，巽◯辛见平明。艮◓直于丙南，下弦二十三。坤●乙三十日，东方丧其明。”“壬癸配甲乙，乾、坤括始终。”虞翻注易亦祖伯阳，盖以月之明魄多少取象于卦画，而以所见方位为所纳之甲。赵汝楳驳之曰：“昼夜有长短，昼短日没于申，则月合于申，望于寅。昼长则日没于戌，则月合于戌[一]，望于辰。十二月间，三日之月未必昼见庚，十五日之月未必昼见甲。合朔有先后，则上下絃[二]未必尽在八日、二十三日，望晦未必尽在十五日、三十日。震、巽位于西，兑、艮位于南，乾、坤位于东，与大传之卦易位。兑画阳过阴，艮画

[一] 此上两“戌”字，原作“戍”，今依广雅本改。以下随手改正，不另出校。
[二] “絃”，广雅本作“弦”。

阴过阳，不能均平，与上下絃〔一〕月体相符。”朱风林升亦云：“以乾三画纯阳为望，以坤三画纯阴为晦，其明魄消长当以五夜当一画。则震当为初五夜之月，而非生明；兑当为初十夜之月，而非上弦。望后巽、艮亦然。此月之明魄与画卦不类也。地之方位，甲庚相对，既以望夕之月为乾而出甲，则初生之月不见于庚矣。上下弦之昏旦，同见于南方之中，亦初无上弦见丁，下弦见丙之异也。况月之行天，一岁十二月，其昏旦出见之地，夜夜推移，无定位可指，来月所纳之甲，非今月所纳之甲矣。”某以为坎为月，则月者八卦中之一也。八卦纳甲而专属之月可乎？同此八卦，或取象于昏，或取象于旦，亦非自然之法象也。故沈存中不主月象，谓是“天地胎育之理。乾纳甲壬，坤纳乙癸者，上下包之也。六子包于腹中，其次第震、巽宜纳丙丁，艮、兑宜纳庚辛。今反是者，卦自下生，先初爻，次中爻，末上爻，是以长下而少上也”。某又不然。甲乙至壬癸，乃先后之次第，非上下之次第也。震、巽庚辛，艮、兑丙丁，是乱其先后矣，不得以爻为解。以方位言之，乾金坤土震木巽木坎水离火艮土兑金，在说卦可证。今乾纳甲壬，坤纳乙癸，其为木耶？水耶？震、巽之为金，坎、离之为土，艮、兑之为火，将安所适从耶？若置之不论，则又无庸于纳也。

纳甲二

卦之纳甲以六十甲子言，故纳辰亦谓之甲也。十二支六

〔一〕“絃”，广雅本作“弦”。

阳六阴，阳顺传，阴逆传，子寅辰午申戌为顺，未巳卯丑亥酉为逆。乾起初爻纳子，顺传六爻则阳支毕。坤起初爻纳未，逆传六爻则阴支毕。震得乾初，初爻纳子。坎得乾二，初爻纳寅。艮得乾三，初爻纳辰。皆顺传六爻。巽得坤四，初爻纳丑。先外卦而后内卦，亦逆也。离得坤三，初爻纳卯，逆中之逆。兑得坤二，初爻纳巳。皆逆传六爻。或谓阳顺阴逆者非也，特左右行耳。阴阳虽判，未尝不交，唯交故左右行。五行用数，一居北自左而右，二居南自右而左。故乾左行，起子至戌；坤右行，起未至酉。六卦则以子丑寅卯辰巳为初爻之序，亦阳左阴右。乾、坤为父母，故各据阴阳之半。六子以类从，巽、离、兑初爻当纳未巳卯。坤内卦。今纳丑卯巳坤外卦。者，坤顺承天，妻道也。妻不敢敌夫以率诸女，故初爻则随父左行，自二爻以往始右行以从母。重卦之纳甲，内卦观下三爻，外卦观上三爻，内外交错以成之。如乾下坤上，内卦则子寅辰，外卦则丑亥酉。是故纳十日者总以卦，纳十二辰者析于爻。卜筮家舍纳甲则休咎无以辨矣。然观其所用五行，惟十二辰，而十干无与焉。卦为体，爻为用，干为主，辰为客。有用而无体，舍主而用客，则是失轻重之伦也。假如生在卦，克在爻，自当去爻而从卦；干则凶，支则吉，岂得昧大而见小。纳甲之说，将古有其名而无其实与？抑传之者失其真与？不然，乾初爻止当云子为水，不必配为甲子；坤初爻止当云未为土，不必配为乙未。既配以甲乙，自当用其五行矣。且姑置纳日之用不用，甲为五行之全数，卦为天地之全数，今以四十八爻而纳六十甲所余之十二甲将焉置之。岂卦不足以包五行耶？

魏伯阳月体纳甲图

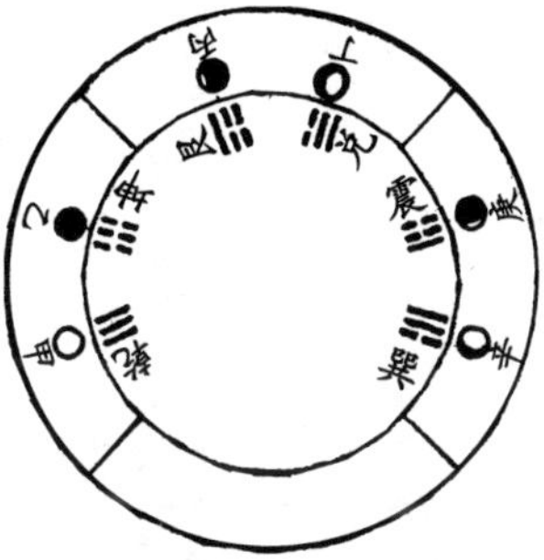

沈存中纳甲胎育图

纯卦纳十二辰图

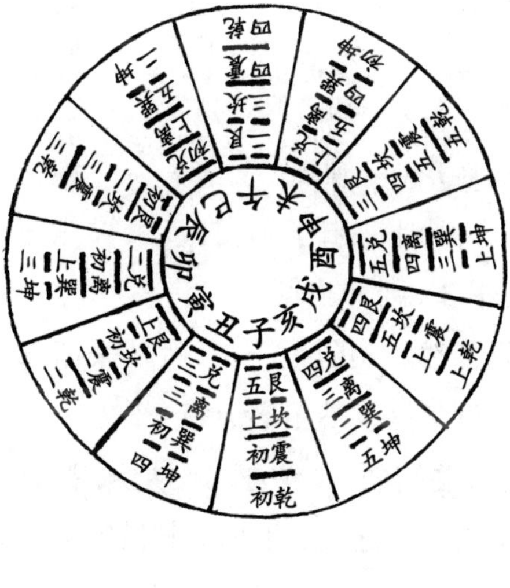

纳辰成卦图

艮	坎	震	乾
⚊ 寅丙	⚋ 子戊	⚋ 戌庚	⚊ 戌壬
⚋ 子丙	⚊ 戌戊	⚋ 申庚	⚊ 申壬
⚋ 戌丙	⚋ 申戊	⚊ 午庚	⚊ 午壬
⚊ 申丙	⚋ 午戊	⚋ 辰庚	⚊ 辰甲
⚋ 午丙	⚊ 辰戊	⚋ 寅庚	⚊ 寅甲
⚋ 辰丙	⚋ 寅戊	⚊ 子庚	⚊ 子甲

兑	离	巽	坤
⚋ 未丁	⚊ 巳己	⚊ 卯辛	⚋ 酉癸
⚊ 酉丁	⚋ 未己	⚊ 巳辛	⚋ 亥癸
⚊ 亥丁	⚊ 酉己	⚋ 未辛	⚋ 丑癸
⚋ 丑丁	⚊ 亥己	⚊ 酉辛	⚋ 卯乙
⚊ 卯丁	⚋ 丑己	⚊ 亥辛	⚋ 巳乙
⚊ 巳丁	⚊ 卯己	⚋ 丑辛	⚋ 未乙

季彭山曰:"阳卦纳阳于阳支,皆顺行;阴卦纳阴于阴支,皆逆行。乾起甲子,则坤当起乙丑,今为改正。"羲按,坤起乙未,自京氏积算已然。盖阴生于午,故从未而起。彭山不知而作,往往如此。近又有改纳甲者,戊己干支十二,虚中不用,以离纳甲,坎纳乙,兑纳丙,艮纳丁,震纳庚,巽纳辛,乾纳壬,坤纳癸,各纳其干内所有之支,自下而上如纳甲者。甲子、甲戌、

甲申、甲午、甲辰、甲寅，是其所有也。余仿此。此皆无所证据，轻改古法。

纳 音

六十甲子纳音亦从纳甲而生，一律纳五音，十二律纳六十音也。纳音虽同，而立法有三。其本之内经者，五音始于金，传火传木传水传土，其叙也。乾纳甲，坤纳癸，为之始终，故纳始于乾金，终于坤土。同位娶妻，隔八生子。甲子金之仲，三元：首仲、次孟、次季。娶乙丑下生壬申，金之孟；娶癸酉上生庚辰，金之季。娶辛巳下生戊子，火自戊子、己〔一〕丑转丙申、丁酉，转甲辰、乙巳，火之仲、孟、季毕焉。自壬子、癸丑转庚申、辛酉，转戊辰、己〔二〕巳，木之仲、孟、季毕焉。自丙子、丁丑转甲申、乙酉，转壬辰、癸巳，水之仲、孟、季毕焉。自庚子、辛丑转戊申、己酉，转丙辰、丁巳，土之仲、孟、季毕焉。以上为阳律。起甲午、乙未，转壬寅、癸卯，转庚戌、辛亥，皆金也。戊午、己未转丙寅、丁卯，转甲戌、乙亥，皆火也。壬午、癸未转庚寅、辛卯，转戊戌、己亥，皆木也。丙午、丁未转甲寅、乙卯，转壬戌、癸亥，皆水也。庚午、辛未转戊寅、己〔三〕卯，转丙戌、丁亥，皆土也。以上为阴〔四〕吕。此一法也。葛稚川曰："子午属庚，纳甲震初爻庚子、庚午。丑未属辛，巽初爻纳辛丑、辛未。寅申属戊，坎初爻纳戊寅、戊申。卯酉属己，离初

〔一〕〔二〕"己"，原作"巳"，今据广雅本改。以下随手正之，不另出校。
〔三〕"己"，原作"乙"，今据广雅本改。
〔四〕"阴"，原作"阳"，今据下文内经纳音图和史记律书改。

爻纳己卯、己酉。辰戌属丙，艮初爻纳丙辰、丙戌。巳亥属丁。兑初爻纳丁巳、丁亥。一言得之者宫与土，所属者即是一言而得。三言得之者征与火，如戊子、戊午，戊之去庚，数之有三也。余准此。五言得之者羽与水，如丙子、丙午，丙之去庚为数五也。七言得之者商与金，如甲子、甲午，甲之去庚为数七。九言得之者角与木。”此一法也。“子午之数九，九者黄钟之数。子为十一月，其律黄钟。午为子冲，故其数同。丑未八，丑十二月，故杀子九。寅申七，卯酉六，辰戌五，巳亥四。”“甲己之数九，甲为子干，己为甲妃，其数同。乙庚八，丙辛七，丁壬六，戊癸五。”扬子云太玄之数。其推纳音，以火土木金水为序。甲子、乙丑金者，甲九子九乙八丑八，积三十四，以五除之余四，故为金。丙寅、丁卯火者，丙七寅七丁六卯六，积二十六，以五除之余一，故为火。余准此。此一法也。按律书，同位娶妻，如黄钟与大吕同位为妻。隔八生子，黄钟三分损一，隔八生林钟为子。今甲子黄钟与乙丑大吕同位，谓之娶妻是矣。而甲子之隔八为辛未林钟，何以甲子不能生之也？蔡邕云：“阳生阴为下生，阴生阳为上生。”今阳不能生，是但有上生而无下生也。以甲子为上，癸亥为下，则又皆下生而上生无十之一二也。内经之法与律书不尽合矣。稚川言：“中央总黄天之气一，南方丹天之气三，北方玄天之气五，西方素天之气七，东方苍天之气九。”皆奇数而无偶数，而一之属土，三之属火，五之属水，七之属金，九之属木，亦不知其何义也。扬子云谓“子之数九，从黄钟之管”，则丑当从林钟而六，寅当从太簇而八。十二月各有其律，何以有从有不从耶？是故必欲定纳音之法，当以京房六十律与甲子分配，以之上生下生，始无敝耳。

内经纳音图

	甲子乙丑金		丙寅丁卯火
	戊辰己巳木		庚午辛未土
阳	壬申癸酉金	阴	甲戌乙亥火
	丙子丁丑水		戊寅己卯土
	庚辰辛巳金		壬午癸未木
	甲申乙酉水		丙戌丁亥土
	戊子己丑火		庚寅辛卯木
	壬辰癸巳水		甲午乙未金
	丙申丁酉火		戊戌己亥木
	庚子辛丑土		壬寅癸卯金
律	甲辰乙巳火	吕	丙午丁未水
	戊申己酉土		庚戌辛亥金
	壬子癸丑木		甲寅乙卯木
	丙辰丁巳土		戊午己未火
	庚申辛酉木		壬戌癸亥水

葛稚川纳音图

一言宫属土	庚子庚午	辛丑辛未	戊寅戊申
	己卯己酉	丙辰丙戌	丁巳丁亥
三言征属火	戊子戊午	己丑己未	丙寅丙申
	丁卯丁酉	甲辰甲戌	乙巳乙亥
五言羽属水	丙子丙午	丁丑丁未	甲寅甲申

	乙卯乙酉	壬辰壬戌	癸巳癸亥
七言商属金	甲子甲午	乙丑乙未	壬寅壬申
	癸卯癸酉	庚辰庚戌	辛巳辛亥
九言角属木	壬子壬午	癸丑癸未	庚寅庚申
	辛卯辛酉	戊辰戊戌	己巳己亥

扬子云积数纳音图

甲子乙丑三十四	甲申乙酉三十	甲辰乙巳二十六
丙寅丁卯二十六	丙戌丁亥二十二	丙午丁未三十
戊辰己巳二十三	戊子己丑三十一	戊申己申二十七
庚午辛未三十二	庚寅辛卯二十八	庚戌辛亥二十四
壬申癸酉二十四	壬辰癸巳二十	壬子癸丑二十八
甲戌乙亥二十六	甲午乙未三十四	甲寅乙卯三十
丙子丁丑三十	丙申丁酉二十六	丙辰丁巳二十二
戊寅己卯二十七	戊戌己亥二十三	戊午己未三十一
庚辰辛巳二十四	庚子辛丑三十二	庚申辛酉二十八
壬午癸未二十八	壬寅癸卯二十四	壬戌癸亥二十

占课

今世揲蓍者少而火珠林之术盛行，大概本于京氏卦。弃其象数，爻取于干支，一卦为一世应，于动静无与也；一事为一门类，于爻辞无与也。然某观京房易传，又与今世所行间有出入，则亦失其传也。曰世应，分为八宫，乾、震、坎、艮、坤、巽、离、兑各主一宫。所属七卦自下而上以次受变，变至五爻，则上爻不可复变。上爻为宫之主。故第六卦从第五爻返至四爻，变而复主卦之画，谓之游魂。第七卦则内卦皆复主卦之画，谓之归魂。主卦以上爻为世，其次五卦以变爻为世，游魂以四爻为世，归魂以三爻为世。亦内卦之上爻也。世之对为应，初与四、二与五、三与上是也。曰飞伏，世爻所在，见者为飞，不见者为伏。见者即世爻之纳甲，不见者八主卦取相反之纳甲，乾与坤反，震与巽反，坎与离反，艮与兑反。五变卦取主卦之纳甲，变在一世取主卦一爻，变在二世取主卦二爻。余准〔一〕此。游归〔二〕二卦取从变之纳甲。如乾宫游魂从剥而变，则取剥四纳甲为伏。归魂从晋而变，则取晋三纳甲为伏。余准此。曰建，以爻直月，从世起建，布于六位。惟乾、坎从初爻起。乾起甲子，坤起甲午，一卦凡六月也。曰积算，以爻直日，从建所止起日，如姤上九乙亥，即以乙亥起，上九为一日。终而复始，一卦凡百有八十日也。术家以月为直符，日为传符，指六爻所见之支当之，非矣。曰："鬼为系爻，财为制爻，天地为义爻，天地即父母。福德为宝爻，福德即子孙。同气为专爻。"兄弟爻也。即术家所定六亲是也。其定身爻视世爻之辰，子午身居初，丑未身居二，寅申身居三，卯酉身居四，辰戌身居五，巳亥身居上，而京氏无定身爻之例。乾卦云："水配位为福德，初爻甲子水，乾之子孙。木入金乡居宝贝，二爻甲寅木，乾之财。土临内象为父母，三爻甲辰土，乾之父母。火来四上嫌相敌，四爻壬午火，乾之官鬼。金入金乡木渐微，五爻壬申

〔一〕"准"，原作"归"，今据广雅本改。
〔二〕"归"，原作"准"，今据广雅本改。

金，乾之兄弟。宗庙上建戌亥乾本位。”谓上爻壬戌土。若依术家，则乾五为身爻，乾上复为父母。京氏皆不言者，以世即身也。世外复有身，不已赘乎？曰龙德虎刑，“龙德在十一月坎卦子左行，虎刑五月在离卦午右行”。故依建之所历，龙德起子，至四月在巳，虎刑继之；虎刑起午，至十月在亥，龙德继之。术家见子即为龙德，见午即为虎刑，失之远矣。术家又有青龙、朱雀、勾陈、腾蛇、白虎、玄武六神，以所占之日，甲乙起青龙，丙丁起朱雀，戊起勾陈，己起腾蛇，庚辛起白虎，壬癸起玄武。在龙虎为重出，余四神为增也。曰卦位，初元士，二大夫，三三公，四诸侯，五天子，上宗庙。曰五星，曰二十八宿，皆从世爻入卦。曰盈虚，盈则三十有六，虚则二十有八，内外卦各分其半，以其五行所属起世爻，巡于六位，视与爻之纳甲相生克定其吉凶。此皆术家之所无也。

八宫世应图

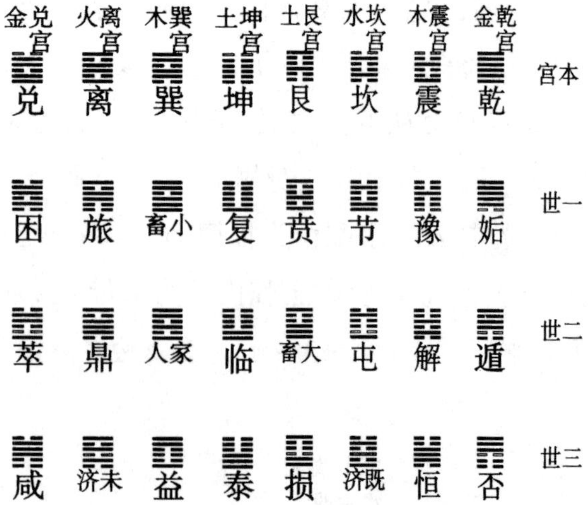

金兑宫
火离宫
木巽宫
土坤宫
土艮宫
水坎宫
木震宫
金乾宫
兑
离
巽
坤
艮
坎
震
乾
本宫
困
旅
小畜
复
贲
节
豫
姤
一世
萃
鼎
家人
临
大畜
屯
解
遁
二世
咸
未济
益
泰
损
既济
恒
否
三世

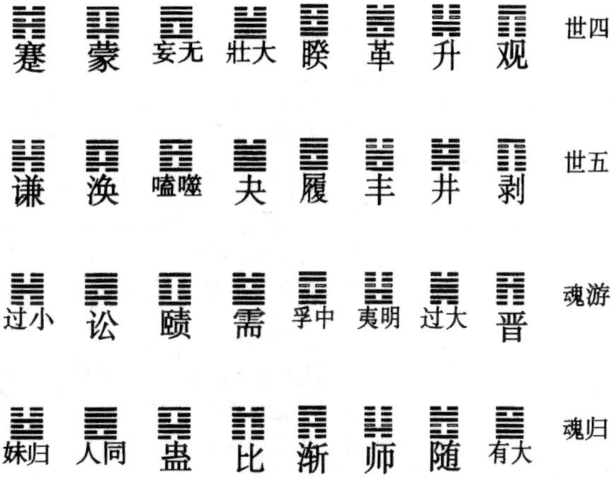

游魂八卦伏鬼易十六卦不取本宫为伏故别为图

晋艮四丙戌　大过坎四戊申　明夷震四庚午　中孚乾四壬午　需兑四丁亥　颐离四己酉　讼巽四辛未

小过坤四癸丑

归魂八卦伏

大有坤三乙卯　随巽三辛酉　师离三己亥　渐兑三丁丑　比乾三甲辰　蛊震三庚辰　同人坎三戊午

归妹艮三丙申

京氏月建图

甲子	乾初　蹇三　谦三　妹三	甲戌	姤五　遁五　否五　观五　剥五	甲申	晋三　恒二　升二　井二　节初
乙丑	乾二　谦四　小过四　妹四	乙亥	姤上　遁上　否上　观上　剥上	乙酉	升三　井三　随三　节二　屯二
丙寅	乾三　小过五　妹五	丙子	遁初　否初　观初　剥初　震上	丙戌	井四　大过四　随四　节三　屯三　既三
丁卯	乾四　小过上　妹上	丁丑	否二　观二　剥二　震初　豫初	丁亥	大过五　随五　节四　屯四　既四　革四

戊辰	乾五　小过初　妹初	戊寅	观三　剥三　大有三 震二　豫二　解二 坎初	戊子	大过上　随上　节五 屯五　既五　革五 丰五
己巳	乾上　小过二　妹二	己卯	剥四　晋四　大有四 震三　豫三　解二 恒三　坎二	己丑	大过初　随初　节上 屯上　既上　革上 丰上
庚午	姤初　小过三	庚辰	晋五　大有五　震四 豫四　解四　恒四 升四　坎三	庚寅	大过二　随二　屯初 既初　革初　丰初 艮上
辛未	姤二　遁二	辛巳	晋上　大有上　震五 豫五　解五　恒五 升五　井五　坎四	辛卯	大过三　既二　革二 丰二　艮初　贲初
壬申	姤三　遁三　否三	壬午	晋初　大有初　解上 豫上　恒上　升上 井上　坎五	壬辰	革三　丰三　师三 艮二　贲二　大畜二
癸酉	姤四　遁四　否四 观四	癸未	晋二　大有二　解初 恒初　升初　井初 坎上	癸巳	丰四　夷四　师四 艮三　贲三　大畜三 损四
甲午	夷五　师五　艮四 贲四　大畜四　损五 睽四　坤上	甲辰	孚二　渐二　夬四 需四　比四　巽三 小畜三　家三　益三	甲寅	颐初　蛊初　旅上 鼎上　未上　蒙上 涣上
乙未	夷上　师上　艮五 贲五　大畜五　损上 睽五　履五　坤初 复初	乙巳	孚三　需五　比五 巽四　小畜四　家四 益四　无四	乙卯	颐二　蛊二　鼎初 巽初　未初　蒙初 涣初　艮上
丙申	夷初　师初　贲上 大畜上　损初　睽上 履上　坤二　复二 临二	丙午	需上　比上　巽五 小畜五　家五　益五 无五　噬五	丙辰	颐三　未二　蒙二 涣二　艮初　困初
丁酉	夷二　师二　大畜初 损二　睽初　履初 坤三　复三　临三 泰三	丁未	需初　比初　小畜上 家上　益上　无上 噬上	丁巳	蒙三　涣三　同三 艮二　困二　萃二

戊戌 夷三 损三 睽二 履二 坤四 复四 临四 泰四 壮四	戊申 需二 比二 家初 益初 无初 噬初 离上	戊午 涣四 讼四 同四 艮三 困三 萃三 咸三
己亥 睽三 履三 渐三 坤五 复五 临五 泰五 壮五 夬五	己酉 需三 益二 无二 噬二 离初 旅初	己未 讼五 同五 艮四 困四 萃四 咸四 蹇四
庚子 履四 孚四 渐四 复上 临上 泰上 壮上 夬上	庚戌 无三 噬三 蛊三 离二 旅二 鼎二	庚申 讼上 同上 艮五 困五 萃五 咸五 蹇五 谦五
辛丑 孚五 渐五 临初 泰初 壮初 夬初 巽上	辛亥 噬四 颐四 蛊四 离三 旅三 鼎三 未三	辛酉 讼初 同初 困上 萃上 咸上 蹇上 谦上
壬寅 孚上 渐上 泰二 壮二 夬二 巽初 小畜初	壬子 颐五 蛊五 离四 旅四 鼎四 未四 蒙四	壬戌 讼二 同二 萃初 咸初 蹇初 谦初
癸卯 孚初 渐初 壮三 夬三 比三 巽三 小畜二 家二	癸丑 颐上 蛊上 离五 旅五 鼎五 未五 蒙五 涣五	癸亥 讼三 咸二 蹇二 谦二

易学象数论卷二

卦气一

易纬有卦气之法，京房精于其学。以坎、震、离、兑主二十四气，其余六十卦起自中孚，卦有六爻，爻主一日，凡主三百六十日，余五日四分日之一。每日分为八十分，五日得四百分，四分日之一得二十分，积四百二十分。均于六十卦，六七四十二，每卦得六日七分。又于六十卦之中，别置复、临、泰、大壮、夬、乾、姤、遁、否、观、剥、坤十二以为辟卦，每爻各主一候。自复至乾为息卦，曰太阳。自姤至坤为消卦，曰太阴。息卦所属者曰少阳，消卦所属者曰少阴。故孔颖达复彖"反复其道，七日来复"之疏谓："剥卦阳气之尽，在于九月之末。十月纯坤用事，坤卦之尽则复卦阳来。坤卦有六日七分，举成数故言七日。"王昭素驳之曰："坤卦之尽，复卦阳来，则十月之节终，一阳便来，不得到冬至之日矣。据其节终尚去冬至十五日，则卦之七日之义，难用易纬之数。"某以为昭素驳之是矣。然昭素未悉卦气之法，不能针其痼疾也。以十二辟卦言之，剥之至复，所隔惟坤六爻，其一爻当一候，一候得五日五分六分分之五,六爻得三十日三十五分,非七日也。以六十卦言之,一卦六日七分,剥之至复,中隔艮、既济、噬嗑、大过、坤、未济、蹇、颐、中孚九卦,计五十四日六十三分,非一卦也。孔氏牵合两者,故其说不能合易之“七日来复”。取卦之反易为义,反剥为复,所历七爻,以一日为一爻,故曰“反复其道”,反复即反覆也。与卦何与?即使孔氏之疏能合卦气,则易之辞无乃为卦气图说乎?为卦气之法者,宓戏耶?文王耶?先儒之议卦气者,谓冬至不起于中孚,而起于复。中孚为大雪之终,气至冬至而始尽,故系于冬至之下。中孚之于冬至,于象于名两无当也。然观太玄之辞曰:“阳气藏于黄宫,信无不在其中。”则中孚之直冬至者,顾以其名耳。太玄之释卦序,自辟卦之外,无不以其名为义也。又何独疑于中孚乎?所谓六日七分者,六日既尽,七分便为来日之始,非必取足八十分,而自为一日也。赵汝楳乃以余算归之一卦,于是有一卦直七日者,失其意矣。叶氏则以七分为之气盈,六十卦余五日二十分,若积余以置闰者,是一卦直六日。且并焦、京之学失其传也。

卦气二

六日七分之说,相传最久。其余卦气,皆自后起。有自乾至未济,并依易书本序,以一卦直一日,乾直甲子,坤直乙丑,至未济直癸亥,乃尽六十日,六周而三百六十日。四正卦则直二分二至,坎冬至,离夏至,震春分,兑秋分,不在六十卦轮直之列者,焦氏之法也。有以乾、坤、坎、离四卦为橐籥,余六十卦依次序，一爻直一时，一月有三百六十时足其数者，又以十二辟卦每卦管领一时，魏伯阳之法也。乾起甲子，坤起甲午，每卦直六月〔一〕者，京房之法也。史绳祖曰："革居序卦之四十九，当大衍之数；节居序卦之六十，当周天之度。六十卦三百六十爻，一爻主一日。上经乾起甲子，泰甲戌，噬嗑甲申，至离三十卦一百八十日，而三甲尽。下经咸起甲午，损甲辰，震甲寅，至节癸亥而终，亦三十卦一百八十日，而一年周。故曰'天地节而四时成'，亦曰'天地革而四时成'。中孚、小过、既、未济者，分坎、离、震、兑，中孚巽上兑下，小过震上艮下，既、未济皆坎离。以应分至，每爻直十五日，以应二十四气。先儒言'卦起中孚'，非也。"以六十卦言，甲子起于乾；以分至四卦言，甲子亦起于中孚，亦古法也。至宋而后，有所谓先天图者，于是邵子以六日七分之法施于其图，黜"卦起中孚"之说，以复起冬至，姤起夏至。其以坎、离、震、兑四正卦，主二十四气者，改为乾、坤、坎、离，此圆图之卦气也。张理以方图覆背置之，泰处于东北，乾处于东南，否处于西南，坤处于西北，亦以冬至起复，至泰而正月，至乾而四月，至否而七月，至坤而十月，此方图之卦气也。张氏又以一阴一阳至六阴六阳，类而并列，六阳处南，六阴处北，阳自下而升，阴自上而降，广辟卦之法也。邵子又以方图乾、兑、离、震，各重之为六十四卦，共二〔二〕百五十六卦。以之算大运，亦以算小运。二十四气每气六十四爻，积一千五百二

〔一〕"月"，疑当作"日"。
〔二〕"二"，原作"一"，今据广雅本改。

十六爻，合乾、兑、离、震挂一之数，谓之挂一图。所谓皇极之学也。诸家之不同如此，盖初无一定之理，各以意之所见为之。是故六日七分之外，有一卦直一日者，有两卦直一日者，一爻直一日者，四爻三分强直一日者。总卦与日之大数，而后分配其小数，或多或少，不顾其果否如是也。其卦之排比，惟序卦可据。序卦之义，于时日不可强通。故汉儒别求其义于卦名，而有中孚之起。然扬雄氏所传之卦义，未免穿凿附会，未尝为易之笃论也。宋儒始一变其说，以奇偶之升降消长为言，而于经文四时可据之方位，一切反之。然则宋儒之画，汉儒之义，犹二五之为十也。孰分其优劣哉！

六日七分图		
坎初六冬至十一月中	复六四丘蚓结 六五麋角解	中孚公六日七分
	上六水泉动	复辟十二日十四分
九二小寒十二月节	临初九雁北乡	屯侯十八日二十一分
	九二鹊始巢	谦大夫二十四日二十八分
	六三雉雊	睽卿三十日三十五分
六三大寒十二月中	六四鸡乳 六五征鸟厉疾	升公三十六日四十二分
	上六水泽腹坚	临辟四十二日四十九分
六四立春正月节	泰初九东风解冻	小过侯四十八日五十六分
	九二蛰虫始振	蒙大夫五十四日六十二分
	九三鱼上冰	益卿六十日七十分

九五雨水正月中	六四獭祭鱼 六五鸿雁来	渐公六十六日七十七分
	上六草木萌动	泰辟七十三日四分
上六惊蛰二月节	大壮初九桃始华	需侯七十九日一十一分
	九二仓庚鸣	随大夫八十五日十八分
	九三鹰化为鸠	晋卿九十一日二十五分
震初九春分二月中	九四玄鸟至 六五雷乃发声	解公九十七日三十二分
	上六始电	大壮辟一百三日三十九分
六二清明三月节	夬初九桐始华	豫侯一百九日四十六分
	九二田鼠化为鴽	讼大夫一百十五日五十三分
	九三虹始见	蛊卿一百二十一日六十分
六三谷雨三月中	九四萍始生 九五鸣鸠拂其羽	革公一百二十七日六十七分
	上六戴胜降于桑	夬辟一百三十三日七十四分
九四立夏四月节	乾初九蝼蝈鸣	旅侯一百四十日一分
	九二丘蚓出	师大夫一百四十六日八分
	九三王瓜生	比卿一百五十二日十五分
六五小满四月中	九四苦菜秀 九五靡草死	小畜公一百五十八日二十二分
	上九麦秋至	乾辟一百六十四日二十九分
上六芒种五月节	姤初六螗螂生	大有侯一百七十日三十六分
	九二鵙始鸣	家人大夫一百七十六日四十三分
	九三反舌无声	井卿一百八十二日五十分

离初九夏至五月中	九四鹿角解 九五蜩始鸣	咸公一百八十八日五十七分
	上九半夏生	姤辟一百九十四日六十四分
六二小暑六月节	遁初六温风至	鼎侯二百日七十一分
	六二蟋蟀居壁	丰大夫二百六日七十八分
	九三鹰学习	涣卿二百一十三日五分
九三大暑六月中	九四腐草化为萤 九五土润溽暑	履公二百一十九日十二分
	上九大雨时行	遁辟二百二十五日十九分
九四立秋七月节	否初六凉风至	恒侯二百三十一日二十六分
	六二白露降	节大夫二百三十七日三十三分
	六三寒蝉鸣	同人卿二百四十三日四十分
六五处暑七月中	九四鹰祭鸟 九五天地始肃	损公二百四十九日四十七分
	上九禾乃登	否辟二百五十五日五十四分
上九白露八月节	观初六鸿雁来	巽侯二百六十一日六十一分
	六二玄鸟归	萃大夫二百六十七日六十八分
	六三群鸟养羞	大畜卿二百七十三日七十五分
兑初九秋分八月中	六四雷始收声 九五蛰虫坯户	贲公二百八十日二分
	上九水始涸	观辟二百八十六日九分
九二寒露九月节	剥初六鸿雁来宾	归妹侯二百九十二日十六分
	六二雀入大水为蛤	无妄大夫二百九十八日二十三分
	六三菊有黄华	明夷卿三百四日三十分

六三霜降九月中	六四豺祭兽 六五草木黄落	困公三百一十日三十七分
	上九蛰虫咸俯	剥辟三百十六日四十四分
九四立冬十月节	坤初六水始冰	艮侯三百二十二日五十一分
	六二地始冻	既济大夫三百二十八日五十八分
	六三雉入水化蜃	噬嗑卿三百三十四日六十五分
九五小雪十月中	六四虹藏不见 六五天气腾地气降	大过公三百四十日七十二分
	上六闭塞而成冬	坤辟三百四十六日七十九分
上六大雪十一月节	复初九鹖鸟不鸣	未济侯三百五十三日六分
	六二虎始交	蹇大夫三百五十九日十三分
	六三荔挺出	颐卿三百六十五日二十分

六日七分卦序解		姤	微阴初起与阳相遇
中孚冬至	万物萌芽于中	鼎小暑	阴阳之气相和若调鼎然
复	阳气复始	丰	阴阳相济而物茂盛
屯小寒	一阳微动生物甚难	涣	阴阳相杂涣有其文
谦	阳气淡然温和万物于土中始自戴幼	履大暑	阴进阳退有宾主之礼
睽	睽外也万物将自内而外	遁	阴进而阳遁
升大寒	万物为阳气所育将射地而出	恒立秋	阴阳进退不易之常道
临	阴气在外万物扶疎而上	节	阳不可过故阴以节之
小过立春	小为阴小过者阴将过也	同人	阴气虽盛阳气未去与之相同

蒙	万物孚甲而未舒	损 处暑	万物减损
益	阳气日益	否	阳上阴下万物否塞
		巽 白露	巽伏也阳气将伏
渐 雨水	阳气渐生	萃	万物阳气萃于内
泰	阳气日盛万物畅茂	大畜	大为阳阳气畜聚于内
需 惊蛰	阴尚在上滋生舒缓	贲 秋分	贲为文阴升阳降故文见而贲
随	万物随阳气而遍	观	阳养其根阴成其形物皆可观
晋	万物日进而上	归妹 寒露	阳在下故曰归
解 春分	阳气温暖万物解甲而生	无妄	无妄灾也万物凋落
大壮	阳气内壮	明夷	物受伤
豫 清明	阴消阳息万物和悦	困 霜降	物受伤而困
讼	万物争讼而长	剥	阴剥阳几尽
蛊	蛊饬也万物至此整饬	艮 立冬	物上隔于阴下归于阳各止其所
革 谷雨	万物洪舒变形易体	既济	岁功已济
夬	阳气决然无所疑忌	噬嗑	噬嗑食也物美其根而得食
旅 立夏	微阳将升阳气若处乎旅	大过 小雪	阳之受伤将过
师	万物众多	坤	阴上阳下不相逆而顺
比	万物盛而相比	未济 大雪	阳将复而未济
小畜 小满	纯阳据位阴犹畜而未肆	蹇	阴极阳生故为之蹇

乾	万物犹强盛	颐	阳得养而复
大有芒种	阳气充满将衰		
家人	阳将休息于家		
井	万物井然不乱		
咸夏至	阳极阴生感应之理		

卦变一

卦变之说，由泰、否二卦彖辞“小往大来”、“大往小来”而见之，而夫子彖传所以发明卦义者，于是为多，顾易中一大节目也。上经三十卦，反对之为十二卦。下经三十四卦，反对之为十六卦。乾、坤、颐、大过、坎、离、中孚、小过不可反对，则反其奇偶以相配，卦之体两相反爻亦随卦而变。顾有于此则吉，于彼则凶，于彼则当位，于此则不当位。从反对中明此往来倚伏之理，所谓两端之执也。行有无妄之守，反有天衢之用，时有丰亨之遇，反有羁旅之凶，是之谓卦变。非以此卦生彼卦也，又非以此爻换彼爻也。朱子言：“以彖辞考之，说卦变者凡十九卦，盖言成卦之由。彖辞不言成卦之由，则不言所变之爻。”此是朱子自言其卦变也。系曰：“爻者，言乎变者也。”易中何卦不言变？辞有隐显，而理无不寓。即证之彖辞，亦非止十九卦也。讼“刚来而得中”，以需之反对观之，彼得正又居中，此但得中不能得正。泰、否之“往来”，所谓“反其类”。随“刚来而下柔”，蛊“刚上而柔下”，二卦反对。蛊上之刚自外卦来初，居二三之下，随初刚自下而上，上柔自上而下。噬嗑“柔得中而上行”，贲“柔来而文刚”，“分，刚上而文柔”。前卦言六二上行为五，后卦言六五自外卦而入内，初九从下卦而至上。无妄“刚自外来而为主于内”，大畜“刚上而尚贤”。无妄之初九自大畜上爻外卦来，为内卦之主，大畜之上九自无妄初爻而上。咸“柔上刚下”，恒“刚上柔下”。咸指上六、九三，恒指九四、初六。晋“柔进而上行”，明夷之六二上行，为六五。睽“柔进而上行”，家人之六二上行为六五。蹇“往得中也”，解“其来复吉，乃得中也”。蹇之九五自解内卦，故曰“往”；解之九二自蹇外卦，故曰“来”。升“柔以时升”，升上卦之柔，皆萃下卦所升。鼎“柔进而上行”，鼎五由革二而上。渐“进得位”，渐九五当归妹居二，为“不得位”。涣“刚来而不穷”者，节五来二；“柔得乎外而上同者”，柔在三失位，在四得位。此朱子所谓“十九卦之彖辞，皆以反对为义”者也。需“位乎天位，以正中也”，自讼九二而来得中，又得正。损“损下益上，其道上行”，益“损上益下，自上下下”。由损观之，似以三爻益上爻；由益观之，似以四爻益初爻。小畜“密云不雨”，反对为履。履下之兑，泽气成云，故曰“密云”；兑变而巽，风以散之，故曰“不雨”。大有“应乎天而时行”，方其同人在二之时，应乎天也，今时行而居其位。谦“地道卑而上行”，地道指坤，豫在下卦为卑，谦在上卦为行。临“至于八月”，观二阳在上，临二阳在下，自临至观历八爻，故言“八月”。复“七日来复”，剥一阳在上，复一阳在下，自剥至复历七爻，故言“七日”。明夷“初登于天”言晋，“后入于地”言明夷。夬“所尚乃穷”，对姤为言。井“改邑不改井”，兑“为刚卤之地”，变而为巽，则“近利市三倍”，是“改邑”也；坎不变，是“不改井”也，皆对困言之。归妹“征凶，位不当也”，渐之二五皆当位，至归妹皆不当。旅“柔得中乎外”，在丰为得中乎内。巽“柔皆顺乎刚”，兑“刚中而柔外”，兑柔不顺乎刚，巽柔中而刚外，二卦相反。既济“刚正而位当〔一〕”，未济“不当位”，二卦亦相反。此朱子十九卦以外，亦皆反对为义者也。反对之穷而反其奇偶以配之，又未尝不暗相反对于其间。如中孚上爻之“翰音”，反对即为小过初爻之“飞鸟”；颐之“口实”由大过之兑，大过“士夫老夫”由颐之艮、震。此序卦之不可易也。奈何诸儒之为卦变，纷然杂出，而不能归一乎？然虞仲翔之释比曰：“师二上之五得位。”蜀才曰：“此本师卦，六五降二，九二升五。”亦已发其端矣，特未以此通之于别卦也。至李挺之所传变卦反对图，可谓独得其真；而又与六十四卦相生图并出，则择焉而不精也。其后，来知德颇以此说变，而以反对者为综，奇偶相反者为错，于颐、过八卦相反之外取反对者，而亦复错之，不知奇偶相反之中暗寓反对，非别出一义也。若又有相反一义，何以卦爻略不之及乎？为卦爻之所不及者，可以无待于补矣。

卦变二

古之言卦变者，莫备于虞仲翔，后人不过踵事增华耳。

〔一〕“刚正而位当”，易彖传原作“刚柔正而位当”，似更佳。

"一阴一阳之卦各六,皆自复、姤而变;二阴二阳之卦各九,皆自临、遁而变;三阴三阳之卦各十,皆自否、泰而变;四阴四阳之卦各九,皆自大壮、观而变。中孚、小过为变例之卦,乾、坤为生卦之原,皆不在数中。"其法以两爻相易主变之卦,动者止一爻。四阴四阳即二阴二阳之卦也。其变不收于临、遁之下者,以用临、遁生卦,则主变者须二爻皆动,而后余卦可尽,不得不别起观、壮有四阴四阳;而不用五阴五阳之夬、剥者,以五阴五阳之卦已尽于姤、复,无所俟乎此也。中孚、小过为变例之卦何也?中孚从二阴之卦,则遁之二阴皆易位;从四阳之卦,则大壮三四一时俱上。小过从二阳之卦,则临之二阳皆易位;从四阴之卦,则观三四一时俱上。所谓主变之卦以一爻升降者,至此而穷,故变例也。犹反对之卦,至乾、坤、坎、离、颐、大过、中孚、小过而亦穷也。虞氏之卦变脉络分明如此。当时所著周易注、周易集林,今既不传,其见于李鼎祚易解中者,语焉不详。朱汉上据之以定虞氏卦变,遂有此然彼否之异。无怪赵汝楳谓其"错杂无统"也。某追寻其绪而后知汉上之误。然四阴四阳与二阴二阳毕竟相错,不能不有重出之卦。此八卦者,重于大壮者为大过、鼎、革、离,重于观者为颐、屯、蒙、坎。其主变属之临、遁乎?属之大壮、观乎?抑兼属之乎?其说有时而穷也。以彖传证之,如无妄之"刚自外来",遁之初三相易,皆在内卦,非外来也。晋之"柔进上行",观之四五相易,皆在上卦。睽之"柔进上行",大壮三上相易,柔为下行。蹇"往得中",观三上相易,不为得中。皆不能合。此虞氏之短也。

李挺之六十四卦相生图:"凡卦五阴一阳者皆自复来,复一爻五变而成五卦。师、谦、豫、比、剥。五阳一阴者皆自姤来，姤一爻五变而成五卦。同人、履、小畜、大有、夬。四阴二阳者皆自临来，临五复五变而成十四卦。明夷、震、屯、颐、升、解、坎、蒙、小过、萃、观、蹇、晋、艮。四阳二阴者皆自遁来，遁五复五变而成十四卦。讼、巽、鼎、大过、无妄、家人、离、革、中孚、大畜、大壮、睽、需、兑。三阴三阳者皆自泰来，泰三复三变而成九卦。归妹、节、损、丰、既济、贲、恒、井、蛊。三阳三阴者皆自否来，否三复三变而成九卦。"渐、旅、咸、涣、未济、困、益、噬嗑、随。其所谓"乾、坤一生二，二生三，至于三极矣"，故不以观、壮四阴四阳之卦为主变，可以无虞氏重出之失矣。然临、遁自第二变以后，主变之卦两爻皆动，在彖传亦莫知适从，又不如虞氏动以一爻之有定法也。方寔孙有易卦变合图，与相生图同，至两爻交动则稍更其次序。

朱风林分为内外体，有"自十辟卦所变者：乾、坤无变，故十二辟卦去之为十卦。一阳在内体自复变，凡二卦；师、谦。一阳在外体自剥变，凡二卦；豫、比。二阳在内体自临变，凡二卦；升、明夷。二阳在外体自观变，凡二卦；晋、萃。二阳在内体一阳在外体自泰变，凡九卦；与相生图同。一阴在内体自姤变，凡二卦；同人、履。一阴在外体自夬变，凡二卦；小畜、大有。二阴在内体自遁变，凡二卦；无妄、讼。二阴在外体自大壮变，凡二卦；需、大畜。二阴在内体一阴在外体自否变，凡九卦"。与相生图同。有自"六子卦所变者：二阳分在内外，不处震之主爻者自震变，蹇、蒙。不处坎之主爻者自坎变，小过、颐。不处艮之主爻者自艮变；解、屯。二阴分在内外，不处巽之主爻者自巽变，睽、革。不处离之主爻者自离变，中孚、大过。不处兑之主爻者自兑变，家人，鼎。各得二卦"。其自十辟卦所变者，以一爻升降；其自六子卦所变者，以两爻升降；自三阴三阳而外，主变之卦多，所生之卦少。何其头绪之纷纭也。

苏子瞻言“刚柔相易，皆本诸乾、坤”。程子亦专以乾、坤言卦变，本之蜀才，曰“此本乾卦”，“此本坤卦”。荀爽曰：“谦是乾来之坤。”非创论也。但三阴三阳之卦，此往彼来，显然可见。其他则来者不知何来，往者不知何往。如无妄“刚自外来”，外卦之乾未尝损一刚也。而云“自外而来”，不已背乎？故朱子曰：“程子专以乾、坤言卦变，然只是上下两体皆变者可通。若只一体变者，则不通。”盖以深中其病矣。然较之虞氏而下凿空为说者，某以为独优也。

卦变三

朱子卦变图：“一阴一阳之卦各六，来自复、姤；二阴二阳之卦各十有五，来自临、遁；三阴三阳之卦各二十，来自否、泰；四阴四阳之卦各十有五，来自大壮、观；五阴五阳之卦各六，来自夬、剥。”一阴一阳与五阴五阳相重出，二阴二阳与四阴四阳相重出，泰与否相重出。除乾、坤之外，其为卦百二十有四，盖已不胜其烦矣。易之上下往来，皆以一爻升降为言，既有重出，则每卦必有二来，从其一则必舍其一。以彖传附会之，有一合必有一不合。就其所谓一来者，尚有两爻俱动，并其二来，则动者四爻矣。原诸儒卦变之意，所以明其自复、姤、临、遁、否、泰、大壮、观、夬、剥而来者，以其卦惟此一爻之故变为别卦，是以脉络可寻而定为主变。使一卦之中头绪纷然，爻爻各操其柄，则彼卦之体已不复存，犹复可认其自某所而来乎？朱子虽为此图，亦自知其决不可用。所释十九卦彖辞，尽舍主变之卦，以两爻相比者互换为变。讼则自遁，二三相换。泰则自归妹，三四相换。否则自渐，三四相换。随则自困初二相换。自噬嗑五上相换。自未济，初与二，五与上相换。蛊则自贲初二相换。自井五上相换。自既济，初与二，五与上换。噬嗑则自益，四五相换。贲则自损二三相换。自既济，五上相换。无妄则自讼，初二相换。大畜则自需，五上相换。咸则自旅，五上相换。恒则自丰，初二相换。晋则自观，四五相换。睽则自离二三相换。自中孚四五相换。自家人，二与三，四与五相换。蹇则自小过，四五相换。解则自升，升则自解，皆三四相换。鼎则自巽，四五相换。渐则自涣，二三相换。自旅，四五相换。涣则自渐，二三相换。凡十九卦，而主变者二十有七，或来自一卦，或来自两卦三卦，多寡不伦，绝无义例。就以其法推之，此十九卦中，朱子之所举者亦有未尽。讼之自无妄初二相换。自巽，三四相换。随之自既济，三四相换。蛊之自未济，三四相换。噬嗑之自未济初二相换。自贲三四相换。自随，五上相换。贲之自蛊初二相换。自噬嗑，三四相换。无妄之自家人，三四相换。大畜之自睽，三四相换。咸之自困，二三相换。恒之自井，四五相换。晋之自艮三四相换。自萃，五上相换。睽之自大畜三四相换。自兑，五上相换。蹇之自坎二三相换。自萃三四相换。自艮，五上相换。解之自震初二相换。自小过二三相换。自坎，四五相换。升之自明夷，初二相换。鼎之自离初二相换。自大过，五上相换。渐之自否，三四相换。涣之自益初二相换。自未济，四五相换。复得二十九卦，而兼之者不与焉。此二十九卦者，以为有用乎，则为彖辞之所不及，以为无用乎，不应同一卦变在一卦中。其可以附会彖辞者从而取之，其不可以附会彖辞者从而置之。朱子云“某之说却觉得有自然气象”者，安在也？且易所谓往来上下者，自内之外谓往，自外之内谓来；上者，上卦也；下者，下卦也。今两爻互换，同在内卦而谓之往，同在外卦而谓之来，同在上卦而曰下，同在下卦而曰上，即欲附会之，而有所不能矣。是朱子之卦变，两者俱为无当。宜乎，其说之不能归一也。

古卦变图

一阴一阳之卦各六，皆自复姤而变

䷗ 复	䷫ 姤
䷆ 师初之二	䷌ 同人初之二
䷎ 谦初之三	䷉ 履初之三
䷏ 豫初之四	䷈ 小畜初之四
䷇ 比初之五	䷍ 大有初之五
䷖ 剥初之六	䷪ 夬初之六

二阴二阳之卦各九，皆自临遁而变

䷒ 临	䷠ 遁
䷭ 升初之三	䷘ 无妄初之三
䷧ 解初之四	䷤ 家人初之四
䷜ 坎初之五	䷝ 离初之五
䷃ 蒙初之上	䷰ 革初之上
䷣ 明夷二之三	䷅ 讼二之三

䷲ 震二之四	䷸ 巽二之四
䷂ 屯二之五	䷱ 鼎二之五
䷚ 颐二之上	䷛ 大过二之上

三阴三阳之卦各十,皆自泰否而变

䷊ 泰	䷋ 否
䷟ 恒初之四	䷩ 益初之四
䷯ 井初之五	䷔ 噬嗑初之五
䷑ 蛊初之上	䷐ 随初之上
䷶ 丰二之四	䷺ 涣二之四
䷾ 既济二之五	䷿ 未济二之五
䷕ 贲二之上	䷮ 困二之上
䷵ 归妹三之四	䷴ 渐三之四
䷻ 节三之五	䷷ 旅三之五
䷨ 损三之上	䷞ 咸三之上

四阴四阳之卦各九,皆自大壮观而变

䷡ 大壮	䷓ 观
䷛ 重大过初之五	䷚ 重颐初之五
䷱ 重鼎初之上	䷂ 重屯初之上
䷰ 重革二之五	䷃ 重蒙二之五
䷝ 重离二之上	䷜ 重坎二之上

䷹ 兑三之五　　䷳ 艮三之五

䷥ 睽三之上　　䷦ 蹇三之上

䷄ 需四之五　　䷢ 晋四之五

䷙ 大畜四之上　　䷬ 萃四之上

变例之卦二

䷼ 中孚

䷽ 小过

凡变卦,皆从乾坤来

䷀ 乾

䷁ 坤

李挺之变卦反对图

乾坤二卦为易之门万物之祖图第一

乾老阳䷀

坤老阴䷁

乾坤相索三变六卦不反对图第二

坤体而乾来交	颐䷚	小过䷽	坎䷜
乾体而坤来交	大过䷛	中孚䷼	离䷝

乾卦一阴下生反对变六卦图第三

姤䷫	同人䷌	履䷉
夬䷪	大有䷍	小畜䷈

坤卦一阳下生反对变六卦图第四

复	师	谦
剥	比	豫

乾卦下生二阴各六变反对变十二卦图第五

遁	讼	无妄
大壮	需	大畜
睽	兑	革
家人	巽	鼎

坤卦下生二阳各六变反对变十二卦图第六

临	明夷	升
观	晋	萃
蹇	艮	蒙
解	震	屯

乾卦下生三阴各六变反对变十二卦图第七

否	恒	丰
泰	咸	旅
归妹	节	既济
渐	涣	未济

坤卦下生三阳各六变反对变十二卦图第八

泰	损	贲
否	益	噬嗑
蛊	井	未济
随	困	既济

李挺之六十四卦相生图

姤䷫　乾一交而为姤

复䷗　坤一交而为复

凡卦五阴一阳者皆自复卦而来,复一爻五变而成五卦

师䷆　谦䷎　豫䷏

比䷇　剥䷖

凡卦五阳一阴者皆自姤卦而来,姤一爻五变而成五卦

同人䷌　履䷉　小畜䷈

大有䷍　夬䷪

遁䷠　乾再交而为遁

临䷒　坤再交而为临

凡卦四阴二阳者皆自临卦而来,临五复五变而成十四卦

第一四变	明夷䷣	震䷲	屯䷂	颐䷚
第二复四变	升䷭	解䷧	坎䷜	蒙䷃
第三复三变	小过䷽	萃䷬	观䷓	
第四复二变	蹇䷦	晋䷢		
第五一变	艮䷳			

凡卦四阳二阴者皆自遁卦而来,遁五复五变而成十四卦

第一四变	讼䷅	巽䷸	鼎䷱	大过䷛
第二复四变	无妄䷘	家人䷤	离䷝	革䷰
第三复三变	中孚䷼	大畜䷙	大壮䷡	

第四复二变	睽䷥	需䷄	
第五复一变	兑䷹		
	否䷋	乾三交而为否	
	泰䷊	坤三交而为泰	

凡卦三阴三阳者皆自泰卦而来，泰三复三变而成九卦

第一三变	归妹䷵	节䷻	损䷨
第二复三变	丰䷶	既济䷾	贲䷕
第三复三变	恒䷟	井䷯	蛊䷑

凡卦三阳三阴者皆自否卦而来，否三复三变而成九卦

第一三变	渐䷴	旅䷷	咸䷞
第二复三变	涣䷺	未济䷿	困䷮
第三复三变	益䷩	噬嗑䷔	随䷐

朱子卦变图

凡一阴一阳之卦各六，皆自复姤而来五阴五阳卦同图异

䷖剥　䷇比　䷏豫　䷎谦　䷆师　䷗复

䷪夬　䷍大有　䷈小畜　䷉履　䷌同人　䷫姤

凡二阴二阳之卦各十有五，皆自临遁而来四阴四阳卦同图异

䷚颐　䷂屯　䷲震　䷣明夷　䷒临

䷃蒙　䷜坎　䷧解　䷭升

䷳艮　䷦蹇　䷽小过

䷢晋 ䷬萃

䷓观

䷛大过 ䷱鼎 ䷸巽 ䷅讼 ䷠遁

䷰革 ䷝离 ䷤家人 ䷘无妄

䷹兑 ䷥睽 ䷼中孚

䷄需 ䷙大畜

䷡大壮

凡三阴三阳之卦各二十,皆自泰否而来

䷨损 ䷻节 ䷵归妹 ䷊泰

䷕贲 ䷾既济 ䷶丰

䷔噬嗑 ䷐随

䷩益

䷑蛊 ䷯井 ䷟恒

䷿未济 ䷮困

䷺涣

䷷旅 ䷞咸

䷴渐

䷋否

䷞咸 ䷷旅 ䷴渐 ䷋否

䷮困 ䷿未济 ䷺涣

䷯井 ䷑蛊

䷟恒

䷐随　䷔噬嗑　䷩益

䷾既济　䷕贲

䷶丰

䷻节　䷨损

䷵归妹

䷊泰

凡四阴四阳之卦各十有五，皆自大壮观而来

䷙大畜　䷄需　䷡大壮

䷥睽　䷹兑

䷼中孚

䷝离　䷰革

䷩益

䷘无妄

䷱鼎　䷛大过

䷸巽

䷅讼

䷠遁

䷬萃　䷢晋　䷓观

䷦蹇　䷳艮

䷽小过

䷜坎　䷃蒙

䷧解

䷭升

䷂屯　　䷚颐

䷲震

䷣明夷

䷒临

凡五阴五阳之卦各六,皆自夬剥来

䷍大有　　䷪夬

䷈小畜

䷉履

䷌同人

䷫姤

䷇比　　䷖剥

䷏豫

䷎谦

䷆师

䷗复

朱风林升卦变图

十辟卦所变 乾坤纯阳纯阴无变,故十二辟卦去之为十卦

䷗一阳在内体自复变　　䷫一阴在内体自姤变

䷆师初二相易　　䷌同人初二相易

䷎谦初三相易　　䷉履初三相易

䷖一阳在外体自剥变

䷏豫上四相易

䷇比上五相易

䷒二阳在内体自临变

䷭升初三相易

䷣明夷二三相易

䷓二阳在外体自观变

䷢晋五四相易

䷬萃上四相易

䷊三阳在内体一阳在外体自泰变

䷟恒初四相易

䷯井初五相易

䷑蛊初上相易

䷶丰二四相易

䷾既济二五相易

䷕贲二上相易

䷵归妹三四相易

䷻节三五相易

䷨损三上相易

䷪一阴在外体自夬变

䷈小畜上四相易

䷍大有上五相易

䷠二阴在内体自遁变

䷘无妄初三相易

䷅讼二三相易

䷡二阴在外体自大壮变

䷄需五四相易

䷙大畜上四相易

䷋三阴在内体一阴在外体自否变

䷩益初四相易

䷔噬嗑初五相易

䷐随初上相易

䷺涣二四相易

䷿未济二五相易

䷮困二上相易

䷴渐三四相易

䷷旅三五相易

䷞咸三上相易

六子卦所变二阴二阳卦，其专在内外体者自临观遁壮而变，其分在内外两体者自六子卦而变

䷲二阳内外各居而避初四者自震变	䷸二阴内外各居而避初四者自巽变
䷦蹇 初五相易 四三相易	䷥睽 初五相易 四三相易
䷃蒙 初上相易 四二相易	䷰革 初上相易 四二相易
䷜二阳内外各居而避二五者自坎变	䷝二阴内外各居而避二五者自离变
䷽小过 二四相易 五三相易	䷼中孚 二四相易 五三相易
䷚颐 二上相易 五初相易	䷛大过 二上相易 五初相易
䷳二阳内外各居而避三上者自艮变	䷹二阴内外各居而避三上者自兑变
䷧解 三四相易 上二相易	䷤家人 三四相易 上二相易
䷂屯 三五相易 上初相易	䷱鼎 三五相易 上初相易

来矣鲜知德错综图

一左一右曰错本圆图　　一上一下曰综本序卦

错	错	综
乾䷀ 坤䷁ 错	同人䷌ 师䷆ 错	屯䷃蒙
		需䷅讼
夬䷪ 剥䷖ 错	革䷰ 蒙䷃ 错	师䷇比
		小畜䷉履
大有䷍ 比䷇ 错	离䷝ 坎䷜ 错	泰䷋否
		同人䷍大有
大壮䷡ 观䷓ 错	丰䷶ 涣䷺ 错	谦䷏豫
		随䷑蛊
小畜䷈ 豫䷏ 错	家人䷤ 解䷧ 错	临䷓观
		噬嗑䷕贲

需 晋 错

大畜 萃 错

泰 否 错

履 谦 错

兑 艮 错

睽 蹇 错

归妹 渐 错

中孚 小过 错

节 旅 错

损 咸 错

临 遁 错

既济 未济 错

贲 困 错

明夷 讼 错

无妄 升 错

随 蛊 错

噬嗑 井 错

震 巽 错

益 恒 错

屯 鼎 错

颐 大过 错

复 姤 错

复 剥

大畜 无妄

恒 咸

大壮 遁

明夷 晋

睽 家人

解 蹇

益 损

姤 夬

升 萃

井 困

鼎 革

艮 震

归妹 渐

旅 丰

兑 巽

节 涣

未济 既济

互　卦

互卦者，取卦中二三四及三四五，又得经卦二也。左传庄二十二年，周史为陈侯筮，“遇观之否。曰：‘坤，土也。巽，风也。乾，天也。风为天于土上，山也。’”杜预注：“自二至四有艮象，艮为山。”此互体说易之始，汉、晋相承，王辅嗣黜而不用。锺会亦言“易无互体”，荀凯难之：“夫春秋之说经者，去圣人未远，其相传必有自。苟非证之经文，而见其违背，未尝可以臆弃矣。”辅嗣云：“爻苟合顺，何必坤乃为牛？义苟应健，何必乾乃为马？”以言二体无乾、坤，而有牛马，不当更求其故。不知易中之象无一字虚设，牛马既为乾、坤之物，则有牛马必有乾、坤。求之二体而无者，求之互体而有矣。若弃互体，是圣人有虚设之象也。或曰：“遁无坤，六二称牛；明夷无乾，六二称马。以互体求之，亦无乾、坤，诚如辅嗣有虚设之牛马也。”曰：“不然。遁之称牛以艮，艮刚在上犹牛革在外，称牛革不称牛也。明夷之称马以互体之坎，坎于马为美脊，为亟心，马之壮者也。”他如洪容斋所言：“师之长子，谦、蛊之大川，蹇之重险之类，苟非互体，终不可通。象之无虚设亦明矣。”或曰：“‘杂物撰德，辨是与非，非中爻不备。’先儒以此为互体之据，然下文不及互体，何也？”曰：“卦无乾、坤而有牛马，非杂物乎？卦无艮、兑而言止说，非撰德乎？‘杂物撰德’即是互体，无待于下文也。”其后说互卦者，朱子发于一卦中，既互两卦，又于互卦伏两卦。林黄中以六画之卦为太极，上下二体为两仪，合二互体为四象，又颠倒看二体及互体，通为八卦。黄中又有包体图，每卦只取一互卦，留三画为本卦之体，乾包八卦，八卦包乾。如乾包坤则为损益，坤包乾则为咸恒。余准此。凡一卦之相包，得三十二卦，八卦得二百五十六卦。戴师愈亦一卦具八卦，而与黄中异，有正有伏，有互有参。如需卦，乾下坎上是正；乾变为坤，坎变为离是伏；自二至四为兑，自三至五为离是互；互体兑下离上为睽是参；本卦是需，凡八卦也。吴草庐以先天圆图互体立卦，左右各二卦互一卦，六十四卦互成十六卦，又以十六卦互之，成四卦而止。伪说滋蔓，互卦之稂莠也。若因此而并去互卦，无乃惩噎而废食乎！

互卦图

乾乾	乾巽	坤坤	坤震
䷀乾	䷌同人	䷁坤	䷆师
䷫姤	䷠遁	䷗复	䷒临
䷪夬	䷰革	䷖剥	䷃蒙
䷛大过	䷞咸	䷚颐	䷨损
震坎	震兑	巽离	巽艮
䷳艮	䷭升	䷹兑	䷋否
䷎谦	䷊泰	䷮困	䷬萃
䷣明夷	䷑蛊	䷅讼	䷐随
䷕贲	䷙大畜	䷉履	䷘无妄
坎离	坎艮	离坎	离兑

䷧解	䷏豫	䷦蹇	䷯井
䷥睽	䷔噬嗑	䷤家人	䷈小畜
䷵归妹	䷲震	䷾既济	䷄需
䷿未济	䷢晋	䷴渐	䷸巽
艮坤	艮震	兑乾	兑巽
䷇比	䷜坎	䷟恒	䷛大过
䷩益	䷼中孚	䷍大有	䷝离
䷂屯	䷻节	䷡大壮	䷶丰
䷓观	䷺涣	䷱鼎	䷷旅

吴草庐互先天图

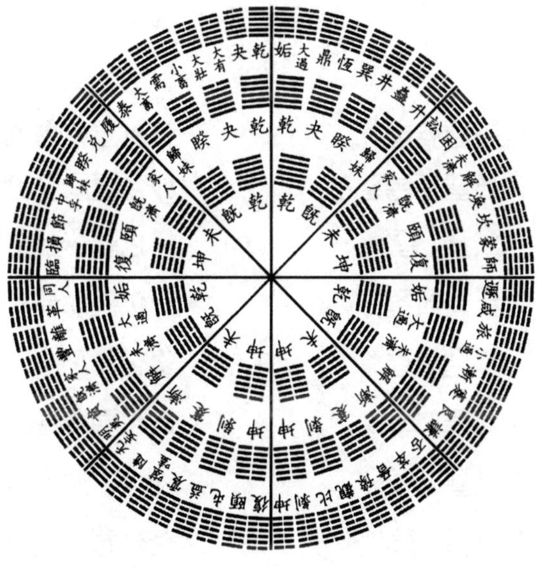

吴草庐曰："自昔言互体者，不过以六画之四画互二卦而已，未详其法象之精也。今以先天图观之，互体所成十六卦，皆隔八而得，外一层隔八卦得两卦，即中一层互体之卦名。缩四而一，内层一卦缩外层四卦。图之左边起乾、夬，历八卦而至睽、归妹，中层睽、归妹即接乾、夬。又历八卦而至家人、既济，家人、既济即接睽、归妹。余仿此。又历八卦而至颐、复。图之右边起姤、大过，历八卦而至未济、解，又历八卦而至渐、蹇，又历八卦而至剥、坤。左右各二卦互一卦，合六十四卦互体，只成十六卦。又合十六卦互体，只成四卦，乾、坤、既、未济也。周易始乾坤，终既、未济，以此欤。""中一层左右各十六卦，其下体两卦相比，一循乾一坤八之序，其上体十六卦，两周乾一坤八之序。""正体则二为内卦之中，五为外卦之中；互体则三为内卦之中，四为外卦之中，故皆谓之中爻。"

林黄中栗包体图

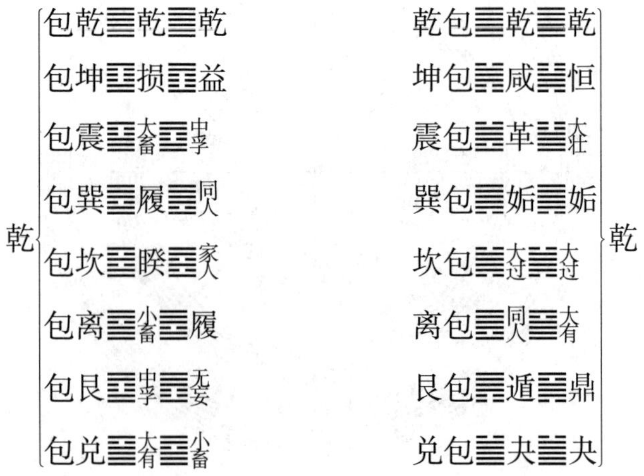

坤	包坤䷁坤䷁坤	坤包䷁坤䷁坤	坤
	包震䷎谦䷆师	震包䷗复䷗复	
	包巽䷬萃䷽小过	巽包䷃蒙䷓观	
	包坎䷏豫䷎谦	坎包䷆师䷇比	
	包离䷦蹇䷧解	离包䷚颐䷚颐	
	包艮䷇比䷏豫	艮包䷖剥䷖剥	
	包兑䷽小过䷭升	兑包䷒临䷂屯	
	包乾䷞咸䷟恒	乾包䷨损䷩益	
震	包震䷣明夷䷒临	震包䷣明夷䷒临	震
	包巽䷐随䷶丰	巽包䷑蛊䷺涣	
	包坎䷲震䷣明夷	坎包䷭升䷜坎	
	包离䷾既济䷵归妹	离包䷕贲䷨损	
	包艮䷇比䷲震	艮包䷳艮䷃蒙	
	包兑䷶丰䷊泰	兑包䷊泰䷻节	
	包乾䷰革䷡大壮	乾包䷈小畜䷼中孚	
	包坤䷗复䷗复	坤包䷎谦䷆师	
巽	包巽䷅讼䷠遁	巽包䷅讼䷠遁	巽
	包坎䷿未济䷴渐	坎包䷮困䷞咸	
	包离䷸巽䷅讼	离包䷘无妄䷝离	
	包艮䷺涣䷋否	艮包䷋否䷷旅	
	包兑䷱鼎䷸巽	兑包䷹兑䷰革	
	包乾䷫姤䷫姤	乾包䷉履䷌同人	
	包坤䷃蒙䷓观	坤包䷬萃䷽小过	
	包震䷑蛊䷺涣	震包䷐随䷶丰	

坎	包坎䷧解䷦蹇	坎包䷧解䷦蹇	坎
	包离䷯井䷮困	离包䷔噬嗑䷕贲	
	包艮䷜坎䷬萃	艮包䷢晋䷳艮	
	包兑䷟恒䷭升	兑包䷵归妹䷾既济	
	包乾䷛大过䷛大过	乾包䷥睽䷤家人	
	包坤䷆师䷇比	坤包䷏豫䷎谦	
	包震䷭升䷜坎	震包䷲震䷣明夷	
	包巽䷮困䷞咸	巽包䷿未济䷴渐	
离	包离䷤家人䷥睽	离包䷤家人䷥睽	离
	包艮䷩益䷔噬嗑	艮包䷴渐䷿未济	
	包兑䷝离䷙大畜	兑包䷄需䷹兑	
	包乾䷌同人䷍大有	乾包䷈小畜䷉履	
	包坤䷚颐䷚颐	坤包䷦蹇䷧解	
	包震䷕贲䷨损	震包䷾既济䷵归妹	
	包巽䷘无妄䷝离	巽包䷸巽䷅讼	
	包坎䷔噬嗑䷕贲	坎包䷯井䷮困	
艮	包艮䷓观䷢晋	艮包䷓观䷢晋	艮
	包兑䷷旅䷑蛊	兑包䷻节䷐随	
	包乾䷠遁䷱鼎	乾包䷼中孚䷘无妄	
	包坤䷖剥䷖剥	坤包䷇比䷏豫	
	包震䷳艮䷃蒙	震包䷂屯䷲震	
	包巽䷋否䷷旅	巽包䷺涣䷋否	
	包坎䷢晋䷳艮	坎包䷜坎䷬萃	
	包离䷴渐䷿未济	离包䷩益䷔噬嗑	

兑	包兑䷡大壮䷄需	兑包䷡大壮䷄需	兑
	包乾䷪夬䷪夬	乾包䷍大有䷈小畜	
	包坤䷒临䷂屯	坤包䷽小过䷭升	
	包震䷊泰䷻节	震包䷶丰䷊泰	
	包巽䷹兑䷰革	巽包䷱鼎䷸巽	
	包坎䷵归妹䷾既济	坎包䷟恒䷯井	
	包离䷄需䷹兑	离包䷝离䷙大畜	
	包艮䷻节䷐随	艮包䷷旅䷑蛊	

案，朱子与林黄中辨云："系辞所谓'易有太极，是生两仪。两仪生四象，四象生八卦。'此是圣人作易纲领。次第惟邵康节见得分明。今侍郎乃以六画之卦为太极，中含二体为两仪，又取二互体通为四象，又颠倒看二体及互体，通为八卦。若论太极，则一画亦未有，何处便有六画底卦来？如此恐倒说了。兼若如此，即是太极包两仪，两仪包四象，四象包八卦，与圣人所谓生者，意思不同矣。"林曰："惟其包之，是以能生之。包之与生，实一义尔。"曰："包如人之怀子，子在母中。生如人之生子，子在母外。恐不同也。"则林黄中之所谓包体者，如需卦，乾下坎上是两仪，互体得离、兑是四象，颠倒为坎下乾上，互体得巽、离是八卦。今杨止庵传易考所载包体图如上，与朱子所辨者不同。取八卦之互相包裹，以为六画之卦，多寡绝殊，于大义无所发明。岂当时朱子见之，以为不足辨而置之欤？

蓍法一

揲蓍之法，“其用四十有九”者，策数四十九，无所谓虚一反于柜中也。“分而为二以象两”者，信手中分，由静而之动，动静两端也。“挂一以象三”者，或左或右，随取一策，孔氏取左，朱子取右。横于案上，不必在左手小指之间方名为“挂一”；变中凡三挂，故曰“象三”，非蒙上象两而为三也。“揲之以四，以象四时”者，先取左手之策，四四为数，一策一时也。“归奇于扐以象闰”者，四数之余，不一则二，不三则四，谓之残奇；扐是指间扐物之处，归此残奇于扐；闰者，月之余日；奇者，揲之余策，故象之也。“五岁再闰，故再扐而后挂”者，次取右手之策，四四为数，并于前之正策；其余策左三则右一，左二则右二，左一则右三，左四则右四，亦归之于扐，是为“再扐”，犹再闰也；其言“五岁”者，四十八策中分为两，除残奇以外，每手正策大约以二十为率，四策一岁，则二十策为五岁也，以明扐之相去如此；非必真如五岁之中有两闰，以齐气朔也。此为第一变。别置余策，取见存正策或四十、或四十四，信手中分，复挂一为二，揲四、归奇如前法。此为再变。并其余策，取见存正策或四十，或三十六，或三十二，信手中分，复挂一为三，揲四、归奇如前法。此为三变。并其余策，取正策以四而一，得九为老阳，得六为老阴，得七为少阳，得八为少阴，老变而少不变，始成一爻。故十八变而成六爻也。初变为奇者三，为偶者一；再变、三变为奇者二，为偶者二。其法见于虞翻氏之注，孔颖达氏因之。朱子则有蓍卦考误,以主张是说。

然法虽是,而所以释经文者则多不合。虞氏谓:“奇,所挂一策;扐,所揲之余”。当是时揲余未有安置,奇已在挂。信如虞说,则当言归扐于奇,不应倒置。若是且挂、余截然两事,合之有何义理?故挂与挂合,余与余合,不相杂也。孔氏以三多三少、两少一多、两多一少余策定阴阳之老少。经文“乾之策二百一十有六,坤之策百四十有四”,其所以定阴阳老少者,指正策而言,以明余策置之不用矣。今弃正策而就余策,是背经文也。蓍之所以用四十九者,以去其十三则得三十六,去其十七则得三十二,去其二十一则得二十八,去其二十五则得二十四,只有此九六七八老少四者之策。若三多三少之数,则加乎四十九,减乎四十九,无不可得,亦可不顾九六七八策数,而以之定老少耶?惟余策不用,故初变为四为八,再变三变为三为七,各不相妨。今必准余策而以挂一杂于其间,连挂则初变之五、九为有余,除挂则再变三变之三、七为不足。无乃违“揲四”之义乎?又有于余策多少分八卦之象者。夫三变方成一爻,一爻之中但有老少之可分。今于一爻而指其孰为乾、震、坎、艮,孰为坤、巽、离、兑,是六变而可以成卦矣。古人何不惮烦而为此十八变乎?朱子发围径之义,以余策为径,正策为围。奇之象圆,而径一得围三,颇为近似;偶之象方,而径二得围二,其说有所不达矣。此皆执余策之病也。

蓍法二

郭兼山书伊川揲蓍法云:“四十九蓍,两手无意而中分之,于左手取蓍一茎,揲于左手小指之间,此名奇也。以右手之蓍置之案上。取左手之蓍四揲之,四揲之余数置案之左方。次取右手之蓍四揲之,四揲之余数并入左余,为之扐,即取所挂之奇归于扐。一变后复合见存之策,再以左右手分为二,更不重挂奇,四揲之余并入前扐,为第二变。其第三变如第二变。凡揲蓍第一变必挂一者,谓不挂一则无变,所余皆得五也。惟挂一则所余非五则九,故能变。第二第三虽不挂,亦有四八之变,盖不必挂也。"朱子作蓍卦考误,辨之:"三变皆挂,可为老阳者十二,可为老阴者四,可为少阴者二十八,可为少阳者二十。若后两变不挂,则老阳少阴皆二十七,少阳九,老阴一而已。深有害于成卦变爻之法。"是后两变之不可不挂审矣。某推求其故,后两变不挂,与以挂为奇,盖相因为说者也。蓍之所以必四十九者,每四而当一月,四十有八,十二月之数也。其一者,四分月之一也。四分月之一积四岁成月,而为闰。然闰恒三岁,以余分前后相移,不截然一岁余月之一,故五岁再闰也。每合蓍为一岁,后两变未尝不余一,然而不挂者,犹岁岁有余分,不俟满分不可以为闰也。十有八变凡六挂而策道穷,十有八岁凡六闰而气朔齐。其在一岁论之,乾、坤之策三百六十。尧典曰:"朞三百有六旬有六日。"十二月月三十日,正三百六十日矣。又除小月六日,是为岁有余十二日。乾、坤十二爻,凡十有二挂。此闰数在当期之外者也。以历法参合蓍法,姑存之以备一说。

蓍法三

自阴阳老少之不均也，后两变不挂，老阴之变一，三变皆挂，老阴之变亦止四而已，故为说者纷纭。宋庄绰作揲蓍新谱，引张辕之法："用蓍四十九茎，总篰把之，以意中分，扐小指间，四揲之。第一揲余一二足满五，余三四足满九，第二第三揲余一二足满四，余三四足满八。皆揲左不揲右。四五为少，八九为多。三多老阳交分，三少老阳重分，两少一多少阴拆分，两多一少少阳单分。"元张理因之，以谓："揲法从程子、张子，初变既挂一以象人，置而不用，后二变乃蒙上不复挂者为是也。揲左不揲右，从唐张辕、庄绰二家，绰宋人，理误为唐。盖天动地静，阳变阴合，地承天而行，于义为当。左余一而右承之以三，左余三而右承之以一者，成其为奇之阳也。左余二而右承之以六，左余四而右承之以四者，成其为偶之阴也。"明季本："窃疑大传所言'大衍之数五十，其用四十有九'，'九'字当为'八'字之误。止用四十八策，虚二以为阴阳之母。分二、挂一、揲四、归奇，三变皆同。除挂一外，左一则右必二，左二则右必一，左三则右必四，左四则右必三。由诸家之法于阴阳老少得均矣。"然庄绰之余三足九，张理之余二承六，皆不可通。四揲之外方为残奇，五策六策尚有一揲，岂可迁就以合左乎？季本则明改经文，无所依据。然则阴阳老少终不可均乎？曰无所俟乎均也。成卦之法在阴阳不在老少。以古法论之，阴阳各三十二，九六常少，七八常多，七八所成之卦与九六所成之卦，无以异也。爻之变不变在老少。六爻之中占者一爻，则一变而足，七八居其五，九六居其一，乃可谓之均也。若变者与不变者相均，将扰扰何所适从乎？彼轻改古法以均老少者，其亦未达乎此也。

占 法

启蒙占法："一爻变，则以本卦变爻辞占。二爻变，则以本卦二变爻辞占，以上爻为主。三爻变，则占本卦及之卦之彖辞，而以本卦为贞，之卦为悔。前十卦主贞，后十卦主悔。凡三爻变者，每卦有二十卦。四爻变，则以之卦二不变爻占，以下爻为主。五爻变，则以之卦不变爻占。六爻变，乾、坤占二用，余卦占之卦彖辞。六爻皆不变，则占本卦彖辞，而以内卦为贞，外卦为悔。"

王氏占法："一爻变，本卦爻为贞，之卦爻为悔，二爻兼用。二爻变，以初变爻为贞，次变爻为悔，作两节消息之。三爻变，以先变爻为贞，后二变爻为悔。四爻变、五爻变、六爻变，皆以先变爻为贞，后变爻为悔，作四五六节消息之。六爻皆不变，则占彖辞。彖辞为七八不变者设也。"

丰南禺占法："贞悔者，以六画言则内为贞，外为悔；以三画言则下为贞，上为悔。贞取定守为义，悔取感通为义。故六画则决之外卦，三画则决之于上爻。如初、二两爻变，则以二决之。内卦三爻皆变，则以三决之。如内三爻皆静，外卦之二爻变、三爻变者，皆依内卦之例。如初之于四、或五、或上，二之于四、或五、或上，三之于四、或五、或上，皆二爻变，概决之于悔。三爻变者，如初、四、五，如二、五、上，如三、四、上；四爻变者，如初、三、四、上，皆以最上一爻决之。三爻变者，如二、三、四；四爻变者，如初、二、三、四，则以四决之，而参之以二。所谓'二与四同功而异位也'。如二、三、五，如三、四、五，如初、三、五，皆三爻变者；如初、二、三、五，如初、二、四、五，如二、三、四、五，皆四爻变者；如初、二、三、四、五，为五爻变者，则以五决之，而参之以三，所谓'三与五同功而异位也'。如初、二、三、四、上，如初、三、四、五、上，如初、二、四、五、上，皆五爻变者，则以上爻决之，而参之以初。盖上下相应，亦若二四、三五之例也。六爻皆变，乾、坤占二用，余占之卦之贞悔。六爻皆静，则占本卦之贞悔。六爻变，占之卦大象。六爻不变，占本卦大象。若彖辞则专以待卜。天子诸侯有大事，则簭人先筮得其卦，书于板以授太卜。太卜以墨画所得之卦于龟腹，春灼后左，夏灼前左，秋灼前右，冬灼后右，其文入于卦墨，谓之食，则决于彖。"

盖两家之所以不从启蒙者，以周公爻辞本为九、六之变者设，非为七、八之不变者设。周易不用七八，岂有七八而冒用九六之辞哉！"则以之卦不变爻占"者，失其意矣。彖与爻各自为书，彖不取足于爻，爻不取足于彖。易果为卜筮而作，未有爻时，彖不可占，岂文王为未成之书耶？则以占辞平分于爻、彖者，非矣。然王氏之法所谓"四五六节消息"者，则亦杂而无纪。丰氏之法所谓"二四同功"、"三五同功"，初上本末者，亦强以辞入于占，不可为例。后之君子苟得左氏之意，其无例者，未尝不可见也。故一爻变者，既占本卦变爻，亦占之卦对爻。盖未有有贞而无悔者。观左氏“晋献公筮嫁伯姬，遇归妹之睽”，上爻变，既引归妹上之“刲羊”“承筐”，又引睽上之“张弧”，可知矣。二爻变者，以下爻为贞，上爻为悔；三爻变者，以末一爻为主，本卦为贞，之卦为悔。观晋筮立成公，遇乾之否，三为变末，曰：“配而不终，君三出焉。”终者，乾三之“终日”也。否三“包羞”，故“配而不终”也。而启蒙以晋重耳之“贞屯悔豫”、司空季子占“利建侯”为例，谓当占两卦彖辞，不知凡所遇之卦，不论一爻变至六爻变，彖辞无不可引用，何独以三爻变专之？观左氏孔成子筮立君，遇屯之比，此一爻变者，而史占屯彖之“元亨”。穆姜遇艮之随，此五爻变者，而称随彖之辞，亦明矣。如郭璞遇驴鼠，遇遁之蛊，又为晋王筮，遇豫之睽，皆三爻变也，皆不称彖辞。四爻变、五爻变者，皆以变末一爻为主，本卦为贞，之卦为悔，即如穆姜五爻之变，主在上爻。艮上之“敦艮”，既有止义，而随上之辞“拘系之，乃从维之”，故穆姜曰：“必死于此，弗得出矣。”六爻变者，皆以上爻为主，两卦为贞悔。六爻不变者，以初为贞，上为悔。观晋伐楚，筮之遇复，六爻不变，史曰：“南国蹙，射其元王，中厥目。国蹙王伤，不败何待？”盖晋贞楚悔，初之“元吉”，晋实当之；上之“行师大败，以其国君凶”，楚实当之。其例明显，如是则无三家之病矣。

易学象数论卷三

原　象

圣人以象示人，有八卦之象，六画之象，象形之象，爻位之象，反对之象，方位之象，互体之象，七者而象穷矣。后儒之为伪象者，纳甲也，动爻也，卦变也，先天也。四者杂而七者晦矣。吾观圣人之系辞，六爻必有总象以为之纲纪，而后一爻有一爻之分象，以为之脉络。学易者详分象而略总象，则象先之旨亦晦矣。刘长民钩深索隐图每谈总象，又杂四者而为言，以是不免穿凿附会之病。羲故别著之以为象学。

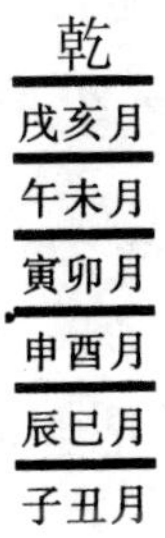

东方苍龙七宿：角、亢、氐、房、心、尾、箕。子丑月，黄昏苍龙入地，故曰“潜”。寅卯月，角宿昏见天渊之分，故曰“在渊”。辰巳月，苍龙昏见天田星下，故曰“见龙在田”。午未月，龙星昏中于天，故曰“在天”。申酉月，大火西流，龙将入地，故曰“夕惕”。戌亥月，平旦龙见于东北，昼晦其形，故曰“亢”。魏献子问龙于蔡墨，蔡墨曰：“周易有之，在乾之姤。”云云。若不朝夕见，谁能物之？龙非星也，岂得朝夕见乎？

坤

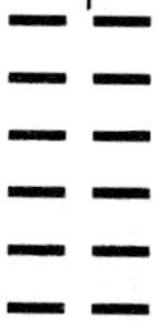

“冰霜”之候，农功未施。“直方大”，田畴之经界也。三之“含章”，黍稷华秀也。四之“括囊”，获稻纳稼也。五之“黄裳”，授衣载绩也。上“龙战于野”，塞向墐户。春秋传曰：“凡土功，龙见而毕务。”

屯

屯难之时，凄然有墟墓之象。“盘”，大石；“桓”，丰碑。所以下棺者，“林中”墓木丛生之处。上之“泣血”，孝子也。二之“不字”，嫠〔一〕妇也。五之“屯膏”，取萧祭脂也。“班如”，马行别其类。左氏有“班马之声”是也。

〔一〕“嫠”，原作“嫠”，今据广雅本改。

蒙

阳为师，阴为弟子。“包”为传道，“击”为解惑。气禀如“桎梏”，物欲如“金夫”。玩物丧志，徇闻见者“困”。山无草木之为“童”，为道日损，独露性真，亦“童”也。

需

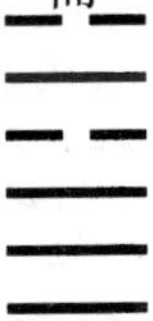

需为饮食。农者，饮食所自出也。“需郊”、“需沙”、“需泥”、“需穴”，皆农事也。“血”即洫字。“需血”者，致力于沟洫，由是而岁功成矣。故得“酒食”以“速客”。古者穴居，农事兴而“出穴”，农事毕而“入穴”，此四上之义也。

讼

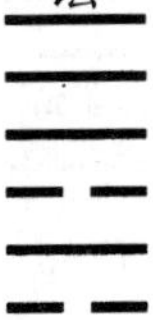

讼与狱异。此亦一是非，彼亦一是非，皆讼也。初之“小有”，言枝叶之辩也。二不能自持其说，三唯诺，无别白。四如汉儒坚守师说，五如孟子之辟杨墨，上则小言破道。直待得不见自家有是、世间有非，斯无讼矣。

师

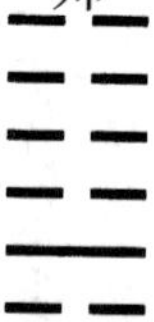

天子六师，将皆命卿，故六爻皆军将也。将不从中制六五者，中军之佐而非天子。内卦为行军之象，故曰“师出”，曰“在师中”；外卦为养兵之象。“左次”者，在闾左而不发；“田有禽”者，农隙讲武；“开国承家”者，兵民不分也。

比

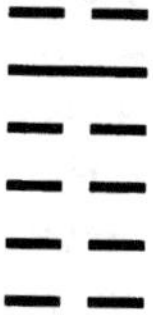

王者巡狩，诸侯来朝，皆畋猎讲武，故五爻皆诸侯也。上之为“无首”者，处在荒服，远于教化，非梗化也。

小畜

大畜、小畜皆畜乾也，遇艮而止，其畜宜也。“风以散之”而言畜者，以风行天上则为罡风，不能及下而下畜矣。下三爻取畜牧为义。初为始生之犊，往来自恣，故曰“复自道”。二已受羁靮，故曰“牵”。三则已在辕下，故曰“舆”。上三爻取畜积为义。四言“惕出”，五言“富邻”，上言“既处”，其指一也。

履

西方七宿为白虎，乾、兑当之。初当昴，昴为白衣，故“素履”。二当毕，昴毕间为天街，故“履道坦坦”。三当觜参，觜为虎首，故“咥人”。四当奎，奎为虎尾，故云“履虎尾”。五当娄，在虎尾之上，卦中言“履”者，指此一爻，故云“夬履”。上当胃，胃为天仓，明则天下和平，故云“考祥”。

泰

否

否、泰之“往来”，一岁之寒暑也。两卦内爻同为“拔茅”而时异。泰之“拔茅”，言拔地而生也。野火烧不尽，春风吹又生，“包荒”之象。“无平不陂，无往不复”者，荟蔚参差之貌。否之“拔茅”，言陨落而根拨也。野有死麕，白茅包之，故“包承”、“包羞”，皆取用于茅也。当泰则阴亦为美，在人民则“不富以邻”，大道为公也；在女则为“帝乙之妹”，不自有其贵也；在土则为“城隍”，可以守御也。当否则阳亦无用，四之委于天命，五之忧亡，上之望治，徒袖手旁观耳。

同人

象言大同，爻则天下为家，各亲其亲、各子其子之事也。故同必以族。家庭为一族，宗党为一族，山林为一族，城市为一族，军旅为一族，田野为一族。其事同，则其心不得不同。离事以为同，而后谓之君子。

大有

大有者，以觐礼为象。“无交害”者，觐亦交也。“大车所载”之庭实在道者，“享于天子”，上公三享，侯伯再享，子男一享。“匪其彭”者，彭，盛貌，束帛加璧，以致庭实，匹马卓上，九马随之，仪文盛矣。而将之以恭敬，匪仅仪文也。“交如”者，天子赐侯氏以车服，答其贡赋也。“自天祐之”者，侯氏肉袒，告听事于庙门，天子辞以归宁也。

谦

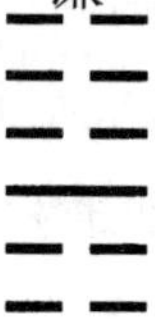

谦以五礼为象。初属吉礼，祭祀之道。求之于阴，一谦也；求之于阳，一谦也，故曰“谦谦”。二属凶礼，哭、踊，皆“鸣”

也。“无不利”者,大小通行之谓。嘉礼以亲万民,故属之。“邻者”,邦国。宾礼以亲邦国,故属之。行师属军礼,有钟鼓曰伐,故亦“鸣”也。五礼以忠信为主,三之一阳是也。

豫

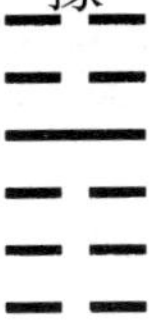

谦、豫两卦,一礼一乐。雷出地而后有声,故五为宫。“贞疾,恒不死”者,阳气不可灭而出也。“冥豫有渝”者,祀神之乐谓之“冥豫”,“渝”则变其声,不用商也。角如雉登木鸣,初应震木而“鸣”也。中声所止而徵生。宫,天也。徵,地也。磬鼓长而狭以象天,股短而厚以象地。二居中当徵,故曰“如石”。张羽为宫,其细已甚,则为靡靡之乐。三之“盱”睢,亡国之音也。四则八音克谐,故为“朋盍”。

随

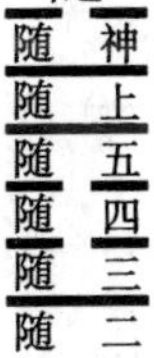

震,春也。兑,秋也。初至四有离象,三至上有坎象,夏与冬也。又互为艮、巽。六子皆备,具乾、坤之德,故“元亨利贞”。爻以随前为义,初随二,二随三,三随四,四随五,五随上,不论比应。初随二中正,故“出门有功”。二随三失初,故“系小子”。三随四失二,故“系丈夫”。四随五,故“有获而凶”。五随上,诗云“絷之维之,于焉嘉客”,故“孚于嘉”。上居天位，人道已毕，无所复随，则随于神，故有“西山之享”。

蛊

艮为“门阙”，所谓象魏也。“巽以申命”，有号令之义。以号令县之于象魏，当蛊坏之时，不得不以此感动人心。“先甲三日，后甲三日”，周礼“挟日而藏之”，郑云：“从甲至甲，谓之挟日。”此先甲后甲之义与。

临　　　　观

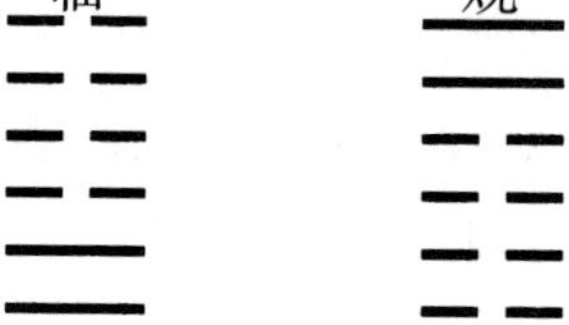

临似夹画之震，观似夹画之艮。“震为雷”。八月雷始收声，则非震之时矣，故曰“有凶”。艮为鬼门，又为宫阙。地上有木而为鬼门宫阙者，天子宗庙之象，故有“盥荐”之事。临本体为泽，加坤其上，是泽之厚者，故水深而“甘”。观本体为风，加坤其下，是风之培者，故能化及“童”、“女”。

噬嗑

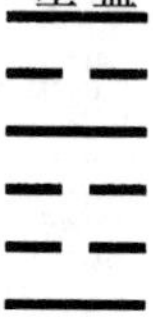

噬嗑有圜土之象。九四，寘之圜土者也。初、上则司寇之属，在圜土之中，宜以困苦象之。而二三四五皆言饮食，何也？周礼

曰:“以圜土聚教罢民,先王之设刑官,所以辅教官之不逮,非欲以斩刈之也。”以燕享祭祀之心,革缧绁桎梏之事。“肤”者,肤鼎也。“腊肉”者,腊鼎也。“干胏”者,二骨以并也。“干肉”者,腶脩也。陈鼎时肤为下,故二“噬肤”。腶脩,主妇所设,最后,故五“噬干肉”。

贲

䷕

离有“继明”之象,而贲变离之四爻,日月相抱持也。其六爻皆有天文之象。初当轸,轸为车,在下而未出地,故曰“舍车”。二当须女,故曰“贲其须”。须女之上为天汉,三之“濡如”,言天汉也。四之“白马”,言天驷也。五之“束帛”,言织女也。五居君位,故以天孙当之。“白贲”者,西宫白帝也。

剥

䷖

其象俎豆。五阴为“足”,一阳为“床”,由鼎而升于俎者,为“肤”、“为鱼”。“贯鱼”者,馈食。礼鱼用鲋十有五,而俎缩载是也。笾豆之实,水土之品,故有“硕果”。五爻数奇,故言鱼。上爻数偶,故言果。鼎俎奇而笾豆偶也〔一〕。

〔一〕此章剥卦象原在下,与复卦象并列;正文原在上,与贲卦正文连接。今据广雅本改。

复

䷗

剥、复为本末。阳在木上为末，剥也。阳在木下为本，复也。“七日”者，剥之上九为一日，反对之，即复之上六为二日，去复远，故“迷”。六五为三日，土再覆为“敦”，阴气重也。六四为四日，在七日之中，故云“中行”。六三为五日，“频”者，中道而又往之谓。六二为六日，与复相近，故“休”。初九为七日，七日似“远”，同一卦体，故云“不远”。坤体本虚，任人来往，一阳横亘其下，有关之象。

无妄

䷘

天下之无妄者，莫如五谷。春稼秋穑，时候不爽，或遭旱涝，则无所用。其“耕获”、“菑畲”，有“牛”亦且“系之”。趋吉避凶，人所同然，虽甚愚者，未尝以求“疾”、“眚”为事，乃忽然而至，是〔一〕出于非望者也。“无妄”一作“无望”〔二〕。于是逐妄迷复，丧其固有。故惟置身于荣枯得丧之外，而后能无妄。三所“系之牛”，即大〔三〕畜六四之“童牛”，在大畜居艮体为“邑人”，在无妄居震体为“行人”。

〔一〕“是”字下，广雅本有一“皆”字。

〔二〕注文依广雅本补。

〔三〕“大”字原脱，今据广雅本补。

大畜

䷙

大畜亦以畜牧为义。下三爻皆取象于马，以“乾为马”也。“有厉，利已”，马而病厉，不可行者也。二之“说輹”，罢〔一〕驾之马也。唯三为“良〔二〕马”，则知初、二皆不良〔三〕矣。三至上有离象，故四为“童牛”。艮为黔喙，故五为“豕牙”。艮象“门阙”，是豕在牢，牛在宫者也。艮“为径路”，路在天上，则为天衢。“何天衢”者，其天驷与。

颐

䷚

卦中二阳养人，四阴待养。初不能养民，惟剥民以自养，如后世之君诛求无厌。故二、三“颠”“拂”无告，乱世之民也。上九分田制地，徇民好恶，故四、五皆得其养。虽待哺之民，有若饥“虎”，亦应之不倦，治世之民也。

大过

䷛

〔一〕“罢”，广雅本作“罢”。

〔二〕〔三〕“良”，原作“艮”，今据广雅本改。

初六在巽体，“巽为木〔一〕。上六在巳，巳当巽位，巽又为木。二木在外，以夹四阳。四阳互体为二乾。”乾“为君、为父”。二木夹君父，是棺椁之象。养生者不足以当大事，惟送死可以当大事，送死不嫌于大过也。孔子曰：“五十以学易，可以无大过矣。”言可以无死也。“原始反终，知死生之说”。故可以无死，与“朝闻夕死”同一义矣。

坎

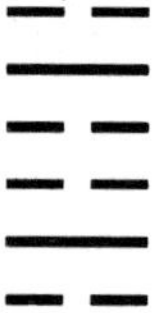

“坎为水”，又“为月”。月临子午则潮盛〔二〕，水与月同一气也。内三爻言水之在天地间，外三爻言人之治水。初六水始道源，江河之“坎窞”也。六三万川归之，大海之“坎窞”也。水为天地间大患，在治之得人。“樽酒簋贰”，巡行治水者以劳之也。五“不盈”，九川涤源，九泽既陂也。“徽纆”，黑索也；“丛棘”，聚大木若棘也。治水用索挽木以塞决口，皆不顺水性，故绩用不成，“三岁不得”也。

离

〔一〕“木”，原作“本”，今据广雅本改。
〔二〕“盛”，广雅本作“生”。

明两作，在天为日，在地为火。内卦，日也。外卦，火也。初为始旦，二为日中，三为日昃。日运于上，人事作于下。四之“焚如”，心火上炎，进退失序也。五之“沱若”，水为火所逼也。“王用出征”，兵犹火也，不戢自焚。君子“退藏于密”，犹火藏于木石而已。

咸

自有此身，不能离感应。伪往则伪来，诚往则诚来，思虑才动，肺肝已见，无一而非感也。人惟求感人，不求自感。逆诈、亿、不信见，有人己，故有“往来”。不逆诈、不亿、不信，不信者，吾亦信之，往来之路穷，斯之为真感。君子以虚受人，心尚为下，而况于“口舌”乎？

恒

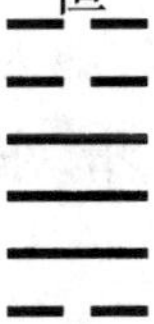

苏子瞻曰：“自其变者而观之，则天地曾不能以一瞬；自其不变者而观之，则物与我皆无尽也。人但知男女饮食之为恒事，尽力与造化相搏。造化以至变者为恒，人以其求恒者受变。苟知乾坤成毁不离俄顷，则恒久之道得矣。”故爻多以饮食男女为象。

遁 大壮

遁为重画之巽，壮为重画之兑。巽之象“为鸡”，故初之“遁尾”，雄鸡自断其尾者也。上之“蜚遁”〔一〕，风雨如晦，鸡鸣不已，鼓翼而飞者也。兑之象“为羊”，统一卦而言之，皆有羊象焉。初者，羊之足趾也。羊以角触而趾用其力，故曰“壮于趾”。

晋

晋有日行黄道之象。内三爻为夜，外三爻为昼。夜行为人目所不见，故“摧如”、“愁如”。迟明出海，万目睽睽，此“众允”也。帝尧时，日南至缠虚，虚为“鼠”也。六五“矢〔二〕得”，矢，箭筹也，用之以算日次。角，东方七宿之首，自虚至此，七宿日行一周天矣。

明夷

〔一〕“蜚”，易经原文作“肥”，亦作“飞”。

〔二〕“矢”，原作“失”，今据易经原文改。

明夷有日食之象。初在食限,去合朔尚远,故曰“三日不食”。二为初亏,四为食甚,五为复圆,上为“入地”。曰“左股”、“左腹”者,日月俱东行,日迟月疾,其食也必〔一〕日在右,而月从左追及之,故日食必先于左。若日在左,则与月不相及矣。

家人

或问文中子家人之象。子曰:“明内而齐外,盖离、巽之卦也。一阳一阴相配于中,有父母、夫妇之象。”焦延寿以上爻为宗庙,五为君,在家人则君位为父矣。

睽

睽有人死为鬼之象。祖而荐马,故初言“丧马”。将葬,甸人抗重而出,重有主道。“遇主于巷”者,谓重也。“舆”,丧车也。“舆曳牛掣”者,所谓“轮按轨以徐进,马悲鸣而局顾”也。“其人天且劓”者,括发拥鼻而号哭也。“元夫”,尸也。孝子不见亲之形象,于虞祭立尸,“遇元夫”也。“肤”,肤鼎。“宗庙”之祭,内神也。“车”中之“鬼”,外神也。

〔一〕“必”,原无,今据广雅本补。

蹇

蹇卦内艮为山城象也，外坎为溪隍象也。世道之坏，起于人心。当蹇难之时，机械争胜，天下皆“往”而不“来”，靡然降服。唯君子反身修德，固守名教，有干城之象，亦如燕尽降齐，城独莒、即墨不肯下耳。

解

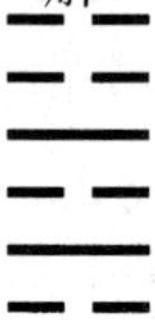

坎中之一阳，即震下之一阳，始包于坎中，既出坎为震，若果核之仁变而为芽，则“甲拆”矣。坎为狐，“三狐”，坎[一]三爻也。二以刚居中，一阳贯于二阴之间，似矢中之。“射”之者，“高墉”之上六也。上六，柔也，何以能射？盖刚已中狐，无矢故柔。

损　　益

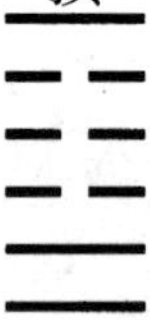

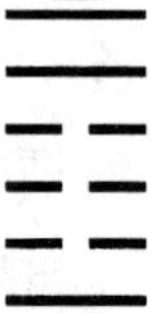

分田授土于下，贡税终事于上，上与下交相损益者也。损初举趾，粟米之征也。九二“利贞”，布缕之征也。六三“损

〔一〕“坎”，原作“故”，今据广雅本改。

人”,力役之征也。四损民之疾苦者也。百姓足,君孰与不足,故五有“或益之龟”。不以天下自富,故上有“无家”之誉。益初“大作”,受田而耕。六二“享帝”,春秋祈报,国之大事,在祀与农。二爻皆养生之事也。六三“凶事”,送死之事也。四之“迁国”,封建诸侯,各行井田也。九五“惠心”,以不忍人之心,行不忍人之政也。损益之道如此。圣人逆知后世剥下奉上,民不聊生,不授田养民,则上无益下之道矣。民买田以自养,又复重税驱而纳之沟壑,使下损无可损,而后之俗儒犹曰:“十一而税,先王之制也。”是上之于下,非“益之”,乃“击之”也。故以上九终焉。

夬

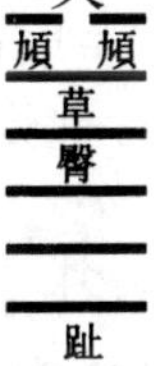

〔一〕

“兑为羊”。上卦之羊固矣,而统卦皆有羊象。爻中所言,皆统卦之义也。上为羊頄,三以应之,故曰“壮頄”,非三为頄也。四为羊“臀”,初为羊“趾”。“苋陆”,羊所食之草。羊善鸣,得草故“无号”也。

姤

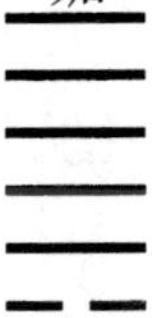

〔一〕卦象中文字,依广雅本补。

彖辞“勿用取女”，六爻皆以此为象。女登车而“金柅”见“系”，是为不吉。嫁娶之家必宴会宾客，而“庖中无鱼”，“臀肉无肤”，“瓜”尚在“杞”，羊余惟“角”，则不成礼矣。其为牝鸡索家不待言也。

萃

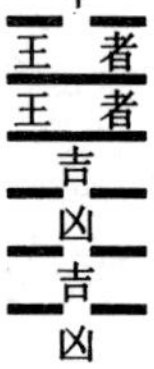

〔一〕

聚天下之人心者，莫如宗庙。九五“萃有位”，四海之内各以其职来祭。四之“大吉”，二之“用禴”，吉萃也。上六“赍咨涕洟”，是王者大丧，群公萃而哭临。三之“嗟如”，初之“号若”〔二〕，凶萃也。

升

此王者受命〔三〕升中祭告之事。“允升”者，德洽而后升也。“用禴”者，宗庙之祭也。“虚邑”者，名山之邑，如春秋邴者，郑伯之所受命而祭泰山之邑是也。将“享岐山”，先宿其邑，而后升也。“升阶”者，筑土为坛，故有阶也。“冥升”者，感

〔一〕卦象中文字依广雅本补。
〔二〕“号若”，易经原文作“若号”。
〔三〕“受命”，原无，今据广雅本补。

格于冥冥也。

困

兑正秋而坎为冬。兑之一阴象乎始秋之气，蔓草未杀，故为“葛藟”之困。六三则秋冬之交，蔓草叶脱而刺存焉，故为“蒺藜”之困。初六则在坎之下，大寒之时也。蔓为霜杀而靡有孑遗，所存者，株木而已。

井

此即井田之制，故以名卦。巽“为绳直”，坎为水区。画于水上者，田也。田以沟洫为主，沟洫之水入，即取汲为食。“井泥不食”者，沟洫不治，涸而见泥，荒田也，故为鸟雀所不集。“井谷射鲋”者，水深而有鱼可射也。“井渫”、“井甃”、“井冽”，皆“我疆我理，南东其亩”者也。“井收勿幕”者，大有之年，粒米狼戾，当收敛而勿盖藏也。“劳民劝相”，省耕省敛也。若以井泉取义，禽固不能入井，有鱼之井亦不多见矣。

革

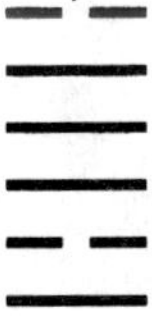

革有炉、鞴之象。离火鼓铸兑金,而金从革也。金成器则文彩生,故“虎变”、“豹变”。“黄牛之革”,橐籥也。“巳日乃革”,巳为土冶,必用土也。“革言三就”者,黑浊之气竭,黄白之气竭,青白之气竭,然后可铸也。器敝改铸之之为革。天下亦大器也,礼乐制度,人心风俗,一切变衰,圣人起而革之,使就我范围以成器。后世以力取天下,仍袭亡国之政,恶乎革。

鼎

初为鼎足,二三四为鼎腹,五为鼎耳,上为鼎铉。凡烹饪之事,自镬升于鼎,自鼎载于俎,鼎不受烹者也。彖传:“以木巽火,烹饪也。”此因鼎以及烹饪,非烹饪以鼎也。“颠趾”“出否”,雍人陈鼎于门外以告洁也。“鼎有实”,司马、司士升牲〔一〕于鼎中也。“耳革”、“行塞”者,主人未迎鼎之时也。“折足”、“覆餗”者,举鼎入门,佐食升之俎也。折足非鼎,牲体节折之谓之折,俎自脊〔二〕胁以外,肩胁臑膊胳,皆足也。“黄耳金铉”者,牛鼎受一斛,羊鼎五斗,豕鼎三斗,天子皆饰以黄金也。

震

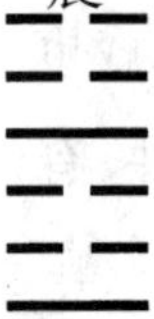

〔一〕“牲”,原作“性”,今据广雅本改。
〔二〕“脊”,原作“眷”,今据广雅本改。

雷之在天地间,能生物亦能杀物。“笑言哑哑”,万物之郁结解也。“七日得”,阴不能锢阳也。“苏苏”,更生之貌,言草木禽虫也。内三爻皆为生物。雷将击物,其声重浊,为“震泥”。上下不已,物遇而伤焉,为“往来厉”。其击物也,若有鬼神凭之,为“雷索索,视矍矍”。外三爻皆为杀物。

艮

艮“为门阙”,两艮为重门,互坎为月。重门不启,明月在庭,静之至也。其爻言“辅”颊不言口,言“身”不言腹,言“夤”、“限”不言脐,有背面而立之象。四阴拂〔一〕布,状背胁也。上一阳为肩膊,中一阳为脊膂〔二〕。

渐

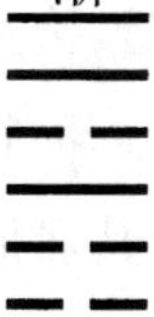

巽“为长女”,艮为门庭,女自外而归男家之象。六礼必奠雁,故彖言“女归”,爻言“鸿渐”。鸿者,随阳之鸟。艮、巽界于子、午。鸿之去来,应之地势,北高南下。“干”者,水之涯;“磐”者,岸之下;“陆”则及于岸,南方之象也。“木”者,林木

〔一〕“拂”,广雅本作“排”。
〔二〕“膂”,原作“背”,今据广雅本改。

之高;“陵”者,邱陵之际;“逵”者,天际;北方之象也。

归妹

䷵

震为春,兑为秋,正嫁娶之时也。下三爻明嫡妾之分。二得中为嫡,初与三皆“娣”姪也。四之“愆期”,谓请期也。五为亲迎妇入门也。上爻妇见舅姑,故“承筐”。舅姑醴妇,故“刲羊”。

丰

䷶

丰亦为日食之象。初之“配主”,月也。此在日食前月之望,故“虽旬无咎”,过旬则灾。离南方之卦,五六月之交,日在午未。日食于井、柳,则斗宿远而得见。“日中见昧”〔一〕,日食之既也。其应在大臣,故“折其右肱”。震东方之卦,正二月之交,日在亥戌。日食于室、壁,则斗柄之指午未者远而得见。卦中两斗,异星也。“来章”,复圆〔二〕也。“阒其无人”〔三〕,日入而人息也。

〔一〕“昧”,易经原文作“沬”。

〔二〕“复圆”,原作“从固”,今据广雅本改。

〔三〕“阒”,原作“闃”,今据易经改。“人”,原作“入”,今据广雅本改。

旅

䷷

艮“为阙门”，有次舍之象，故内卦皆为“即次”。三之“焚次”，以近离火也。离“为科上槁”，则是巢而已，非次舍也。上卦本三阳，有三矢象，六来居之，“亡其一矢”，是为野鸟入室，故有“焚巢”之变。人生何在非逆旅，岂能久居！圣人以“焚巢”示象。“琐琐”者，世人经营求望之心，争城受禅皆“琐琐”也。“焚巢”、“丧牛”，运数之在天者也。中四爻之“得失”，何足芥蒂乎。

巽

䷸

巽有俎象，阴象足，阳象床，上下二巽为重俎。凡易之言床，皆指俎豆而言，非人所卧之床也。三为床，二为“史巫”，初为主人。“三品”，床上所设之牲也。上又一“床”，亦宜加以鼎实。六四在上卦，是上爻所设之物也。今设之于下卦之上，不可复加，故云“丧其资斧”。

兑

䷹

兑为正秋之卦，下二〔一〕爻七月之象，中二爻八月之象，上二爻为九月之象。言“和”言“孚”者，阳气犹盛也。秋于五音为“商”。“介”者，阴阳之介也。“剥”则阴欲剥阳，“引”则阳欲避阴，衰落之候也。

涣

䷺

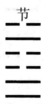

上巽下坎，有东风解冻之象。乱〔二〕离之后，天地闭，贤人隐，故“用拯马壮”，以求岩穴之士相助为理。“机”，几也。既得贤才，则使之〔三〕几而崇礼之。“涣其躬”，所为学焉而后臣也。当是时，不知几人称“王”，几人称帝。聚而为“群”，吾从而涣之。“涣汗其大号”者〔四〕，建立诸侯，各有封号也。“涣其血”者，原野厌人之肉〔五〕，川谷流人之血，吾以不嗜杀人涣之也。

节

䷻

水泽何以谓之节也？百川注海，无泽以纳之，则水利不

〔一〕“二”，原作“三”，今据广雅本改。
〔二〕“乱”，原作“辞”，今据广雅本改。
〔三〕“之”，广雅本作“凭”。
〔四〕“涣汗其”，帛书周易作“涣其汗”。
〔五〕“肉”，原作“内”，今据广雅本改。

兴，旱涝为患。内爻为兴居之节。互艮为门户，初二两阳，若人处其中。外爻为饮食之节。“安”者，五味相和。自三至上，五以一阳处于三阴之中，坤之稼穑作“甘”也。自二至五有离象，火性炎上作“苦”，故上为苦也。

中孚

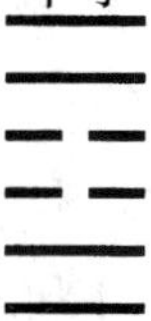

小过

中孚生阳，羽族卵〔一〕生也。咸卦生阴，血肉之物胎生也。中孚为生阳之始，小过为生阳之成，有妪卵之象焉。当“燕”之来，鸟雀生卵之时也。“鹤鸣”、“子和”，鹤以声抱者也。“或鼓或罢，或泣或歌”，调和伏卵之节也。“月几望”，其气候将至也。“有孚挛如”，卵已成形，其爪尚挛也。“翰音登天”，则出㲉而鸣矣。小过“飞鸟之音”，即“翰音”也。中二阳为鸟之腹背，下二阴为左翼，上二阴为右翼，有东飞之象。大道不行，鸟兽之卵胎既不可俯窥，飞而害之者至矣。故初为“飞鸟之凶”。三之“或戕”，四之“往厉”，五为矰缴，上为网罟，人世之险一至于此。

既济

未济〔二〕

〔一〕“卵”，原作“即”，今据广雅本改。

〔二〕卦象中文字依广雅本补。

乾、坤分六阴六阳而为坎、离，坎、离合而为既济、未济。在六十四卦之中，一律一吕可以相配者，更无别卦。既济初为黄钟。黄钟，阳之始生。“曳轮”、“濡尾”，象其初出之貌。二为大吕。阴为阳侣，有“妇女”之义。三为太簇。其分野幽州，故云“鬼方”。四为夹钟。阳以阴为夹，犹“衣”以“袽”为夹也。五为姑洗。百物涤故就新，犹“祭祀”之斋戒也。上为中吕。“濡其首”者，首阳而为阴所伏也。未济初为林钟。辟卦在遁，“濡尾”即遁尾濡。二为蕤宾。阴为主，阳为宾，既为宾主，是“曳其轮”而未行也。三为南吕。四阴盛长，“未可济”也。四为夷则。夷，伤也。故有“伐鬼方”之事。五为应钟。微阳应而将复，故有“君子之光”。上为无射。射，厌也。万物之资阳气，无有厌射，犹人之“饮酒”，无厌射也。

易学象数论卷四

太　玄

扬子云太玄以两赞当一日，七百二十九赞以当一岁三百六十四日半，于岁法三百六十有五日四分日之一，尚不及四分日之三也。立踦、嬴二赞以补之，例以两赞当一日，则过四分日之一矣。故苏明允谓："四分而加一，是四岁而加一日，千载之后，恐大冬之为大夏也。欲以一百八分为日率，四分之，每分得二十七，三之为八十一。每首加一，尽八十一首，而四分日之三者无过不及之患矣。"然余以为，玄之所以准日者，赞也。加一分于首，赞之不及如故，是失所以立赞之意。既以踦、嬴名赞，不与他赞为伍，则亦不援两赞一日之例，即以四分之三当之，无不可矣。第踦以虚而言，嬴以盈而言，犹之所谓气盈朔虚也。合气盈朔虚，十日有奇，则踦、嬴当得二十余赞。今以二赞仅寄其名，余皆浑于七百二十九赞之中，此则不可谓之合于历也。明允言："圣人以六日七分言易，而卦爻未尝及之。雄以三百六十五日四之一言玄，而首赞拟之，失其所以为书之意。"余以为，易未尝有六日七分之说，加之起于后世。子云准历以作玄,苟不相似,则又何以为书? 是故子云之短不在局历以失玄,在不能牵玄以入历也。历以一定之法御其至变,而后可以传之久远。苟不得其至变,即不可谓之定法也。玄之中首,起牛一度。今未二千年,冬至在箕四度,星之属水者已属木矣。其从、违亦异。此玄失之较然者也。明允加一分以合四分之一,不知四分之一者亦有消长,则又不如踦、赢之以不齐齐之也。

太玄蓍法

令曰:假太玄,或作元,通用。**假太玄孚贞,爰质所疑于神于灵。休则逢阳,星时数辞从;咎则逢阴,星时数辞违。**

以上命筮之辞。

凡筮有道:不精不筮,不疑不筮,不轨不筮,不〔一〕**以其占不若不筮。神灵之,神灵之**〔二〕**曜曾越卓。**

去此四者而筮,则神听之矣。此言为筮之道。双湖胡氏连上文为命筮,非也。

三十有六而策视焉。

蓍之数三十有六。

天以三分,终于六成,故十有八策。

以下明蓍三十六之故。"三分"者,参天之数。"六成"者,一二三之积数。"十有八"者,三六之乘数。

〔一〕"不"上原有"革"字,今据太玄原文删。
〔二〕"神灵之"三字,司马光太玄集注不重出。

天不施，地不成，因而倍之。

　　天施地成故地数亦十有八，合之为三十六。

地则虚三，以扮天十八也。

　　阳饶阴乏，地则虚三，故揲用三十三。

别一挂于左手之小指。

　　三十三策之中，取一以挂，挂而后分也。

中分其余，以三搜之，并余于艻。苏氏作扐。

　　分为二刻。三搜左刻，置其余或一、或二、或三。次三搜右刻，置其余如前。数其余数，不二即五，挂策在外。

左　右〔一〕

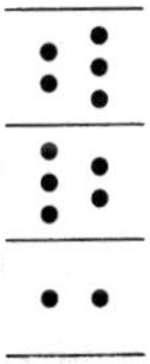

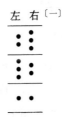

　　左二则右必三，左三则右必二，左一则右亦一。以上初揲，在易为再扐，在玄为一艻之半。次除前余数，复合其见存之策，或三十，或二十七。不挂，分、搜如前法。其余数不三即六。

左　右〔二〕

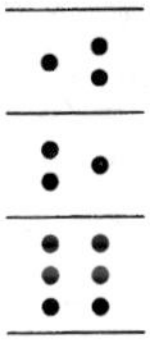

〔一〕〔二〕“左右”，原无，今据广雅本补。

左一则右必二，左二则右必一，左三则右亦三。以上为再揲。再揲之余，并之于艻，是为一艻。艻即所挂之一也。王制："祭用数之仂。"郑注："什一。"挂先别于正数，故名艻。盖再揲未竟，余数未并，再揲竟，则余数并入挂内。此所谓余，乃不用之数，与上下分数之余异。

一艻之后而〔一〕数其余，七为一，八为二，九为三。

再揲止一挂，故曰一艻。余数既并，置之不用，而数其所得之正策，七其三为一画⚊，八其三为二画⚋，九其三为三画- - -，以成一方之位。如是每再揲而成位，自家而方，四〔二〕位通计八揲〔三〕，然后首名定也。　老泉苏氏曰："一挂一扐之多，不过乎六。既六而其余二十七者，可以为九而不可以为八、七。况夫不至于六哉？"于是改为"再扐而三数其余，八扐而四位成"。羲按，易"再扐而后挂"之义，揲左手竟而扐之，揲右手竟而又扐，谓之再扐。苏氏以初揲为一扐，故加一扐于玄，不知玄之以挂为艻也。若准易之例，四位凡十六扐焉。

六算而策道穷也。

一艻止于再揲，可以为七、八、九，而不可以为六。范注曰："谓余得七则下一算，得八则下二算，得九则下三算。一、二、三凡六揲，三十三止得六算，故言穷也。穷则揲以成

〔一〕"而"，司马光太玄集注作"再"。

〔二〕"四"，原作"曰"，今据广雅本改。

〔三〕"八"字上，四库本原有一"去"字，广雅本为一黑点。以无"去"字于文义为顺畅，今删。

四位,不出七八九也。”

七为一。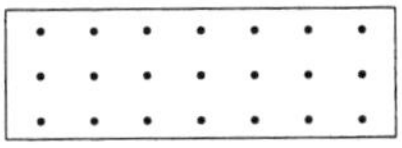挂一,不用余数十一。

八为二。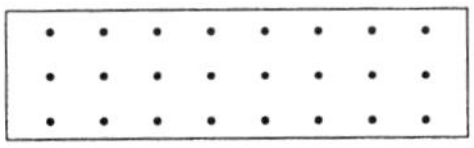挂一,不用余数八。

九为三。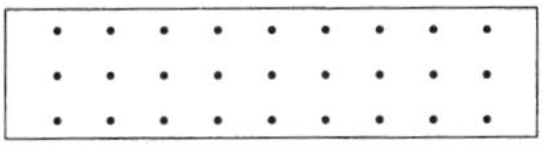挂一,不用余数五。

逢有下中上。下思也,中福也,上祸也。思、祸、福[一]各有下中上,

九赞之位,一思内,二思中,三思外;四福小,五福中,六福大;七祸[二]生,八祸中,九祸极。

以昼夜别其休咎焉。

首有阴阳,一阳二阴,终九起一。阳首以一、三、五、七、九为昼,二、四、六、八为夜。阴首以二、四、六、八为昼,一、三、五、七、九为夜。筮者逢昼为休,逢夜为咎。

一从二从三从,是谓大休。

旦筮用一五七为一表,夕筮用三四八为一表,日中、夜中筮用二六九为一表。一五七逢阳首,则皆昼,为从;逢阴首,则皆夜,为违。三四八逢阳首,则一昼两夜;逢阴首,则一夜两昼。二六九逢阳首,则两夜一昼;逢阴首,则两昼一夜。三从者,旦筮逢阳首也。

一从二从三违,始中休,终咎。

〔一〕“思祸福”,太玄原文作“思福祸”。
〔二〕“祸”,原作“福”,今据广雅本改。

中筮逢阴首。

一从二违三违，始休，中终咎。

夕筮逢阳首。

一违二从三从，始咎，中终休。

夕筮逢阴首。

一违二违三从，始中咎，终休。

中筮逢阳首。

一违二违二违，是谓大咎。

旦筮逢阴首。

占有四：或星，

首五行，一水二火三木四金五土，六水七火八木九金，终九首复一。星五行，角亢氐房心尾箕东方，属木；奎娄胃昴毕觜参西方，属金；井鬼柳星张翼轸南方，属火；斗牛女虚危室壁北方，属水。星与首同德是从，与首背德是违。

或时，

冬至筮，逢十月以前首为违，冬至以后首为从。夏至筮，逢四月以前首为违，夏至以后首为从。

或数，

即九赞昼夜之数。

或辞。

赞辞。

旦则用经，夕则用纬。

南北为经，东西为纬。一六水在北，二七火在南，五土在中，故一二五六七为经。三八木在东，四九金在西，故三四八九为纬。旦筮一五七,是用经也。夕筮三四八,是用纬也。中筮二六九,经纬杂用之也。

观始中,决从终。

范注:“凡筮或先违而后从,先从而后违,或三皆从,或三皆违,决之者从终辞也。”

推玄算:

筮所得首,于八十一中次第何居,推其算也。

家一置一〔一〕,二置二,三置三。

随家所得之位置算。

部一勿增,二增三,三增六。

部位得一不置算,得二置三算,得三置六算。

州一勿增,二增九,三增十八。方一勿增,二增二十七,三增五十四。

四位积算,是首之次第也。如筮得乐首,一方三州二部三家,方一不置算,州三置十八算,部二置三算,家三置三算,积二十四算,是乐去中之数也。

求表之赞,

赞七百二十九分为二百四十三表,筮所得次第之数。

置玄姓去太始策数,

玄姓,筮所得之首。太始,中为群首之始。去太始策数,即玄算也。

减而九之,

〔一〕“一”,原无,今据广雅本及太玄原文补。

减所得之首一算，以九乘之。每首九赞故九之。

增赞。

增所得首之赞于乘数。如乐首二十四减一，以九乘得二百有七，增入所得赞，是去太始赞数也。又如乐首二十四减一，以三乘得六十有九，增入所得表，即是表数也。

去玄数半之，则得赞去冬至日数矣。

玄以七百二十九赞加踦、嬴配三百六十五日四分日之一，二赞而为一日，故半之即得去冬至日数矣。如乐首二百有七增二赞，半之是一百五日。

偶为所得日之夜，奇为所得明日之昼也。

二赞一昼一夜，率一首而四日有半。奇首之次九，为偶首初一之昼。此言奇偶，统七百二十九赞也。如乐首增一赞二百有八则偶，乃是夷首次九之夜，增二赞则奇，为明日之昼。

求星：从牵牛始，除算尽则是其日也。

冬至日在牛一度，中首之初一也。日行一度，已得日数依星度除之，则得。如乐首一百五日，从牛一度除之尽，是为胃五度。

星度：

牛八　女十二　虚十　危十七　室十六　壁九　奎十六　娄十二
胃十四　昴十一　毕十六　觜二　参九　井三十一　鬼四　柳十五
星七　张十八　翼十八　轸十七　角十二　亢九　氐十五　房五
心五　尾十八　箕十一　斗二十六

玄图曰："泰积之要，始于十有八策，终于五〔一〕十有四。"

天地人各十八，并之五十四。

并始终策数，半之为泰中。

并五十四于十八为七十二。

泰中之数三十有六策，以律七百二十九赞，凡二万六千二百四〔二〕十四策，为泰积。

犹易二篇之策也。每赞三十有六，乘之得太积策数。

七十二策为一日，凡三百六十四日有半，踦满焉，以合岁之日而律历行。

一岁三百六十五日四分日之一。七十二策，二赞昼夜之数也。太积策数于岁日不及四分日之三，应增五十四策，此踦、嬴所繇作也。

王涯揲蓍法

三十六策虚三，挂一，中分左右，以三数左，置余；以三数右，置余。合左右正策数之，为三者七，而后一一数之，及八以为二，及九以为三，不及八不及九，从三三之数，而以三七为一。老泉苏氏曰："是苟以牵合乎一扐之言，而不知夫八者，须挂一、扐三而后成，而扐终不可以三也。" 羲按，左右一揲之余，其挂扐之数不三即六。三者，得三十策，三七之余为九；六者，得二十七策，三七之余为六；更无得二十九策可以为八也。

〔一〕"五"，原作"二"，今据太玄图原文改。
〔二〕"四"，原作"二"，今据太玄图原文改。

然王氏虽谬，不以余策而论，犹为未失其传也。

胡双湖揲蓍法

三揲有余一、余二、余三，而无余七、余八、余九之理。解者甚多，皆不通意者。子云之法以余一准七，余二准八，余三准九，只余一二三，则七八九自定矣。故曰："余七为一，八为二，九为三。"只倒用一字，故难解。若作余一为七，二为八，三为九，人无不晓矣。　羲按，胡氏舍正策而论余数，失之远矣。南宋以后，揲蓍者皆尚简便，而置正策，不独太玄也。然易之余数，与正策相合，故论之不为失。太玄余数，直置之不用者，无可推之理。假如胡氏所言，一刻有余一、余二、余三，连挂则不得有余一而有余四；二刻连挂则有余三、余六，而不得有余一、余二。然则三固准九，六亦准九，玄之四位皆三而已，岂可通哉！

季彭山揲蓍法

太玄揲法，注家多不能通其说。老泉以为传之失者，得其意矣。盖玄之虚三，地之所以配天也。而挂一于左手之策，则天之所以运行乎地也。其曰"挂一"，非谓所用三十三策之中，而挂其一也。所用三十三策之中而挂其一，则归余者与七八九之数不合矣。故"挂一"者，十策之中而挂其一也。是三十三策之中分之为三，而各挂一策，所用实止三十策也。范叔明曰："十取出一，名以为艻。"谓之艻者，盖以识三十蓍之数也。如此则当其中分左右也，止揲左策，以其所余者或一，或二，或三，以合于所虚之三、所挂之三，则得一者为七，得二者为八，得三者为九，而右策亦不必揲矣。故不再扐也。意其传之者失此法耳。所幸范注略发此意，尚得以寻其绪焉。　羲按，季氏牵合余数，故转展愈误也。扬子之虚三，老泉尚议之，又从而挂其三乎？据所引者范注，而范云："艻犹成也。合之为十，取一以识之为艻。中分其余于左手之二，以三搜之，其所余者，并之于左手两指间，以识揲蓍之数也。凡一挂、再艻以成一方之位。"然则范之所谓艻者，余数也，为从余数可以识正策之数。季氏用之证挂，不亦疏乎？玄数曰："别一以挂于左手之小指，中分其余，以三搜之，并余于艻。"季氏曰挂三，止搜左策，不亦尽背之乎？

太玄方州部家八十一首图

乾坤凿度一

自纬学禁绝之后，其全书之见于今者，乾凿度而已。而脱文误字，芜不可理。间常为之，反覆推求，其术有五：一求所直部岁。置积算以元岁除之，余不满部首岁，即为天元；满部首岁，除之为地元；再满部首岁，除之为人元。不尽以纪岁约之，即所入部之年也。以部上之干支次，其不满纪岁之年，则得岁次矣。二求主岁之卦。置部首以来岁数，以三十二除之，余不足者，从乾、坤始，二卦而当一岁，末算即主岁之卦。三求世轨。世轨有二，有唐尧世轨，有文王世轨。其用法则同。置积算以大周三万一千九百二十除之，余以七百六十而一为一轨，不满轨者，即入轨之年也。一轨消息一卦。大周逢奇起复，逢偶起姤。四十二轨消息卦三周有半，八十四轨消息卦七周，所谓八十四戒也。四求厄数轨意。置大周以来年数，用文王世轨，大周三万二百四十。别用消息卦除之，每一除为一厄。此属过去。周而复始，除至当下而止。视其所直之年，甲乙为饥，丙丁为旱，戊己为中兴，庚辛为兵，壬癸为水。五求五德终始。置积算以一千五百二十岁除之，余以三百四岁约之，木金火水土相次为转移之岁。五德日数，置部首以来积日，以一百八十除之，余以三十六约之，甲、庚、丙、壬、戊五子相次，是其日也。其积算天元至文王受命之岁，“二百七十五万九千二百八十脱一五字。岁，入戊午部二十九年伐崇侯，作灵台，改正朔”。戊午部之岁为庚子，二十九年则戊辰也。以武王伐纣十三祀推之，时岁在己卯，则文王受命为丁卯。伐崇、改朔，乃是受命后一年之事。郑康成谓“受命后五年为此”，非也。康成云：“三部首而一元，一元而太岁复于甲寅。”以甲寅为天元之岁，伐崇是戊午年，而非戊午部也。戊午年文王尚在羑里，岂能伐崇哉？召诰“周公摄政七年”，孔颖达疏：“此年入戊午部五十六岁。”岁在乙未，上距伐纣十七年，伐崇二十八年，其为戊午部，而非戊午年，明矣。不得甲寅为天元岁首也。今定天元至壬子作象数论之岁〔一〕。二百七十六万二千一百四十九岁，入人元庚子部五年。

乾坤凿度二

主岁之卦以周易为序，而爻之起贞，则以六日七分之法为序。内卦为贞，外卦为悔，故从初爻起为贞。其卦于六日七分在某月，即以某月起初爻。阳卦左行，阴卦右行。两卦以当一岁，前为阳，后为阴。左行者其次顺数，右行者其次逆数，皆间一辰。乾于卦序在四月巳，坤于卦序在十月亥。今乾初不起四月，坤初不起十月者，以十一月阳生，五月阴生。乾、坤不与众卦偶，故乾贞于十一月子。坤又不起五月者，五月与十一月皆阳辰，间辰而次则相重矣。故贞于六月未。舍午而用未，是退一辰也。屯序在十二月，蒙序在正月，各以其月为贞。师序在四月，比序亦在四月。阴卦与阳卦同位，阴卦退一辰，而贞五月。阳卦在阳辰，子、寅、辰、午、申、戌，皆阳辰。阴卦亦在阳辰；阳卦

〔一〕“作象”，原注文重出，今据广雅本删。

在阴辰，阴卦亦在阴辰，丑、卯、巳、未、酉、亥，皆阴辰。皆退一辰以为贞，不特同位然也。泰在正月，贞其阳辰，否在七月，亦阳辰也，自宜避之。以两卦独得乾、坤之体，故各贞其辰，而皆左行。中孚贞于十一月子。小过，正月之卦也。宜贞于二月卯，而贞于六月，非其次矣。故云“法乾、坤”。盖诸卦皆一例，惟乾、坤、泰、否、中孚、小过六卦不同。此是作者故为更张，自乱其义，而注言“泰卦当贞于戌，否卦当贞于亥”，抑又不知所据矣。

乾坤凿度三

轨运测验之法可以考见者，以所值之轨分。受命之君之善恶，从世爻得正失正而言。复之初阳得正，故圣人。临之二阳失正，故庸人。泰之三阳得正，故君子。大壮之四阳失正，故庸人。夬之五阳得正，故圣人。乾之上阳失正，故庸人。姤之初阴失正，故小人。遁之二阴得正，故君子。否之三阴失正，故小人。观之四阴得正，故君子。剥之五阴失正，故小人。坤之上阴得正，故君子。以一卦得正之爻为享国之世数。复二、四、上，三阴得正，三六十八，故十八世。初阳得正而不数者，阳少故也。临四、上得正，二六也，故十二世。泰初、三得正为二九，四上得正为二六，并之三十世。大壮初、三得正为二九，上得正为一五，并之二十四世。夬初、三、五得正为三九，上得正为一四，盛极而消。并之三十二世。姤、遁主阴，虽三五得正，而皆阳也，故止一世。否二、五得正，一九、一六得十五世。以非盛时，故即以二、五为世数。观二、四、五得正，而二、五止数其位，四则数位兼数，并之二十世。剥二、四得正为二六，故十二世。乾三九二十七，而三十二世者，于五兼数其位也。坤三六十八，而三十六世者，偶其数也。其受命即位之年在入轨之初，与天运相符，则有贤子孙继之，以毕其轨，亦如六爻次序，自初至上。不当轨年之初，入轨已十年、百年。既与天运不符，身幸不失，子孙自不能继受命之君。其德宜与卦运相符，苟失其德，阴则起大而强，阳则柔易而弱，则不永其位。水旱兵饥，考知其年，预为之备，则可以救灾度厄。此五者，其大略也。然其言自相违背，不审于理。一轨七百六十年，所谓圣人、庸人、君子、小人者，一君当之乎？统一轨之君以当之乎？乾为庸人而三十二世，遁为君子而一世，则是有天下者，可一委之运数，而人事不修也。即位之年必欲当轨之初，从古来有七百余年不易姓者乎？帝王之治，天下允执其中，宁因消息所直，而过刚过柔以迎卦气乎？水旱兵饥，十年内外不能不遇，而以六百年、七百年为期，是乱日少而治日多也。小道可观，致远恐泥，其斯之谓与。

乾凿度历法

元	纪		
部首	甲子一甲子部每部七十六年	庚辰二癸卯部	丙甲三壬午部
一	壬子四辛酉部	戊辰五庚子部	甲申六己卯部
为	庚子七戊午部	丙辰八丁酉部	壬申九丙子部

天	戊子十乙卯部	甲辰十一甲午部	庚申十二癸酉部
元	丙子十三壬子部	壬辰十四辛卯部	戊申十五庚午部
	甲子十六己酉部	庚辰十七戊子部	丙申十八丁卯部
	壬子十九丙午部	戊辰二十乙酉部	
部首	甲申一甲子部	庚子二癸卯部	丙辰三壬午部
二	壬申四辛酉部	戊子五庚子部	甲辰六己卯部
为	庚申七戊午部	丙子八丁酉部	壬辰九丙子部
地	戊申十乙卯部	甲子十一甲午部	庚辰十二癸酉部
元	丙申十三壬子部	壬子十四辛卯部	戊辰十五庚午部
	甲申十六己酉部	庚子十七戊子部	丙辰十八丁卯部
	壬申十九丙午部	戊子二十乙酉部	
部首	甲辰一甲子部	庚申二癸卯部	丙子三壬午部
三	壬辰四辛酉部	戊申五庚子部	甲子六己卯部
为	庚辰七戊午部	丙申八丁酉部	壬子九丙子部
人	戊辰十乙卯部	甲申十一甲午部	庚子十二癸酉部
元	丙辰十三壬子部	壬申十四辛卯部	戊子十五庚午部
	甲辰十六己酉部	庚申十七戊子部	丙子十八丁卯部
	壬辰十九丙午部	戊申二十乙酉部	

日法八十一分。

月之日二十九日余八十一分日之四十三。

岁之月十二余十九分月之七。

纪岁七十六。

纪月九百四十。

纪日二万七千七百五十九。

部岁一千五百二十。

部月一万八千八百。

部日五十五万五千一百八十。

元岁四千五百六十。

元月五万六千四百。

元日一百六十六万五千五百四十。

分部之法,十九年为一章。章首甲子日子时朔旦、冬至,谓之至朔同日。第二章首复得至朔同日,然非甲子日,乃癸卯日酉时。第三章首至朔同日,乃是癸未日午时。第四章首至朔同日,乃是癸亥日卯时。历四章毕得七十六年。其明年至朔同日,乃癸卯日子时。因其至朔同时,与第一章首同,遂以七十六年断为一纪,而以其日干支名其部。每章差三十九日九时,每纪差一百五十九日,除两甲子则每纪止差三十九日,二十纪通差七百八十日。甲子十三周无余,复以甲子别起部首。

乾坤凿度主岁卦

乾	⚊九月	⚊七月	⚊五月	⚊三月	⚊正月	⚊十一月
坤	⚋八月	⚋十月	⚋十二月	⚋二月	⚋四月	⚋六月
屯	⚋十月	⚊八月	⚋六月	⚋四月	⚋二月	⚊十二月
蒙	⚊三月	⚋五月	⚋七月	⚋九月	⚊十一月	⚋正月
需	⚋十二月	⚊十月	⚋八月	⚊六月	⚊四月	⚊二月
讼	⚊五月	⚊七月	⚊九月	⚋十一月	⚊正月	⚋三月
师	⚋二月	⚋十二月	⚋十月	⚋八月	⚊六月	⚋四月
比	⚋七月	⚊九月	⚋十一月	⚋正月	⚋三月	⚋五月
小畜	⚊二月	⚊十二月	⚋十月	⚊八月	⚊六月	⚊四月
履	⚊九月	⚊十一月	⚊正月	⚋三月	⚊五月	⚊七月
泰	⚋六月	⚋五月	⚋四月	⚊三月	⚊二月	⚊正月
否	⚊十二月	⚊十一月	⚊十月	⚋九月	⚋八月	⚋七月
同人	⚊五月	⚊三月	⚊正月	⚊十一月	⚋九月	⚊七月
大有	⚊八月	⚋十月	⚊十二月	⚊二月	⚊四月	⚊六月
谦	⚋十月	⚋八月	⚋六月	⚊四月	⚋二月	⚋十二月
豫	⚋五月	⚋七月	⚊九月	⚋十一月	⚋正月	⚋三月
随	⚋十二月	⚊十月	⚊八月	⚋六月	⚋四月	⚊二月
蛊	⚊五月	⚋七月	⚋九月	⚊十一月	⚊正月	⚋三月
临	⚋十月	⚋八月	⚋六月	⚋四月	⚊二月	⚊十二月
观	⚊十一月	⚊正月	⚋三月	⚋五月	⚋七月	⚋九月
噬嗑	⚊八月	⚋六月	⚊四月	⚋二月	⚋十二月	⚊十月
贲	⚊十一月	⚋正月	⚋三月	⚊五月	⚋七月	⚊九月
剥	⚊七月	⚋五月	⚋三月	⚋正月	⚋十一月	⚋九月
复	⚋二月	⚋四月	⚋六月	⚋八月	⚋十月	⚊十二月
无妄	⚊七月	⚊五月	⚊三月	⚋正月	⚋十一月	⚊九月
大畜	⚊十月	⚋十二月	⚋二月	⚊四月	⚊六月	⚊八月
颐	⚊九月	⚋七月	⚋五月	⚋三月	⚋正月	⚊十一月
大过	⚋十二月	⚊二月	⚊四月	⚊六月	⚊八月	⚋十月
坎	⚋九月	⚊七月	⚋五月	⚋三月	⚊正月	⚋十一月
离	⚊八月	⚋十月	⚊十二月	⚊二月	⚋四月	⚊六月
咸	⚋三月	⚊正月	⚊十一月	⚊九月	⚋七月	⚋五月
恒	⚋十月	⚋十二月	⚊二月	⚊四月	⚊六月	⚋八月

遁	⚊ 四月	⚊ 二月	⚊ 十二月	⚊ 十月	⚋ 八月	⚋ 六月
大壮	⚋ 五月	⚋ 七月	⚊ 九月	⚊ 十一月	⚊ 正月	⚊ 三月
晋	⚊ 十二月	⚋ 十月	⚊ 八月	⚋ 六月	⚋ 四月	⚋ 二月
明夷	⚋ 十一月	⚋ 正月	⚋ 三月	⚊ 五月	⚋ 七月	⚊ 九月
家人	⚊ 三月	⚊ 正月	⚋ 十一月	⚊ 九月	⚋ 七月	⚊ 五月
睽	⚊ 二月	⚋ 四月	⚊ 六月	⚋ 八月	⚊ 十月	⚊ 十二月
蹇	⚋ 九月	⚊ 七月	⚋ 五月	⚊ 三月	⚋ 正月	⚋ 十一月
解	⚋ 四月	⚋ 六月	⚊ 八月	⚋ 十月	⚊ 十二月	⚋ 二月
损	⚊ 五月	⚋ 三月	⚋ 正月	⚋ 十一月	⚊ 九月	⚊ 七月
益	⚊ 四月	⚊ 六月	⚋ 八月	⚋ 十月	⚋ 十二月	⚊ 二月
夬	⚋ 正月	⚊ 十一月	⚊ 九月	⚊ 七月	⚊ 五月	⚊ 三月
姤	⚊ 八月	⚊ 十月	⚊ 十二月	⚊ 二月	⚊ 四月	⚋ 六月

萃	⚋ 六月	⚊ 四月	⚊ 二月	⚋ 十二月	⚋ 十月	⚋ 八月
升	⚋ 三月	⚋ 五月	⚋ 七月	⚊ 九月	⚊ 十一月	⚋ 正月
困	⚋ 七月	⚊ 五月	⚊ 三月	⚋ 正月	⚊ 十一月	⚋ 九月
井	⚋ 八月	⚊ 十月	⚋ 十二月	⚊ 二月	⚊ 四月	⚋ 六月
革	⚋ 正月	⚊ 十一月	⚊ 九月	⚊ 七月	⚋ 五月	⚊ 三月
鼎	⚊ 八月	⚋ 十月	⚊ 十二月	⚊ 二月	⚊ 四月	⚋ 六月
震	⚋ 十二月	⚋ 十月	⚊ 八月	⚋ 六月	⚋ 四月	⚊ 二月
艮	⚊ 正月	⚋ 三月	⚋ 五月	⚊ 七月	⚋ 九月	⚋ 十一月
渐	⚊ 十一月	⚊ 九月	⚋ 七月	⚊ 五月	⚋ 三月	⚋ 正月
归妹	⚋ 十二月	⚋ 二月	⚊ 四月	⚋ 六月	⚊ 八月	⚊ 十月

丰	⚋ 四月	⚋ 二月	⚊ 十二月	⚊ 十月	⚋ 八月	⚊ 六月
旅	⚊ 七月	⚋ 九月	⚊ 十一月	⚊ 正月	⚋ 三月	⚋ 五月
巽	⚊ 十一月	⚊ 正月	⚋ 三月	⚊ 五月	⚊ 七月	⚋ 九月
兑	⚋ 六月	⚊ 四月	⚊ 二月	⚋ 十二月	⚊ 十月	⚊ 八月
涣	⚊ 四月	⚊ 二月	⚋ 十二月	⚋ 十月	⚊ 八月	⚋ 六月
节	⚋ 九月	⚊ 十一月	⚋ 正月	⚋ 三月	⚊ 五月	⚊ 七月
中孚	⚊ 九月	⚊ 七月	⚋ 五月	⚋ 三月	⚊ 正月	⚊ 十一月
小过	⚋ 八月	⚋ 十月	⚊ 十二月	⚊ 二月	⚋ 四月	⚋ 六月
既济	⚋ 八月	⚊ 六月	⚋ 四月	⚊ 二月	⚋ 十二月	⚊ 十月
未济	⚊ 正月	⚋ 三月	⚊ 五月	⚋ 七月	⚊ 九月	⚋ 十一月

乾凿度世轨

一轨䷗七百六十年	圣人　十八世消
二轨䷒一千五百二十年	庸人　十二世消
三轨䷊二千二百八十年	君子　三十世消
四轨䷡三千四十年	庸人　二十四世消
五轨䷪三千八百年	圣人　三十二世消
六轨䷀四千五百六十年	庸人　三十二世消
七轨䷫五千三百二十年	小人　一世消
八轨䷠六千八十年	君子　一世消
九轨䷋六千八百四十年	小人　十世消
十轨䷓七千六百年	君子　二十世消
十一轨䷖八千三百六十年	小人　十二世消
十二轨䷁九千一百二十年	君子　三十六世消
十三轨䷗九千八百八十年	圣人　十八世消
十四轨䷒一万六百四十年	庸人　十二世消
十五轨䷊一万一千四百	君子　三十世消
十六轨䷡一万二千一百六十年	庸人　二十四世消
十七轨䷪一万二千九百二十年	圣人　三十二世消
十八轨䷀一万三千六百八十年	庸人　三十二世消
十九轨䷫一万四千四百四十年	小人　一世消

二十轨䷠一万五千二百年	君子	一世消
二十一轨䷋一万五千九百六十年	小人	十世消
二十二轨䷓一万六千七百二十年	君子	二十世消
二十三轨䷖一万七千四百八十年	小人	十二世消
二十四轨䷁一万八千二百四十年	君子	三十六世消
二十五轨䷗一万九千年	圣人	十八世消
二十六轨䷒一万九千七百六十年	庸人	十二世消
二十七轨䷊二万五百二十年	君子	三十世消
二十八轨䷡二万一千二百八十年	庸人	二十四世消
二十九轨䷪二万二千四十年	圣人	三十二世消
三十轨䷀二万二千八百年	庸人	三十二世消
三十一轨䷫二万三千五百六十年	小人	一世消
三十二轨䷠二万四千三百二十年	君子	一世消
三十三轨䷋二万五千八十年	小人	十世消
三十四轨䷓二万五千八百四十年	君子	二十世消
三十五轨䷖二万六千六百年	小人	十二世消
三十六轨䷁二万七千三百六十年	君子	三十六世消
三十七轨䷗二万八千一百二十年	圣人	十八世消
三十八轨䷒二万八千八百八十年	庸人	十二世消
三十九轨䷊二万九千六百四十年	君子	三十世消

四十轨䷡三万四百年	小人　二十四世消
四十一轨䷪三万一千一百六十年	圣人　三十二世消
四十二轨䷀三万一千九百二十年	庸人　三十二世消

文王世轨

一轨七百二十年

二轨一千四百四十年

三轨二千一百六十年

四轨二千八百八十年

五轨三千六百年

六轨四千三百二十年

七轨五千四十年

八轨五千七百六十年

九轨六千四百八十年

十轨七千二百年

十一轨七千九百二十年

十二轨八千六百四十年

十三轨九千三百六十年

十四轨一万八十年

十五轨一万八百年

十六轨一万一千五百二十年

十七轨一万二千二百四十年

十八轨一万二千九百六十年

十九轨一万三千六百八十年

二十轨一万四千四百年

二一轨一万五千一百二十年

二二轨一万五千八百四十年

二三轨一万六千五百六十年

二四轨一万七千二百八十年

二五轨一万八千年

二六轨一万八千七百二十年

二七轨一万九千四百四十年

二八轨二万一百六十年

二九轨二万八百八十年

三十轨二万一千六百年

三一轨二万二千三百二十年	三二轨二万三千四十年
三三轨二万三千七百六十年	三四轨二万四千四百八十年
三五轨二万五千二百年	三六轨二万五千九百二十年
三七轨二万六千六百四十年	三八轨二万七千三百六十年
三九轨二万八千八十年	四十轨二万八千八百年
四一轨二万九千五百二十年	四二轨三万二百四十年

水旱轨意

复䷗阳爻六十四阴爻五十六复一阳五阴再周得六百八十八	临䷒二阳四阴再周得七百四
泰䷊三阳三阴再周得七百二十	大壮䷡四阳二阴再周得七百三十六
夬䷪五阳一阴再周得七百六十	乾䷀六阳再周得七百六十八
姤䷫一阴五阳再周得七百六十	遁䷠二阴四阳再周得七百三十六
否䷋三阴三阳再周得七百二十	观䷓四阴二阳再周得七百四
剥䷖五阴一阳再周得六百八十八	坤䷁六阴再周得六百七十二

乾凿度五德转移

木德	三百四岁
金德	六百八岁
火德	九百一十二岁
水德	一千二百一十六岁
土德	一千五百二十岁

五德日数从部首起冬至甲子朔

木德	甲子三十六日
金德	庚子三十六日
火德	丙子三十六日
水德	壬子三十六日
土德	戊子三十六日

元　包

元包祖京氏以为书，分纯卦为八宫。一世、二世为地易，三世、四世为人易，五世、六世为天易，游魂、归魂为鬼易。但更其次序，先阴而后阳，则归藏之旨也。首坤宫八卦为太阴，次乾宫八卦为太阳，兑宫八卦为少阴，艮宫八卦为少阳，离宫八卦为仲阴，坎宫八卦为仲阳，巽宫八卦为孟阴，震宫八卦为孟阳。蓍用三十六策，太阴之数也。两手分之，先取左手之策，以三数之，满四三共十二策。则置之左。余一余二余三，皆为归奇数。余四余五余六，其三为爻象，一与二与三为归奇数。余七余八余九，其两三为爻数，一与二与三为归奇数。余十余十一，其三三为爻数，一与二为归奇数。次取右手之策，以三数之，满四三则置之右。左余一则右余十一，左余二则右余十，其三三为爻数，其二其一为归奇数。左余三则右余九，左余四则右余八，左余五则右余七，其两三为爻数，其三其二其一为归奇数。左余六则右余六，左余七则右余五，左余八则右余四,其一三为爻数,其三其二其一为归奇数。左余九则右余三,左余十则右余二,左余十一则右余一,皆为归奇数。于是合两手之余策,爻数不九即六,归奇数不六即三。爻数得九者,阳画也,归奇数则三矣。爻数得六者,阴画也,归奇数则六矣。两手各存十二策者,体数也。爻数、归奇数相消长,亦十二策者,用数也。凡六合十二揲而卦体定矣。其书因卦两体,诂以僻字,义实庸浅。何以用蓍而好事者为之张皇也。宋杨楫谓:"元嵩〔一〕,益州成都人。明阴阳历算,献策周武帝。帝〔二〕赐爵持节蜀郡公。武帝不敢臣之。有传在北史。"今按,北史周书皆无元嵩之传,惟唐书艺文志列元包十卷。不知楫何所据也。

潜　虚

"万物皆祖于虚,生于气。气以成体,体以受性,性以辨名,名以立行,行以俟命。"此数言者,潜虚之大纲也。以五行生成图为气图,而变一为丨,二为𝍡,三为𝍢,四为𝍣,五为X,六为𝍥,七为𝍦,八为𝍧,九为𝍨,十为十,诂之以"原、荧、本、丱、基、委、焱、末、忍、冢"〔三〕。将谓虚能生气,堕老氏"有生于无"之说。体分十等:"王、公、岳、牧、率、侯、卿、大夫、士、庶。"此十等者,位也,而非体也。"二五之精,妙合而凝。乾道成男,

〔一〕"元嵩",广雅本作"卫元嵩"。
〔二〕"帝",广雅本无。
〔三〕"丱",四库本潜虚作"丠","忍"作"刃"。

坤道成女。”乃所谓体。性专生克，先列十纯；其次降一，水与火配；其次降二，水与木配；其次降三，水与金配；其次降四，水与土配。其下皆降次以配，以生成自配终焉。汤诰曰：“惟皇上帝，降终于下民，若有恒性。”以生克言性则杂矣，不可谓之恒也。温公从来不知性，曰：“性者，人之所受于天以生者也。善与恶兼有之，虽圣人不能无恶，虽愚人不能无善。其所受多少之间则殊耳。”其论性如此，犹之杂生克而为言也。其名五十有五：“万物始于元，著于裒，存于齐，消于散，讫于余五者，形之运也。柔、刚、雍、昧、昭，性之分也。容、言、虑、聆、觌，动之官也。繇、懠、得、罹〔一〕、耽，情之訹恤。也。并、郤、庸、妥、蠢，事之变也。讱、宜、忱、喆、戛，德之涂也。特、偶、暱、续、考，家之纲也。范、徒、丑、隶、林，国之纪也。禋、准、资、宾、戒，政之务也。教、理〔二〕、绩、育、声，功之具也。兴、痡、泯、造、隆，业之著也。”有性而后有情，有情而后有视、听、言、动，有德而后有事。以动先于情，以事先于德，失其次矣。元、余、齐三名无变。五十二名之变三百六十四谓之行，以其有辞之可见也。吉、臧、平、否、凶五者谓之命，以其为时之所遇也。观辞之善者命必吉，次善者命必臧；辞之恶者命必凶，次恶者命必否；辞之善恶半者命必平，所谓“尽人以合天”也。而阴用其幽，则是善者必凶，恶者必吉，次善次凶，次恶次吉。天道与人事相反，其于劝惩之道又何居焉？既云“初上者，事之终始。

〔一〕“罹”，原作“厉”，今据四库本潜虚原文改。
〔二〕“理”，四库本潜虚作“乂”。

不占”，则得名之后，揲当五以求变。其揲以七，使得初上将焉用之？是故玄以准易，虚以准玄，亦犹文章递相模仿，无关大道。论者至谓：“由虚以晓玄，由玄以究易。”斯无躐等之患。使有人言曰：“由三都以晓两京，由剧秦以究封禅。”当无信者。不知何以异于是。朱子云：“潜虚后截是张行成续，不押韵见得。”今后截未尝不押韵，似亦不可辨也。

潜虚蓍法

五行相乘得二十五，又以三才乘之得七十五，以为策。

蓍之数七十有五。

虚五用七十，分为二，取左一挂于右，揲左以十，观其余，扐之。

中分七十策，取左一策挂于右，十数左策，观其余而画〡〢〣〤〥〦〧〨〩十之数于左方。

复合为一。再分之，挂揲右如左法。

揲左毕，置右不揲。复合七十策，分为二，取右一策挂于左，揲右，观其余画数于右方。置左不揲。曷为不左右皆揲，而需复合哉？虚之左右，各备五行之性，若一挂而毕，嫌乎所以授性者不全也。故必需七十而成左，七十而成右。虽曰左右，实分先后也。

左主右客。先主后客者，阳。先客后主者，阴。

左主位，右客位。行图之中，左右原有定位。先后所得与其左右相符，是为“先主后客者，阳”。先后所得，左者乃图之右，右者乃图之左，是为“先客后主者，阴”。虚合二数为名，非如易之上下互换则为他卦。其左右之分，止辨阴阳，名固不易也。

观其所合，以名命之。

左右合而虚名定。

既得其名，又合蓍，分之，阳则置右而揲左，阴则置左而揲右。

此求虚之变，犹易之爻也。复合七十策分为二，阳则取左一，挂于右，揲左，置右不揲；阴则取右一，挂于左，揲右，置左不揲。

生纯置右，成纯置左。

左右同者为纯。在生数者元𝍠𝍠蠢𝍡𝍡容𝍢𝍢徒𝍣𝍣齐XX为阳；在成数者造𝍥𝍥考𝍦𝍦焘𝍧𝍧乂𝍨𝍨绩++为阴。故揲与之准。

揲以七，所揲之余为所得之变。

虚之变七，故不得复以十揲之。

观吉、凶、臧、否、平而决之，阳用其显，阴用其幽。幽者，吉、凶、臧、否与显戾也。

吉、凶、臧、否、平，因所得之变观于命图，阳则吉凶不易，阴则图之言吉者反凶，言凶者反吉。

欲知始、中、终者，以所筮之时占之。先体为始，后体为中，所得之变为终。变已主其大矣，又有吉、凶、臧、否、平者，于变之中复细别也。

先体，左也。后体，右也。筮虚凡三揲，以为始、中、终之时。

不信不筮，不疑不筮，不正不筮，不顺不筮，不蠲不筮，不诚不

筮。**必蠲必诚，神灵是听。**

张敦实曰："七十五策以占五十五名，衍而积之凡三千八百五十策，以成变化之用。"

羲按，玄以三十有六律七百二十九赞，固未尝除虚三之策也。虚之积策，恶得除虚五哉？当得四千一百二十五也。

命　图元、齐、余三者无变，皆不占。初上者，事之终始，亦不占。

	吉臧平否凶		吉臧平否凶
裒	六四二五三	特	五四三六二
柔	五四三六二	偶	四六五二三
刚	四六五二三	暱	三二五六四
雍	三二五六四	续	二四五六三
昧	二四五六三	考	六四二五三
昭	六四二五三	范	五四三六二
容	五四三六二	徒	四六五二三
言	四六五二三	丑	三二五六四
虑	三二五六四	隶	二四五六三
聆	二四五六三	林	六四二五三
觌	六四二五三	禋	五四三六二
繇	五四三六二	准	四六五二三
懠	四六五二三	资	三二五六四
得	三二五六四	宾	二四五六三
罹	二四五六三	戒	六四二五三
耽	六四二五三	敩	五四三六二

冓	五四三六二	理	四六五二三
郤	四六五二三	续	三二五六四
庸	三二五六四	育	二四五六三
安	二四五六三	声	六四二五三
蠢	六四二五三	兴	五四三六二
讱	五四三六二	痡	四六五二三
宜	四六五二三	泯	三二五六四
忱	三二五六四	造	二四五六三
喆	二四五六三	隆	六四二五三
戛	六四二五三	散	五四三六二

洞极一

关子明易，所传有两种：一为易传，一为洞极真经。陈师道言："关子明易传，阮逸所著。"而不及洞经。岂当时合为一书耶？即不然，洞极远出易传之下，其为伪书者，更不及逸矣。洞极以洛书之文九前一后，三左七右，四前左，二前右，八后左，六后右，故立生☰以象天，育☷以象地，资以象人。一为生之弌，四为生之式，七为生之弎；二为育之弌，五为育之式，八为育之弎；三为资之弌，六为资之式，九为资之弎。三象变而各九，以成二十七象，以准彖。弌式弎以准三爻，翼以准象传，则以准大象，传以准小象。首生次萌，息，华，茂，止，安，燬，实。继之以资，次用，达，兴，紊，悖，静，平，序。继之以育，次和，塞，作，涣，几，抑，冥，通。十一论以发明大意，则准易之系辞焉。其言生也，曰“形而上者谓之天”，日月星辰皆天也。其言育也，曰“形而下者谓之地”，山川草木皆地也。其言资也，曰“命于中者谓之人”，戎狄禽鱼皆人也。全剿昌黎原人以为己有，与易传不出一手亦明矣。独怪朱子既知其伪，而又引以证图十书九，何也？

洞极二

极数篇曰：“天一，地二，人三；天四，地五，人六；天七，地八，人九。三极之数四十五，天有十二，地有十五，人有十八。审其数而画之，三十有九则弌，四十有二则式，四十有五则弎。生之策百一十七，育之策百二十六，资之策百三十五。遗其余则三百有六十，当期之日，显冥之道尽矣。”此蓍法也。胡廷芳云：“三策之数，本甚不合，遗其余七六五，然后合三百六十之数，未敢以为然。”杨止庵云：“意其揲当用四十九策而虚三，如扬雄之法。而挂一不用，以九揲左手之策，视其所得之策而定画焉。右则不揲。自三十有九至三百有六十当期之日，其说多牵强，不可通。”某按，后人不得其解，而洞极之蓍法亡矣。间尝推之而复得。用四十五策，分为三刻，不挂，每刻以三揲之，不满三为余。若三刻各余二者，为三十九则弌画—。若三刻各余一者，若一刻余一、一刻余二、一刻无余者，为四十二则式画--。若三刻各无余者，为四十五则弎画---。是为初画。复合全策，如前法者二，是为二画、三画，而极成矣。三极之数四十五者,即策数也。天有十二,一四七。地有十五,二五八。人有十八三六九。者,合天地人得四十五,以明策数之故。“三十有九则弌”者,三刻各余二,四十五除六为三十有九,于画得生也。“四十有二则弍”者,或三刻各余一,或三刻余一、余二、无余,四十五除三为四十有二,于画得育也。“四十有五则弎”者,三刻各无余,四十五不除,于画得资也。“生之策百一十七”者,三合策而成极,三其三十九为百一十七。“育之策百二十六”者,三其四十二。“资之策百三十五”者,三其四十五。“遗其余则三百六十”者,去七六五以当期之数。犹“二篇之策万有一千五百二十”,无碍于“当万物之数也”。盖诸家蓍法大略分二,此独分三;大略揲四则余四,揲三则余三,此独揲三而不余三。推寻者概以常法,故展转而不能得也。

洪　范

蔡九峰洪范数大略仿潜虚而作。虚有丨𝍡𝍢𝍣X𝍥𝍦𝍧𝍨十之数,范俱因之,但去十而易𝍤。虚变卦之上下为左右,范亦因之。虚名丨为原,范亦名丨为原。虚分占为五,吉、臧、平、否、凶,范分占为九,吉、咎、祥、吝、平、悔、灾、休、凶。蓍法虚简而范烦,曷不用七十策?初揲左以九,再揲右以九,大数得矣。求小数复如大数之法,则四揲而毕。此恐雷同于虚而故避之者也。虚有爻,而范无爻。然虚不占其辞,而占其所值之吉凶,则范之小数即其爻也。范得一阳二阳三阳,一阴二阴三阴,当年甲子应之者大吉。以阳应阳,以阴应阴,而非正对,亦为次吉。求其事类,皆于吉图。范得一阳二阳三阳,一阴二阴三阴,当年甲子违之者大凶。以阴违阳,以阳违阴,而非正对,亦为次凶。求其事类,皆于凶图。虚之为阴阳者二,范之为阴阳者六。范之五行,一六为水,二七为金,三八为木,四九为火,中五为土;虚之五行,一六为水,二七为火,三八为木,四九为金,五十为土。一本九宫,世名洛书。一本生成,世名河图。虽异而实同也。故以数而论,虚之与范无所优劣;以辞而论,虚有易林、太玄之遗,范无闻焉。乃后世进范而退虚,岂知言者哉!胡廷芳谓:"变数之法不传,莫能适诸用也。"某既疏明其变数,诚依法用之,其犹贤夫火珠林之类也夫!

洪范蓍法

蓍五十,

虚一,

分二,

挂一,

取右刻一策,挂于左手小指间。

以三揲之,视左右手,归余于扐。

取左刻之策,以三数之,余或一或二或三,归扐于左手无名指间。次揲右刻之策,余几,归扐于左手中指间。连挂左二则右必二,左三则右必一,左四则右必三。

是为一揲,为纲。

视左右之余策,两奇为一,左三右一是也;两偶为二,左二右二是也；奇偶为三，左四右三是也。范分左右，犹卦分上下。此虽有一二三之数，然未成一旁，需之再揲，纲必待于目也。

复合见存之策。

除去挂扐之策，初揲得四三，则见存四十二；初揲得三一或二二，则见存四十五。

分、挂、揲、归如前法，是为再揲，为目。

挂扐之数，左四则右必二，左三则右必三，左二则右必一。亦以两奇为一，左三右三是也；两偶为二，左四右二是也；奇偶为三，左二右一是也。

初揲，纲也。再揲，目也。纲一函三，以虚待目；目一为一，以实从纲。

纲一数具三数，故一可以为一，亦可以为二，亦可以为三。待目而分二之为四五六，三之为七八九亦然。如初揲一，再揲一则实其函之一，于左方立𝍠；再揲二则实其函之二，于左方立𝍡；再揲三则实其函之三，于左方立𝍢。如初揲二，再揲一则实其函之四，于左方立𝍣；再揲二则实其函之五，于左方立X；再揲三则实其函之六，于左方立𝍥；如初揲三，再揲一则实其函之七，于左方立𝍦；再揲二则实其函之八，于左方立𝍧；再揲三则实其函之九，于左方立𝍨。此正九数也。

两揲而九数具，四揲而数名立。

两揲具范之左方。复合四十九策，如前两揲，以具右方。此之九数也，如正九是一数之九，是二数为一之二潜；

如正九是五数之九，是六数为五之六伏。

八揲而六千五百六十一之数备。

数名既定，复两揲以具左方，是变九之正九也。复两揲以具右方，是变九之九也。凡四揲而得大数下之小数，如变正九是三，变之九是八，即为三之八。如大数得一之一，为原，当于原下寻小数。大数下之横即小数之左；纵即小数之右。横三纵八相合之处，便是变九也。一大数之下有八十一小数，以八十一乘之，得六千五百六十一数，吉凶休咎睹矣。

大事用年，其次用月，其次用日，其次用时。

此占法也。大数为年，反大数为月，小数为日，反小数为时。反之者，如大数左一右二为潜，月则左二右一为成也。如小数左右三在潜下之第三局，时则左三右一在下之第十九局也。如大数小数左右同者，则月时与年日同占。此犹易之卦变。

辨其阴阳五行，物无遁情。

左方以辨阴阳，一三为一阳，五为二阳，七九为三阳；二为一阴，四六为二阴，八为三阴。右方以分五行，一六为水，二七为金，三八为木，四九为火，中五为土。如筮得一之一，谓之一阳，属水；五之二谓之二阳，属金；七之三谓之三阳，属木；二之四谓之一阴，属火；四之五谓之二阴，属土；八之六谓之三阴，属水。余仿此。

洪范名数

原一之一　成二之一　见三之一　此四之一　庶五之一　饰六之一　迅七之一　实八之一　养九之一

潜一之二　冲二之二　获三之二　开四之二　决五之二　戾六之二　惧七之二　宾八之二　遇九之二

守一之三　振二之三　从三之三　晋四之三　豫五之三　虚六之三　除七之三　危八之三　胜九之三

信一之四　祈二之四　交三之四　公四之四　升五之四　昧六之四　弱七之四　坚八之四　囚九之四

直一之五　常二之五　育三之五　益四之五　中五之五　损六之五　疾七之五　革八之五　壬九之五

蒙一之六　柔二之六　壮三之六　章四之六　伏五之六　用六之六　竞七之六　报八之六　固九之六

闲一之七　易二之七　兴三之七　盈四之七　过五之七　远　郤六之七　分七之七　止八之七　移九之七

须一之八　亲二之八　欣三之八　锡四之八　疑五之八　翕六之八　讼七之八　戎八之八　堕九之八

厉一之九　华二之九　舒三之九　靡四之九　寡五之九　远六之九　收七之九　终八之九　终九之九

洪范吉凶排法

八数相对图

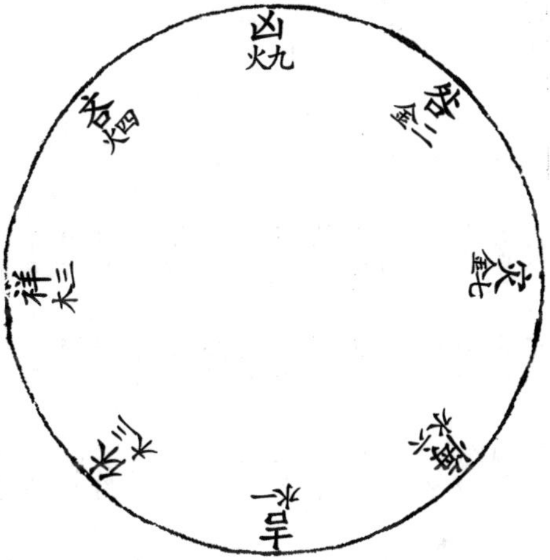

八数周流图

一数　吉咎祥吝平悔灾休凶

二数　吝吉咎灾平祥休凶悔

三数　灾吝吉休平咎凶悔祥

四数　咎祥悔吉平凶吝灾休

五数　平平平平平平平平平

六数　休灾吝凶平吉悔祥咎

七数　祥悔凶咎平休吉吝灾

八数　悔凶休祥平灾咎吉吝

九数　凶休灾悔平吝祥咎吉

小数图

横九	横八	横七	横六	横五	横四	横三	横二	横一	
𝍨𝍠 凶吉	𝍧𝍠 休吉	𝍦𝍠 灾吉	𝍥𝍠 悔吉	𝍤𝍠 平吉	𝍣𝍠 吝吉	𝍢𝍠 祥吉	𝍡𝍠 咎吉	𝍠𝍠 元吉	纵一
𝍨𝍡 凶咎	𝍧𝍡 休咎	𝍦𝍡 灾咎	𝍥𝍡 悔咎	𝍤𝍡 平咎	𝍣𝍡 吝咎	𝍢𝍡 祥咎	𝍡𝍡 咎咎	𝍠𝍡 吉咎	纵二
𝍨𝍢 凶祥	𝍧𝍢 休祥	𝍦𝍢 灾祥	𝍥𝍢 悔祥	𝍤𝍢 平祥	𝍣𝍢 吝祥	𝍢𝍢 祥祥	𝍡𝍢 咎祥	𝍠𝍢 吉祥	纵三
𝍨𝍣 凶吝	𝍧𝍣 休吝	𝍦𝍣 灾吝	𝍥𝍣 悔吝	𝍤𝍣 平吝	𝍣𝍣 吝吝	𝍢𝍣 祥吝	𝍡𝍣 咎吝	𝍠𝍣 吉吝	纵四
𝍨𝍤 凶平	𝍧𝍤 休平	𝍦𝍤 灾平	𝍥𝍤 悔平	𝍤𝍤 平平	𝍣𝍤 吝平	𝍢𝍤 祥平	𝍡𝍤 咎平	𝍠𝍤 吉平	纵五
𝍨𝍥 凶悔	𝍧𝍥 休悔	𝍦𝍥 灾悔	𝍥𝍥 悔悔	𝍤𝍥 平悔	𝍣𝍥 吝悔	𝍢𝍥 祥悔	𝍡𝍥 咎悔	𝍠𝍥 吉悔	纵六
𝍨𝍦 凶灾	𝍧𝍦 休灾	𝍦𝍦 災灾	𝍥𝍦 悔灾	𝍤𝍦 平灾	𝍣𝍦 吝灾	𝍢𝍦 祥灾	𝍡𝍦 咎灾	𝍠𝍦 吉灾	纵七
𝍨𝍧 凶休	𝍧𝍧 休休	𝍦𝍧 灾休	𝍥𝍧 悔休	𝍤𝍧 平休	𝍣𝍧 吝休	𝍢𝍧 祥休	𝍡𝍧 咎休	𝍠𝍧 吉休	纵八
𝍨𝍨 凶凶	𝍧𝍨 休凶	𝍦𝍨 灾凶	𝍥𝍨 悔凶	𝍤𝍨 平凶	𝍣𝍨 吝凶	𝍢𝍨 祥凶	𝍡𝍨 咎凶	𝍠𝍨 吉凶	纵九

大数下之小数起一一，以至九九八十一。数皆同其吉凶则互换，左以横序，右以纵序。如左是一数，则吉起横一，凶终横九；左是二数，则吝起横一，悔终横九。如右是一数，则吉起纵一，凶终纵九；右是二数，则吝起纵一，凶终纵九。皆视周流图，以原右一左一。下一图为例。

易学象数论卷五

皇极一

皇极之数一元十二会为三百六十运，一会三十运为三百六十世，一运十二世为三百六十年，一世三十年为三百六十月，一年十二月为三百六十日，一月三十日为三百六十时，一日十二时为三百六十分，一时三十分为三百六十秒。盖自大以至于小，总不出十二与三十之反覆相承而已。以挂一图之二百五十六卦分配，凡一运一世一年一月一日一时，各得四爻。其为三百六十者，尽二百四十卦，余十六卦，分于二十四气，亦每气得四爻，以寓闰法于其间。不论运世年月日时，皆有闰也。然推求其说，多有可疑。夫自一年成数言之，为三百六十日；自十二言之，为三百五十四日；自二十四气言之，为三百六十五日三时；自闰岁言之，为三百八十四日。今以康节之术按之于历，辰法三百六十，其数皆以秒言。日法四千三百二十，月法十二万九千六百，岁法一百五十五万五千二百，世法四千六百六十五万六千，运法五亿五千九百八十七万二千，会法一百六十七亿九千九百一十六，元法二千一十五亿五千三百九十二万，皆成数也。在一月为三十日，于朔策强二千一百六十，于气策弱一千八百九十。在一年为三百六十日，于岁实弱二万二千六百八十，于十二朔实强二万五千九百二十。既不可施之历矣，乃于二气相接之际，各增一日以为闰，以准一年三百八十四日之数，可谓巧矣。然三百八十四日，有闰之岁也。闰虽每岁有之，亦必积之三岁两岁，而后满于朔实，故有三百八十四日之岁。若一岁之闰策只四万八千六百，今概之三百八十四日，是岁岁有闰月也。岂可通乎？且所谓闰者，见之于年月日时者也。就如其说，增此四爻，亦当增之于三百六十之中；徒增之于卦，其为三百六十者如故，是有闰之名，而无闰之实矣。是故运世岁无闰，而月日时有闰，六者不可一例。一年之日三百五十四，以运准之，则少六日。一月之时三百五十四，以世准之，则少六时。康节必欲以十二与三十整齐之，其奇龄〔一〕岂可抹杀乎？如以康节之数而立法，岁实一百五十七万七千八百八十，朔策一十二万七千四百四十，气策六万五千七百四十五，闰法四万八千六百，由此推而上之为元会运世，庶乎可通耳。康节之为此书，其意总括古今之历学，尽归于易。奈易之于历，本不相通。硬相牵合，所以其说愈烦，其法愈巧，终成一部鹘突历书，而不可用也。

皇极二起运

乾、兑、离、震为天之四卦，四卦自交成十六卦，十六而十

〔一〕“龄”，广雅本作“零”。

六之，得二百五十六卦，谓之挂一图，以之分配元会运世年月日时。然在一元，会止十二，止以辟卦配之。一元之中有三百六十运，一会之中有三百六十世，一运之中有三百六十年，一世之中有三百六十月，一年之中有三百六十日，一月之中有三百六十时。凡此六者，则以挂一图配之，皆用四爻直一三百六十，尽二百四十卦，余十六卦；每气之首各用四爻，二十四气恰尽余卦。顾六者起卦，各有不同。一曰运卦。张文饶得牛无邪之传，以为“尧当贲之六五，尧即位在日甲、月已、星癸、辰未之甲辰年。已历一百八十运”。若起元之元之元之元泰卦，至此在会之世之世之世，其卦为同人。与无邪之传异矣。惟起于世之元之元之元升卦，则至此是元之世之世之世，始合无邪之贲，直三、四、五、上爻。一爻直三世，其世在已未，则是五爻以来，四十一年也。故文饶据此遂起升卦。番易祝氏谓：“起泰者，未然之卦，运世用之。起升者，已然之卦，岁月日时用之。直以尧当同人。”然无邪有所授受，祝氏以意逆之，固不当舍无邪而从祝氏也。二曰世卦。起于会首所当之卦。子会起升，丑会起否，寅会起损，卯会起泰，辰会起涣，巳会起屯，午会起损，未会起坎，申会起比，酉会起大畜，戌会起随，亥会起剥。夏禹八年入午会，祝氏起卦用泰。午会之首在大畜，故以大畜六五至节九二为世之始。其卦〔一〕虽异损，其起于午会同也。但以尧之已未世直贲，历明夷、同人与午会之大畜相接续，不知逆推而上，则巳会甲子世一千八百一，亦起于大畜矣。以巳

〔一〕“卦”，宋元学案百源学案引作“世”。

会而用午会之起卦，何所取义？盖祝氏闻尧运在贲之说，用元之元以推运卦，既不能合，而午会世起大畜，其上适与贲接，遂谓无邪所言为尧之世卦，非运卦也。亦未尝逆推知其乖戾耳。文饶言“世卦随大运消长，遇奇卦则取后卦，遇偶卦则取前卦，并二卦以当十二世”。据之，是世卦不烦别起，只在运卦左右，如己未世之运卦是贲，为偶卦，则取前卦之无妄合之，分配癸亥运内之十二世可也。三曰年卦。所谓小运也。以世当月，以年当日，视其世所当之辰而起。子起冬至，丑起大寒，寅起雨水，卯起春分，辰起谷雨，巳起小满，午起夏至，未起大暑，申起处暑，酉起秋分，戌起霜降，亥起小雪。所谓中朔同起。三十日分二气，一气分三候，一月六候。甲巳孟季仲各直五日。子午卯酉为仲，辰戌丑未为季，寅申巳亥为孟。仲孟逆生，先候五日；季顺行，后候五日。即如唐尧以己未世为月，甲辰年为日，甲辰是大暑；以甲巳季日，当后五日起卦，直师之三、四、五、上，至十一年甲寅，得蛊之初六，为立秋节。己未世之季气，即庚申世之初气也。若汉高小运以己未世为月，甲午为日，亦是大暑；以甲巳仲日，当先五日起卦，直归妹初九。祝氏用元之元卦图，其起卦皆气后月十五日，非也。四曰月卦。以甲子甲午年之正月起升、蒙，三十年而一周。文饶又言：“月卦随小运进退，如世卦之法。如尧时师为甲辰年偶卦，则取前卦艮合之，一爻配一月也。”五曰日卦。从气不从月。以立春起升、蒙，一年而周。六曰时卦。以朔日之子起升、蒙，一月而周。康节当时有数钤私相授受，后之为学者多失其传，余为考定如此。即如十二会之辟卦，朱子曰：“经世书以十二辟卦管十二会，绷定时节。却就中推吉凶消长，尧时正是乾卦九五。”按一会得一卦，会有三十运，是五运得一爻也。巳会当星之巳一百七十六，已入乾上九。唐尧在星之癸一百八十，是上爻将终，安得云九五哉？于其易明者且然，况科条烦碎，孰肯究心于此乎？

皇极三卦气序

卦气图二百五十六位之序，虽曰乾、兑、离、震四卦，自变而成，然按之方图，又错杂时有出入。则别立取卦之法，于通数中除极数，以谓即见圣人画卦之旨。通数二万八千九百八十一万六千五百七十六，阳刚太少，其数十，凡四位，为四十，以四因之，得一百六十。阴柔太少，其数十二，凡四位，为四十八，以四因之，得一百九十二。以二数相唱和，各得三万七百二十，谓之动植体数。于一百六十阳数之中，除去阴数四十八，得一百十二；于一百九十二阴数之中，除去阳数四十，得一百五十二。以一百五十二与一百十二相唱和，各得一万七千二十四，谓之动植用数。以用数自乘得通数。极数元之元一，元之会十二，元之运三百六十，元之世四千三百二十；会之元十二，会之会一百四十四，会之运四千三百二十，会之世五万一千八百四十；运之元三百六十，运之会四千三百二十，运之运一十二万九千六百，运之世一百五十五万五千二百；世之元四千三百二十，世之会五万一千八百四十，世之运一百五十五万五千二百，世之世一千八百六十六万二千四百。假令元之元置通数，从左起二万至右六，凡九位。以其中位之一万分，列于右四位为九千九百九十十〔一〕，其通数万下之六千五百七十六，除去不用，以此列之。

〔一〕“十”，依下文推算，疑当作“九”。

除卦身八算，在千位除之。又除元之元极数一，余二万八千九百八十万一千九百九十九。以中位，万为中位。左见八，八属坤；右见一，一属乾。左为外卦，右为内卦，成地天泰。其第二卦，即以第一卦余算除卦身，除极数，满六十四卦方去余算，再置通数。如在会之元〔一〕，即以十二除起，凡除卦身，动中万除右卦身，进动百万除左卦身。然取卦往往不能相合，则别有五法：一法退阴于右卦，减一算或二算。二法进阳于左卦，增一算或二算。进退不过三。三法虚张奇画，虚张五则为乾六画。四法分布偶画，分布十则为坤十二画。五法消息，移右算补左谓消阴息阳，移左算补右谓之消阳息阴，数不过八。牛无邪所传如此。又谓："退阴而不合，则又进阳，进阳而又不合，则又虚张，以至于消息而止。皆必先右而后左。"以某推之则不然。有不合者，方用五法。若右合而左不合，当竟用其法于左，安得先阴而后阳乎？左为阳，右为阴。有不合者，进退可合则用进退，虚张、分布可合，则用虚张、分布，消息可合，则用消息，不须从进退以至于消息也。此无邪之说，胡廷芳谓之"繁晦"欤。然用此五法以增减，则无卦不可附会。故必知卦而后可算卦。若欲从算以定卦，则五法俱不可用，而通极二数，有时而穷也。图之为序，当必有说。张、祝二家，皆影响矣。

皇极四蓍法

七十二蓍合一曰太极，分为二以象两，置左不用，揲右以

〔一〕"会之元"，宋元学案百源学案引作"元之会"。

四，视其余数，一为元，二为会，三为运，四为世。既得象矣，元、会、运、世为四象。复合而分之，取左之四并于右，既分之后，从左手取四策，入于右手。置左不用，揲右以八，视其余数，为上卦之体。复合而分之，取右之四并于左，取右手四策，入于左手。置右不用，揲左以八，视其余数，为下卦之体。二体相附。既得卦矣，复合而分之，置右不用，揲左以六，视其余数，自一为初，讫六为上，以定直事之爻。假令初揲余一，于象为元；再揲余五，上体为巽；三揲余七，下体为艮；巽、艮合为渐，在卦气图得元之渐卦；终揲余六，则上九为直事之爻。渐当元之会之会之运。以律吕图求之，元之会为日月声，卦当履；会之运为火土音，卦当蒙；合之为物数，则卦当遁、困。以观物之象准之，为皇之帝之帝之王，皇帝王霸。飞之走之走之木，飞走木草。士之农之农之工。士农工商。一之二之七之六之类是也。上九爻变阴则为蹇，爻自下而上，奇位为阳，偶位为阴。当位则不变，不当位则变。以九处上，为不当位，故变。上体巽变震则为小过，乾、兑、离、震居上，坤、艮、坎、巽居下，为当位。反是为不当位。当位则不变，不当位则变。以巽居上体故变。卦爻皆以当位为吉，不当位为凶。渐者，艮归魂之卦，以九三为世爻，上九为应爻。今上九为当世直事之爻，则应复为世，与本爻相敌。此占之大略也。

康节本无蓍法，张文饶立之以配易、元包、虚。易、元包、虚〔一〕有辞，而经世无辞。有辞者以辞占；无辞者占其阴阳之进退，卦爻之当否，时日之蚤暮，五行之盛衰。爻者，时用也。卦者，定体也。爻之变不变以观其随时，卦之变不变以观其大

〔一〕"易元包虚"，四库本不重出，今据广雅本补。宋元学案引同广雅本。

定。变不变者，数也。利不利者，命也。辨其邪正则有理，制其从违则有义。若爱恶之私不忘于胸中，则吉凶以情迁矣。虽专心致志，不可谓之诚也。

皇极五致用

致用之法，以一定之卦推治乱，以声音数取卦占事物。凡占一卦，视其卦之当位与否，当位则不变，不当位则变。卦既变矣，视其所直之爻当位与否，当位则不变，不当位则变，以终变之卦为准。终变之卦即不当位，亦不变。本卦为贞，变卦为悔。当位则吉，不当位则凶。视其卦为奇为偶，于方图中，奇卦在右为阳中阳，在左为阴中阳；偶卦在左为阴中阴，在右为阳中阴。阳为顺，阴为逆。视其卦在某会某运某世，大运以会当月，以运当日，以世当辰。如〔一〕尧之巳会癸亥运己未世，即一岁之五月三十日未时也。小运以世当月，以年当日，以月当时。如尧之己未世甲辰年，即一岁之六月十一日也。视其卦之纳甲，与所当之年月日时，有无生克。视其卦之世应，与所直之爻，有无伦夺。又以律吕图求之，运在四大象中某所，得天门唱卦居左；世在四大象中某所，得地户和卦居右。合两卦并观，在既济图第几位，合挂一图问卦，然后以其卦变化进退之，而推其时运之吉凶。若用年配世，则以世求天门唱卦居左，以年求地户和卦居右，与上一例取卦之时，视算位中余数，

〔一〕"如"字上，宋元学案百源学案引有一"衍"字。

以六位配六爻，元自一起，世至九终。无问十百千万，皆以当一。一为甲，二为辛，三为丙，四为癸，五为戊，六为乙，七为庚，八为丁，九为壬，十为己。甲乙为木，为饥馑，为曲直之物。庚辛为金，为兵戈，为刃物。丙丁为火，为大旱，为锐物。壬癸为水，为淫潦，为流湿之物。戊己为土，为中兴，为重滞之物。此致用之大凡也。

皇极包罗甚富，百家之学无不可资以为用，而其要领，在推数之无穷。宋景濂作溟涬生赞，记蜀道士杜可大之言曰："宇宙太虚一尘尔。人生其间，为尘几何？是茫茫者，尚了然心目间。"此一言已尽皇极之秘，能者自有冥契，则余言亦说铃也。

挂一图

元之元	元之元之元之元　泰　冬至	元之元之元之会　损	元之元之元之运　大畜	元之元之元之世　节
	元之元之会之元　需	元之元之会之会　中孚	元之元之会之运　小畜	元之元之会之世　归妹
	元之元之运之元　大壮	元之元之运之会　睽	元之元之运之运　大有　小寒	元之元之运之世　兑
	元之元之世之元　夬	元之元之世之会　履	元之元之世之运　乾	元之元之世之世　困
元之会	元之会之元之元　咸	元之会之元之会　未济	元之会之元之运　旅	元之会之元之世　解
	元之会之会之元　小过	元之会之会之会　涣　大寒	元之会之会之运　渐	元之会之会之世　坎
	元之会之运之元　蹇	元之会之运之会　蒙	元之会之运之运　艮	元之会之运之世　师

	元之会之世之元 临	元之会之世之会 谦	元之会之世之运 坤	元之会之世之世 遁
元之运	元之运之元之元 晋 立春	元之运之元之会 观	元之运之元之运 比	元之运之元之世 剥
	元之运之会之元 巽	元之运之会之会 升	元之运之会之运 否	元之运之会之世 豫
	元之运之运之元 井	元之运之运之会 丰	元之运之运之运 屯 雨水	元之运之运之世 革
	元之运之世之元 恒	元之运之世之会 蛊	元之运之世之运 讼	元之运之世之世 益
元之世	元之世之元之元 离	元之世之元之会 大过	元之世之元之运 姤	元之世之元之世 随
	元之世之会之元 家人	元之世之会之会 震 惊蛰	元之世之会之运 鼎	元之世之会之世 噬嗑
	元之世之运之元 既济	元之世之运之会 颐	元之世之运之运 萃	元之世之运之世 明夷
	元之世之世之元 复	元之世之世之会 同人	元之世之世之运 无妄	元之世之世之世 贲
会之元	会之元之元之元 损 春分	会之元之元之会 大畜	会之元之元之运 节	会之元之元之世 需
	会之元之会之元 中孚	会之元之会之会 小畜	会之元之会之运 大壮	会之元之会之世 睽
	会之元之运之元 大有	会之元之运之会 兑	会之元之运之运 夬 清明	会之元之运之世 履
	会之元之世之元 乾	会之元之世之会 困	会之元之世之运 咸	会之元之世之世 未济
会之会	会之会之元之元 旅	会之会之元之会 解	会之会之元之运 归妹	会之会之元之世 涣

	会之会之会之元 渐	会之会之会之会 坎 谷雨	会之会之会之运 蹇	会之会之会之世 蒙
	会之会之运之元 艮	会之会之运之会 师	会之会之运之运 泰	会之会之运之世 临
	会之会之世之元 谦	会之会之世之会 小过	会之会之世之运 观	会之会之世之世 剥
会之运	会之运之元之元 蛊 立夏	会之运之元之会 井	会之运之元之运 屯	会之运之元之世 遁
	会之运之会之元 姤	会之运之会之会 讼	会之运之会之运 无妄	会之运之会之世 大过
	会之运之运之元 豫	会之运之运之会 鼎	会之运之运之运 比 小满	会之运之运之世 巽
	会之运之世之元 坤	会之运之世之会 升	会之运之世之运 萃	会之运之世之世 随
会之世	会之世之元之元 晋	会之世之元之会 噬嗑	会之世之元之运 否	会之世之元之世 离
	会之世之会之元 革	会之世之会之会 颐 芒种	会之世之会之运 复	会之世之会之世 恒
	会之世之运之元 丰	会之世之运之会 震	会之世之运之运 家人	会之世之运之世 益
	会之世之世之元 既济	会之世之世之会 贲	会之世之世之运 明夷	会之世之世之世 同人
运之元	运之元之元之元 大畜 夏至	运之元之元之会 节	运之元之元之运 需	运之元之元之世 中孚
	运之元之会之元 小畜	运之元之会之会 归妹	运之元之会之运 睽	运之元之会之世 大有
	运之元之运之元 兑	运之元之运之会 夬	运之元之运之运 履 小暑	运之元之运之世 乾

	运之元之世之元 困	运之元之世之会 未济	运之元之世之运 解	运之元之世之世 大壮
运之会	运之会之元之元 恒	运之会之元之会 鼎	运之会之元之运 大过	运之会之元之世 讼
	运之会之会之元 姤	运之会之会之会 随 大暑	运之会之会之运 旅	运之会之会之世 噬嗑
	运之会之运之元 小过	运之会之运之会 震	运之会之运之运 涣	运之会之运之世 巽
	运之会之世之元 益	运之会之世之会 井	运之会之世之运 屯	运之会之世之世 坎
运之运	运之运之元之元 渐 立秋	运之运之元之会 晋	运之运之元之运 萃	运之运之元之世 泰
	运之运之会之元 蹇	运之运之会之会 豫	运之运之会之运 遁	运之运之会之世 咸
	运之运之运之元 师	运之运之运之会 艮	运之运之运之运 剥 处暑	运之运之运之世 观
	运之运之世之元 无妄	运之运之世之会 离	运之运之世之运 丰	运之运之世之世 复
运之世	运之世之元之元 蛊	运之世之元之会 革	运之世之元之运 家人	运之世之元之世 否
	运之世之会之元 比	运之世之会之会 升 白露	运之世之会之运 颐	运之世之会之世 贲
	运之世之运之元 蒙	运之世之运之会 谦	运之世之运之运 坤	运之世之运之世 同人
	运之世之世之元 明夷	运之世之世之会 临	运之世之世之运 损	运之世之世之世 既济
世之元	世之元之元之元 升 秋分	世之元之元之会 蒙	世之元之元之运 蛊	世之元之元之世 井

	世之元之会之元 坎	世之元之会之会 巽	世之元之会之运 涣	世之元之会之世 解
	世之元之运之元 恒	世之元之运之会 未济	世之元之运之运 鼎 寒露	世之元之运之世 困
	世之元之世之元 大过	世之元之世之会 姤	世之元之世之运 讼	世之元之世之世 随
世之会	世之会之元之元 兑	世之会之元之会 乾	世之会之元之运 萃	世之会之元之世 噬嗑
	世之会之会之元 夬	世之会之会之会 否 霜降	世之会之会之运 无妄	世之会之会之世 睽
	世之会之运之元 咸	世之会之运之会 革	世之会之运之运 遁	世之会之运之世 大有
	世之会之世之元 履	世之会之世之会 泰	世之会之世之运 剥	世之会之世之世 颐
世之运	世之运之元之元 益 立冬	世之运之元之会 丰	世之运之元之运 归妹	世之运之元之世 大壮
	世之运之会之元 小过	世之运之会之会 临	世之运之会之运 贲	世之运之会之世 中孚
	世之运之运之元 既济	世之运之运之会 晋	世之运之运之运 损 小雪	世之运之运之世 节
	世之运之世之元 家人	世之运之世之会 需	世之运之世之运 大畜	世之运之世之世 小畜
世之世	世之世之元之元 坤	世之世之元之会 谦	世之世之元之运 渐	世之世之元之世 艮
	世之世之会之元 离	世之世之会之会 比 大雪	世之世之会之运 蹇	世之世之会之世 豫
	世之世之运之元 师	世之世之运之会 同人	世之世之运之运 旅	世之世之运之世 屯
	世之世之世之元 观	世之世之世之会 震	世之世之世之运 复	世之世之世之世 明夷

世三十	运三百六十	会一万八百	元十二万九千六百
世之世九百	世之运一万八百	世之会三十二万四千	世之元三百八十八万八千
运之世一万八百	运之运十二万九千六百	运之会三百八十八万八千	运之元四千六百六十五万六千
会之世三十二万四千	会之运三百八十八万八千	会之会一亿一千六百六十四万	会之元十三亿九千九百六十八万
元之世三百八十八万八千	元之运四千六百六十五万六千	元之会十三亿九千九百六十八万	元之元一百六十七亿九千六百一十六万

元会运世本数四互相乘,则变为十六。

世之世之世之世八十一万以九百乘九百而得。

世之世之世之运九百七十二万以九百乘一万八百。

世之运之世之运一亿一千六百六十四万以一万八百乘一万八百。

世之世之世之会二亿九千一百六十万以九百乘三十二万四千。

世之运之运之运一十三亿九千九百六十八万以一万八百乘十二万九千六百。

世之世之世之元三十四亿九千九百二十万以九百乘三百八十八万八千。

运之运之运之运一百六十七亿九千六百一十六万以十二万九千六百自乘。

世之世之运之元四百一十九亿九千四十万以九百乘四千六百六十五万六千。

世之世之会之会一千四十九亿七千六百万以九百乘一亿一千六百六十四万。

世之运之运之元五千三十八亿八千四百八十万以一万八百乘四千六百六十五万六千。

世之世之会之元一万二千五百九十七亿一千二百万以九百乘十三亿九千九百六十八万。

运之运之运之元六万四百六十六亿一千七百六十万以十二万九千六百乘四千六百六十五万六千。

世之世之元之元一十五万一千一百六十五亿四千四百万以九百乘一百六十七亿六千六百十六万。

世之会之会之会三十七万七千九百十三亿六千万以三十二万四千乘一亿一千六百六十四万。

世之运之元之元一百八十一万三千九百八十五亿二千八百万以一万八百乘一百六十七亿九千六百十六万。

世之会之会之元四百五十三万四千九百六十三亿二千万以三十二万四千乘十三亿九千九百六十八万。

运之运之元之元二千一百七十六万七千八百二十三亿三千六百万以十二万九千六百乘一百六十七亿九千六百十六万。

世之会之元之元五千四百四十一万九千五百五十八亿四千万以三十二万四千乘一百六十七亿九千六百十六万。

会之会之会之会一兆三千六百四万八千八百九十六亿以一亿一千六百六十四万自乘。

运之会之元之元六兆五千三百三万四千七百亿八十万以三百八十八万八千乘一百六十七亿九千六百十六万。

会之会之会之元十六兆三千二百五十八万六千七百五十二亿以一亿一千六百六十四万乘十三亿九千九百六十八万。

运之元之元之元七十八兆三千六百四十一万六千四百九亿六千万以四千六百六十五万六千乘一百六十七亿九千六百十六万。

会之会之元之元一百九十五兆九千一百四万一千二十四亿以一亿一千六百六十四万乘一百六十七亿九千六百十六万。

会之元之元之元二千三百五十兆九千二百四十九万二千

二百八十八亿以十三亿九千九百六十八万乘一百六十七亿九千六百十六万。

元之元之元之元二万八千二百十一兆九百九十万七千四百五十六亿以一百六十七亿九千六百十六万自乘。

又以十六数互相乘。如元之会为一数,其下之运之世为一数乘之,变为二百五十六数,分配二百五十六卦,自泰起元之元之元之元,得二万八千二百十一兆九百九十万七千四百五十六亿,至明夷卦终,为世之世之世之世,得八十一万。今举二十五条为例。

既济阳图

元之元	元之元否否泰	会之元遭否需	运之元㕣否大壮	世之元娠否夬
	水水音八八坤	火水音七八剥	土水音六八比	石水音五八观
	日日声一一乾	日日声一一乾	日日声一一乾	日日声一一乾
	元之会否遭损	会之会遭遭中孚	运之会㕣遭睽	世之会娠遭履
	水火音八七谦	火火音七七艮	土火音六七蹇	石火音五七渐
	日日声一一乾	日日声一一乾	日日声一一乾	日日声一一乾
	元之运否㕣大畜	会之运遭㕣小畜	运之运㕣㕣大有	世之运娠㕣乾
	水土音八六师	火土音七六蒙	土土音六六坎	石土音五六涣
	日日声一一乾	日日声一一乾	日日声一一乾	日日声一一乾
	元之世否娠节	会之世遭娠归妹	运之世㕣娠兑	世之世娠娠困
	水石音八五升	火石音七五蛊	土石音六五井	石石音五五巽
	日日声一一乾	日日声一一乾	日日声一一乾	日日声一一乾

元之会	元之元否萃咸	会之元遁萃小过	运之元讼萃蹇	世之元姤萃临
	水水音八八坤	火水音七八剥	土水音六八比	石水音五八观
	日月声一二履	日月声一二履	日月声一二履	日月声一二履
	元之会否咸未济	会之会遁咸涣	运之会讼咸蒙	世之会姤咸谦
	水火音八七谦	火火音七七艮	土火音六七蹇	石火音五七渐
	日月声一二履	日月声一二履	日月声一二履	日月声一二履
	元之运否困旅	会之运遁困渐	运之运讼困艮	世之运姤困坤
	水土音八六师	火土音七六蒙	土土音六六坎	石土音五六涣
	日月声一二履	日月声一二履	日月声一二履	日月声一二履
	元之世否大过解	会之世遁大过坎	运之世讼大过师	世之世姤大过遁
	水石音八五升	火石音七五蛊	土石音六五井	石石音五五巽
	日月声一二履	日月声一二履	日月声一二履	日月声一二履
元之运	元之元否晋晋	会之元遁晋巽	运之元讼晋井	世之元姤晋恒
	水水音八八坤	火水音七八剥	土水音六八比	石水音五八观
	日星声一三同人	日星声一三同人	日星声一三同人	日星声一三同人
	元之会否旅观	会之会遁旅升	运之会讼旅丰	世之会姤旅蛊
	水火音八七谦	火火音七七艮	土火音六七蹇	石火音五七渐
	日星声一三同人	日星声一三同人	日星声一三同人	日星声一三同人
	元之运否未济比	会之运遁未济否	运之运讼未济屯	世之运姤未济讼
	水土音八六师	火土音七六蒙	土土音六六坎	石土音五六涣
	日星声一三同人	日星声一三同人	日星声一三同人	日星声一三同人
	元之世否鼎剥	会之世遁鼎豫	运之世讼鼎革	世之世姤鼎益
	水石音八五升	火石音七五蛊	土石音六五井	石石音五五巽
	日星声一三同人	日星声一三同人	日星声一三同人	日星声一三同人

	元之元否豫离	会之元遁豫家人	运之元讼豫既济	世之元姤豫复
	水水音八八坤	火水音七八剥	土水音六八比	石水音五八观
	日辰声一四无妄	日辰声一四无妄	日辰声一四无妄	日辰声一四无妄
	元之会否小过大过	会之会遁小过震	运之会讼小过颐	世之会姤小过同人
	水火音八七谦	火火音七七艮	土火音六七蹇	石火音五七渐
元之世	日辰声一四无妄	日辰声一四无妄	日辰声一四无妄	日辰声一四无妄
	元之运否解姤	会之运遁解鼎	运之运讼解萃	世之运姤解无妄
	水土音八六师	火土音七六蒙	土土音六六坎	石土音五六涣
	日辰声一四无妄	日辰声一四无妄	日辰声一四无妄	日辰声一四无妄
	元之世否恒随	会之世遁恒噬嗑	运之世讼恒明夷	世之世姤恒贲
	水石音八五升	火石音七五蛊	土石音六五井	石石音五五巽
	日辰声一四无妄	日辰声一四无妄	日辰声一四无妄	日辰声一四无妄
	元之元萃否损	会之元咸否中孚	运之元困否大有	世之元大过否乾
	水水音八八坤	火水音七八剥	土水音六八比	石水音五八观
	月日声二一央	月日声二一央	月日声二一央	月日声二一央
	元之会萃遁大畜	会之会咸遁小畜	运之会困遁兑	世之会大过遁困
	水火音八七谦	火火音七七艮	土火音六七蹇	石火音五七渐
会之元	月日声二一央	月日声二一央	月日声二一央	月日声二一央
	元之运萃讼节	会之运咸讼大壮	运之运困讼夬	世之运大过讼咸
	水土音八六师	火土音七六蒙	土土音六六坎	石土音五六涣
	月日声二一央	月日声二一央	月日声二一央	月日声二一央
	元之世萃姤需	会之世咸姤睽	运之世困姤履	世之世大过姤未济
	水石音八五升	火石音七五蛊	土石音六五井	石石音五五巽
	月日声二一央	月日声二一央	月日声二一央	月日声二一央

会之会	元之元萃萃旅	会之元咸萃渐	运之元困萃艮	世之元大过萃谦
	水水音八八坤	火水音七八剥	土水音六八比	石水音五八观
	月月声二二兑	月月声二二兑	月月声二二兑	月月声二二兑
	元之会萃咸解	会之会咸咸坎	运之会困咸师	世之会大过咸小过
	水火音八七谦	火火音七七艮	土火音六七蹇	石火音五七渐
	月月声二二兑	月月声二二兑	月月声二二兑	月月声二二兑
	元之运萃困归妹	会之运咸困蹇	运之运困困泰	世之运大过困观
	水土音八六师	火土音七六蒙	土土音六六坎	石土音五六涣
	月月声二二兑	月月声二二兑	月月声二二兑	月月声二二兑
	元之世萃大过涣	会之世咸大过蒙	运之世困大过临	世之世大过大过剥
	水石音八五升	火石音七五蛊	土石音六五井	石石音五五巽
	月月声二二兑	月月声二二兑	月月声二二兑	月月声二二兑
会之运	元之元萃晋蛊	会之元咸晋姤	运之元困晋豫	世之元大过晋坤
	水水音八八坤	火水音七八剥	土水音六八比	石水音五八观
	月星声二三革	月星声二三革	月星声二三革	月星声二三革
	元之会萃旅井	会之会咸旅讼	运之会困旅鼎	世之会大过旅升
	水火音八七谦	火火音七七艮	土火音六七蹇	石火音五七渐
	月星声二三革	月星声二三革	月星声二三革	月星声二三革
	元之运萃未济屯	会之运咸未济无妄	运之运困未济比	世之运大过未济萃
	水土音八六师	火土音七六蒙	土土音六六坎	石土音五六涣
	月星声二三革	月星声二三革	月星声二三革	月星声二三革
	元之世萃鼎遁	会之世咸鼎大过	运之世困鼎巽	世之世大过鼎随
	水石音八五升	火石音七五蛊	土石音六五井	石石音五五巽
	月星声二三革	月星声二三革	月星声二三革	月星声二三革

会之世	元之元萃豫晋	会之元咸豫革	运之元困豫丰	世之元大过豫既济
	水水音八八坤	水水音七八剥	土水音六八比	石水音五八观
	月辰声二四随	月辰声二四随	月辰声二四随	月辰声二四随
	元之会萃小过噬嗑	会之会咸小过颐	运之会困小过震	世之会大过小过贲
	水火音八七谦	火火音七七艮	土火音六七蹇	石火音五七渐
	月辰声二四随	月辰声二四随	月辰声二四随	月辰声二四随
	元之运萃解否	会之运咸解复	运之运困解家人	世之运大过解明夷
	水土音八六师	火土音七六蒙	土土音六六坎	石土音五六涣
	月辰声二四随	月辰声二四随	月辰声二四随	月辰声二四随
	元之世萃恒离	会之世咸恒恒	运之世困恒益	世之世大过恒同人
	水石音八五升	火石音七五蛊	土石音六五井	石石音五五巽
	月辰声二四随	月辰声二四随	月辰声二四随	月辰声二四随
运之元	元之元晋否大畜	会之元旅否小畜	运之元未济否兑	世之元鼎否困
	水水音八八坤	火水音七八剥	土水音六八比	石水音五八观
	星日声三一大有	星日声三一大有	星日声三一大有	星日声三一大有
	元之会晋遁节	会之会旅遁归妹	运之会未济遁夬	世之会鼎遁未济
	水火音八七谦	火火音七七艮	土火音六七蹇	石火音五七渐
	星日声三一大有	星日声三一大有	星日声三一大有	星日声三一大有
	元之运晋讼需	会之运旅讼睽	运之运未济讼履	世之运鼎讼解
	水土音八六师	火土音七六蒙	土土音六六坎	石土音五六涣
	星日声三一大有	星日声三一大有	星日声三一大有	星日声三一大有
	元之世晋姤中孚	会之世旅姤大有	运之世未济姤乾	世之世鼎姤大壮
	水石音八五升	火石音七五蛊	土石音六五井	石石音五五巽
	星日声三一大有	星日声三一大有	星日声三一大有	星日声三一大有

运之会	元之元晋萃恒	会之元旅萃姤	运之元未济萃小过	世之元鼎萃益
	水水音八八坤	火水音七八剥	土水音六八比	石水音五八观
	星月声三二睽	星月声三二睽	星月声三二睽	星月声三二睽
	元之会晋咸鼎	会之会旅咸随	运之会未济咸震	世之会鼎咸井
	水火音八七谦	火火音七七艮	土火音六七蹇	石火音五七渐
	星月声三二睽	星月声三二睽	星月声三二睽	星月声三二睽
	元之运晋困大过	会之运旅困旅	运之运未济困涣	世之运鼎困屯
	水土音八六师	火土音七六蒙	土土音六六坎	石土音五六涣
	星月声三二睽	星月声三二睽	星月声三二睽	星月声三二睽
	元之世晋大过讼	会之世旅大过噬嗑	运之世未济大过巽	世之世鼎大过坎
	水石音八五升	火石音七五蛊	土石音六五井	石石音五五巽
	星月声三二睽	星月声三二睽	星月声三二睽	星月声三二睽
运之运	元之元晋晋渐	会之元旅晋蹇	运之元未济晋师	世之元鼎晋无妄
	水水音八八坤	火水音七八剥	土水音六八比	石水音五八观
	星星声三三离	星星声三三离	星星声三三离	星星声三三离
	元之会晋旅晋	会之会旅旅豫	运之会未济旅艮	世之会鼎旅离
	水火音八七谦	火火音七七艮	土火音六七蹇	石火音五七渐
	星星声三三离	星星声三三离	星星声三三离	星星声三三离
	元之运晋未济萃	会之运旅未济遁	运之运未济未济剥	世之运鼎未济丰
	水土音八六师	火土音七六蒙	土土音六六坎	石土音五六涣
	星星声三三离	星星声三三离	星星声三三离	星星声三三离
	元之世晋鼎泰	会之世旅鼎咸	运之世未济鼎观	世之世鼎鼎复
	水石音八五升	火石音七五蛊	土石音六五井	石石音五五巽
	星星声三三离	星星声三三离	星星声三三离	星星声三三离

运之世	元之元晋豫蛊	会之元旅豫比	运之元未济豫蒙	世之元鼎豫明夷
	水水音八八坤	火水音七八剥	土水音六八比	石水音五八观
	星辰声三四噬嗑	星辰声三四噬嗑	星辰声三四噬嗑	星辰声三四噬嗑
	元之会晋小过革	会之会旅小过升	运之会未济小过谦	世之会鼎小过临
	水火音八七谦	火火音七七艮	土火音六七蹇	石火音五七渐
	星辰声三四噬嗑	星辰声三四噬嗑	星辰声三四噬嗑	星辰声三四噬嗑
	元之运晋解家人	会之运旅解颐	运之运未济解坤	世之运鼎解损
	水土音八六师	火土音七六蒙	土土音六六坎	石土音五六涣
	星辰声三四噬嗑	星辰声三四噬嗑	星辰声三四噬嗑	星辰声三四噬嗑
	元之世晋恒否	会之世旅恒贲	运之世未济恒同人	世之世鼎恒既济
	水石音八五升	火石音七五蛊	土石音六五井	石石音五五巽
	星辰声三四噬嗑	星辰声三四噬嗑	星辰声三四噬嗑	星辰声三四噬嗑
世之元	元之元豫否升	会之元小过否坎	运之元解否恒	世之元恒否大过
	水水音八八坤	火水音七八剥	土水音六八比	石水音五八观
	辰日声四一大壮	辰日声四一大壮	辰日声四一大壮	辰日声四一大壮
	元之会豫遁蒙	会之会小过遁巽	运之会解遁未济	世之会恒遁姤
	水火音八七谦	火火音七七艮	土火音六七蹇	石火音五七渐
	辰日声四一大壮	辰日声四一大壮	辰日声四一大壮	辰日声四一大壮
	元之运豫讼蛊	会之运小过讼涣	运之运解讼鼎	世之运恒讼讼
	水土音八六师	火土音七六蒙	土土音六六坎	石土音五六涣
	辰日声四一大壮	辰日声四一大壮	辰日声四一大壮	辰日声四一大壮
	元之世豫姤井	会之世小过姤解	运之世解姤困	世之世恒姤随
	水石音八五升	火石音七五蛊	土石音六五井	石石音五五巽
	辰日声四一大壮	辰日声四一大壮	辰日声四一大壮	辰日声四一大壮

世之会	元之元豫萃兑	会之元小过萃夬	运之元解萃咸	世之元恒萃履
	水水音八八坤	火水音七八剥	土水音六八比	石水音五八观
	辰月声四二归妹	辰月声四二归妹	辰月声四二归妹	辰月声四二归妹
	元之会豫咸乾	会之会小过咸否	运之会解咸革	世之会恒咸泰
	水火音八七谦	火火音七七艮	土火音六七蹇	石火音五七渐
	辰月声四二归妹	辰月声四二归妹	辰月声四二归妹	辰月声四二归姊
	元之运豫困萃	会之运小过困无妄	运之运解困遁	世之运恒困剥
	水土音八六师	火土音七六蒙	土土音六六坎	石土音五六涣
	辰月声四二归妹	辰月声四二归妹	辰月声四二归妹	辰月声四二归妹
	元之世豫大过噬嗑	会之世小过大过睽	运之世解大过大有	世之世恒大过颐
	水石音八五升	火石音七五蛊	土石音六五井	石石音五五巽
	辰月声四二归妹	辰月声四二归妹	辰月声四二归妹	辰月声四二归妹
世之运	元之元豫晋益	会之元小过晋小过	运之元解晋既济	世之元恒晋家人
	水水音八八坤	火水音七八剥	土水音六八比	石水音五八观
	辰星声四三丰	辰星声四三丰	辰星声四三丰	辰星声四三丰
	元之会豫旅丰	会之会小过旅临	运之会解旅晋	世之会恒旅需
	水火音八七谦	火火音七七艮	土火音六七蹇	石火音五七渐
	辰星声四三丰	辰星声四三丰	辰星声四三丰	辰星声四三丰
	元之运豫未济归妹	会之运小过未济贲	运之运解未济损	世之运恒未济大畜
	水土音八六师	火土音七六蒙	土土音六六坎	石土音五六涣
	辰星声四三丰	辰星声四三丰	辰星声四三丰	辰星声四三丰
	元之世豫鼎大壮	会之世小过鼎中孚	运之世解鼎节	世之世恒鼎小畜
	水石音八五升	火石音七五蛊	土石音六五井	石石音五五巽
	辰星声四三丰	辰星声四三丰	辰星声四三丰	辰星声四三丰

世之世	元之元豫豫坤	会之元小过豫离	运之元解豫师	世之元恒豫观
	水水音八八坤	火水音七八剥	土水音六八比	石水音五八观
	辰辰声四四震	辰辰声四四震	辰辰声四四震	辰辰声四四震
	元之会豫小过谦	会之会小过小过比	运之会解小过同人	世之会恒小过震
	水火音八七谦	火火音七七艮	土火音六七蹇	石火音五七渐
	辰辰声四四震	辰辰声四四震	辰辰声四四震	辰辰声四四震
	元之运豫解渐	会之运小过解蹇	运之运解解旅	世之运恒解复
	水土音八六师	火土音七六蒙	土土音六六坎	石土音五六涣
	辰辰声四四震	辰辰声四四震	辰辰声四四震	辰辰声四四震
	元之世豫恒艮	会之世小过恒豫	运之世解恒屯	世之世恒恒明夷
	水石音八五升	火石音七五蛊	土石音六五井	石石音五五巽
	辰辰声四四震	辰辰声四四震	辰辰声四四震	辰辰声四四震

阴　图

岁之岁	水水音一一坤	水水音一一坤	水水音一一坤	水水音一一坤
	日日声八八乾	月日声七八夬	星日声六八大有	辰日声五八大壮
	岁之岁泰泰	月之岁临泰	日之岁明夷泰	时之岁复泰
	水水音一一坤	水水音一一坤	水水音一一坤	水水音一一坤
	日月声八七履	月月声七七兑	星月声六七睽	辰月声五七归妹
	岁之月泰临	月之月临临	日之月明夷临	时之月复临
	水水音一一坤	水水音一一坤	水水音一一坤	水水音一一坤
	日星声八六同人	月星声七六革	星星声六六离	辰星声五六丰
	岁之日泰明夷	月之日临明夷	日之日明夷明夷	时之日复明夷
	水水音一一坤	水水音一一坤	水水音一一坤	水水音一一坤
	日辰声八五无妄	月辰声七五随	星辰声六五噬嗑	辰辰声五五震
	岁之时泰复	月之时临复	日之时明夷复	时之时复复

岁之月	水火音一二谦	水火音一二谦	水火音一二谦	水火音一二谦
	日日声八八乾	月日声七八夬	星日声六八大有	辰日声五八大壮
	岁之岁泰大畜	月之岁临大畜	日之岁明夷大畜	时之岁复大畜
	水火音一二谦	水火音一二谦	水火音一二谦	水火音一二谦
	日月声八七履	月月声七七兑	星月声六七睽	辰月声五七归妹
	岁之月泰损	月之月临损	日之月明夷损	时之月复损
	水火音一二谦	水火音一二谦	水火音一二谦	水火音一二谦
	日星声八六同人	月星声七六革	星星声六六离	辰星声五六丰
	岁之日泰贲	月之日临贲	日之日明夷贲	时之日复贲
	水火音一二谦	水火音一二谦	水火音一二谦	水火音一二谦
	日辰声八五无妄	月辰声七五随	星辰声六五噬嗑	辰辰声五五震
	岁之时泰颐	月之时临颐	日之时明夷颐	时之时复颐
岁之日	水土音一三师	水土音一三师	水土音一三师	水土音一三师
	日日声八八乾	月日声七八夬	星日声六八大有	辰日声五八大壮
	岁之岁泰需	月之岁临需	日之岁明夷需	时之岁复需
	水土音一三师	水土音一三师	水土音一三师	水土音一三师
	日月声八七履	月月声七七兑	星月声六七睽	辰月声五七归妹
	岁之月泰节	月之月临节	日之月明夷节	时之月复节
	水土音一三师	水土音一三师	水土音一三师	水土音一三师
	日星声八六同人	月星声七六革	星星声六六离	辰星声五六丰
	岁之日泰既济	月之日临既济	日之日明夷既济	时之日复既济
	水土音一三师	水土音一三师	水土音一三师	水土音一三师
	日辰声八五无妄	月辰声七五随	星辰声六五噬嗑	辰辰声五五震
	岁之时泰屯	月之时临屯	日之时明夷屯	时之时复屯

岁之时	水石音一四升	水石音一四升	水石音一四升	水石音一四升
	日日声八八乾	月日声七八夬	星日声六八大有	辰日声五八大壮
	岁之岁泰小畜	月之岁临小畜	日之岁明夷小畜	时之岁复小畜
	水石音一四升	水石音一四升	水石音一四升	水石音一四升
	日月声八七履	月月声七七兑	星月声六七睽	辰月声五七归妹
	岁之月泰中孚	月之月临中孚	日之月明夷中孚	时之月复中孚
	水石音一四升	水石音一四升	水石音一四升	水石音一四升
	日星声八六同人	月星声七六革	星星声六六离	辰星声五六丰
	岁之日泰家人	月之日临家人	日之日明夷家人	时之日复家人
	水石音一四升	水石音一四升	水石音一四升	水石音一四升
	日辰声八五无妄	月辰声七五随	星辰声六五噬嗑	辰辰声五五震
	岁之时泰益	月之时临益	日之时明夷益	时之时复益
月之岁	火水音二一剥	火水音二一剥	火水音二一剥	火水音二一剥
	日日声八八乾	月日声七八夬	星日声六八大有	辰日声五八大壮
	岁之岁大畜泰	月之岁损泰	日之岁贲泰	时之岁颐泰
	火水音二一剥	火水音二一剥	火水音二一剥	火水音二一剥
	日月声八七履	月月声七七兑	星月声六七睽	辰月声五七归妹
	岁之月大畜临	月之月损临	日之月贲临	时之月颐临
	火水音二一剥	火水音二一剥	火水音二一剥	火水音二一剥
	日星声八六同人	月星声七六革	星星声六六离	辰星声五六丰
	岁之日大畜明夷	月之日损明夷	日之日贲明夷	时之日颐明夷
	火水音二一剥	火水音二一剥	火水音二一剥	火水音二一剥
	日辰声八五无妄	月辰声七五随	星辰声六五噬嗑	辰辰声五五震
	岁之时大畜复	月之时损复	日之时贲复	时之时颐复

月之月	火火音二二艮	火火音二二艮	火火音二二艮	火火音二二艮
	日日声八八乾	月日声七八夬	星日声六八大有	辰日声五八大壮
	岁之岁大畜大畜	月之岁损大畜	日之岁贲大畜	时之岁颐大畜
	火火音二二艮	火火音二二艮	火火音二二艮	火火音二二艮
	日月声八七履	月月声七七兑	星月声六七睽	辰月声五七归妹
	岁之月大畜损	月之月损损	日之月贲损	时之月颐损
	火火音二二艮	火火音二二艮	火火音二二艮	火火音二二艮
	日星声八六同人	月星声七六革	星星声六六离	辰星声五六丰
	岁之日大畜贲	月之日损贲	日之日贲贲	时之日颐贲
	火火音二二艮	火火音二二艮	火火音二二艮	火火音二二艮
	日辰声八五无妄	月辰声七五随	星辰声六五噬嗑	辰辰声五五震
	岁之时大畜颐	月之时损颐	日之时贲颐	时之时颐颐
月之日	火土音二三蒙	火土音二三蒙	火土音二三蒙	火土音二三蒙
	日日声八八乾	月日声七八夬	星日声六八大有	辰日声五八大壮
	岁之岁大畜需	月之岁损需	日之岁贲需	时之岁颐需
	火土音二三蒙	火土音二三蒙	火土音二三蒙	火土音二三蒙
	日月声八七履	月月声七七兑	星月声六七睽	辰月声五七归妹
	岁之月大畜节	月之月损节	日之月贲节	时之月颐节
	火土音二三蒙	火土音二三蒙	火土音二三蒙	火土音二三蒙
	日星声八六同人	月星声七六革	星星声六六离	辰星声五六丰
	岁之日大畜既济	月之日损既济	日之日贲既济	时之日颐既济
	火土音二三蒙	火土音二三蒙	火土音二三蒙	火土音二三蒙
	日辰声八五无妄	月辰声七五随	星辰声六五噬嗑	辰辰声五五震
	岁之时大畜屯	月之时损屯	日之时贲屯	时之时颐屯

月之时	火石音二四蛊	火石音二四蛊	火石音二四蛊	火石音二四蛊
	日日声八八乾	月日声七八夬	星日声六八大有	辰日声五八大壮
	岁之岁大畜小畜	月之岁损小畜	日之岁贲小畜	时之岁颐小畜
	火石音二四蛊	火石音二四蛊	火石音二四蛊	火石音二四蛊
	日月声八七履	月月声七七兑	星月声六七睽	辰月声五七归妹
	岁之月大畜中孚	月之月损中孚	日之月贲中孚	时之月颐中孚
	火石音二四蛊	火石音二四蛊	火石音二四蛊	火石音二四蛊
	日星声八六同人	月星声七六革	星星声六六离	辰星声五六丰
	岁之日大畜家人	月之日损家人	日之日贲家人	时之日颐家人
	火石音二四蛊	火石音二四蛊	火石音二四蛊	火石音二四蛊
	日辰声八五无妄	月辰声七五随	星辰声六五噬嗑	辰辰声五五震
	岁之时大畜益	月之时损益	日之时贲益	时之时颐益
日之岁	土水音三一比	土水音三一比	土水音三一比	土水音三一比
	日日声八八乾	月日声七八夬	星日声六八大有	辰日声五八大壮
	岁之岁需泰	月之岁节泰	日之岁既济泰	时之岁屯泰
	土水音三一比	土水音三一比	土水音三一比	土水音三一比
	日月声八七履	月月声七七兑	星月声六七睽	辰月声五七归妹
	岁之月需临	月之月节临	日之月既济临	时之月屯临
	土水音三一比	土水音三一比	土水音三一比	土水音三一比
	日星声八六同人	月星声七六革	星星声六六离	辰星声五六丰
	岁之日需明夷	月之日节明夷	日之日既济明夷	时之日屯明夷
	土水音三一比	土水音三一比	土水音三一比	土水音三一比
	日辰声八五无妄	月辰声七五随	星辰声六五噬嗑	辰辰声五五震
	岁之时需复	月之时节复	日之时既济复	时之时屯复

日之月	土火音三二蹇	土火音三二蹇	土火音三二蹇	土火音三二蹇
	日日声八八乾	月日声七八夬	星日声六八大有	辰日声五八大壮
	岁之岁需大畜	月之岁节大畜	日之岁既济大畜	时之岁屯大畜
	土火音三二蹇	土火音三二蹇	土火音三二蹇	土火音三二蹇
	日月声八七履	月月声七七兑	星月声六七睽	辰月声五七归妹
	岁之月需损	月之月节损	日之月既济损	时之月屯损
	土火音三二蹇	土火音三二蹇	土火音三二蹇	土火音三二蹇
	日星声八六同人	月星声七六革	星星声六六离	辰星声五六丰
	岁之日需贲	月之日节贲	日之日既济贲	时之日屯贲
	土火音三二蹇	土火音三二蹇	土火音三二蹇	土火音三二蹇
	日辰声八五无妄	月辰声七五随	星辰声六五噬嗑	辰辰声五五震
	岁之时需颐	月之时节颐	日之时既济颐	时之时屯颐
日之日	土土音三三坎	土土音三三坎	土土音三三坎	土土音三三坎
	日日声八八乾	月日声七八夬	星日声六八大有	辰日声五八大壮
	岁之岁需需	月之岁节需	日之岁既济需	时之岁屯需
	土土音三三坎	土土音三三坎	土土音三三坎	土土音三三坎
	日月声八七履	月月声七七兑	星月声六七睽	辰月声五七归妹
	岁之月需节	月之月节节	日之月既济节	时之月屯节
	土土音三三坎	土土音三三坎	土土音三三坎	土土音三三坎
	日星声八六同人	月星声七六革	星星声六六离	辰星声五六丰
	岁之日需既济	月之日节既济	日之日既济既济	时之日屯既济
	土土音三三坎	土土音三三坎	土土音三三坎	土土音三三坎
	日辰声八五无妄	月辰声七五随	星辰声六五噬嗑	辰辰声五五震
	岁之时需屯	月之时节屯	日之明既济屯	时之时屯屯

日之时	土石音三四井	土石音三四井	土石音三四井	土石音三四井
	日日声八八乾	月日声七八夬	星日声六八大有	辰日声五八大壮
	岁之岁需小畜	月之岁节小畜	日之岁既济小畜	时之岁屯小畜
	土石音三四井	土石音三四井	土石音三四井	土石音三四井
	日月声八七履	月月声七七兑	星月声六七睽	辰月声五七归妹
	岁之月需中孚	月之月节中孚	日之月既济中孚	时之月屯中孚
	土石音三四井	土石音三四井	土石音三四井	土石音三四井
	日星声八六同人	月星声七六革	星星声六六离	辰星声五六丰
	岁之日需家人	月之日节家人	日之日既济家人	时之日屯家人
	土石音三四井	土石音三四井	土石音三四井	土石音三四井
	日辰声八五无妄	月辰声七五随	星辰声六五噬嗑	辰辰声五五震
	岁之时需益	月之时节益	日之时既济益	时之时屯益
时之岁	石水音四一观	石水音四一观	石水音四一观	石水音四一观
	日日声八八乾	月日声八七夬	星日声六八大有	辰日声五八大壮
	岁之岁小畜泰	月之岁中孚泰	日之岁家人泰	时之岁益泰
	石水音四一观	石水音四一观	石水音四一观	石水音四一观
	日月声八七履	月月声七七兑	星月声六七睽	辰月声五七归妹
	岁之月小畜临	月之月中孚临	日之月家人临	时之月益临
	石水音四一观	石水音四一观	石水音四一观	石水音四一观
	日星声八六同人	月星声七六革	星星声六六离	辰星声五六丰
	岁之日小畜明夷	月之日中孚明夷	日之日家人明夷	时之日益明夷
	石水音四一观	石水音四一观	石水音四一观	石水音四一观
	日辰声八五无妄	月辰声七五随	星辰声六五噬嗑	辰辰声五五震
	岁之时小畜复	月之时中孚复	日之时家人复	时之时益复

时之月	石火音四二渐	石火音四二渐	石火音四二渐	石火音四二渐
	日日声八八乾	月日声七八夬	星日声六八大有	辰日声五八大壮
	岁之岁小畜大畜	月之岁中孚大畜	日之岁家人大畜	时之岁益大畜
	石火音四二渐	石火音四二渐	石火音四二渐	石火音四二渐
	日月声八七履	月月声七七兑	星月声六七睽	辰月声五七归妹
	岁之月小畜损	月之月中孚损	日之月家人损	时之月益损
	石火音四二渐	石火音四二渐	石火音四二渐	石火音四二渐
	日星声八六同人	月星声七六革	星星声六六离	辰星声五六丰
	岁之日小畜贲	月之日中孚贲	日之日家人贲	时之日益贲
	石火音四二渐	石火音四二渐	石火音四二渐	石火音四二渐
	日辰声八五无妄	月辰声七五随	星辰声六五噬嗑	辰辰声五五震
	岁之时小畜颐	月之时中孚颐	日之时家人颐	时之时益颐
时之日	石土音四三涣	石土音四三涣	石土音四三涣	石土音四三涣
	日日声八八乾	月日声七八夬	星日声六八大有	辰日声五八大壮
	岁之岁小畜需	月之岁中孚需	日之岁家人需	时之岁益需
	石土音四三涣	石土音四三涣	石土音四三涣	石土音四三涣
	日月声八七履	月月声七七兑	星月声六七睽	辰月声五七归妹
	岁之月小畜节	月之月中孚节	日之月家人节	时之月益节
	石土音四三涣	石土音四三涣	石土音四三涣	石土音四三涣
	日星声八六同人	月星声七六革	星星声六六离	辰星声五六丰
	岁之日小畜既济	月之日中孚既济	日之日家人既济	时之日益既济
	石土音四三涣	石土音四三涣	石土音四三涣	石土音四三涣
	日辰声八五无妄	月辰声七五随	星辰声六五噬嗑	辰辰声五五震
	岁之时小畜屯	月之时中孚屯	日之时家人屯	时之时益屯

时之时	石石音四四巽	石石音四四巽	石石音四四巽	石石音四四巽
	日日声八八乾	月日声七八夬	星日声六八大有	辰日声五八大壮
	岁之岁小畜小畜	月之岁中孚小畜	日之岁家人小畜	时之岁益小畜
	石石音四四巽	石石音四四巽	石石音四四巽	石石音四四巽
	日月声八七履	月月声七七兑	星月声六七睽	辰月声五七归妹
	岁之月小畜中孚	月之月中孚中孚	日之月家人中孚	时之月益中孚
	石石音四四巽	石石音四四巽	石石音四四巽	石石音四四巽
	日星声八六同人	月星声七六革	星星声六六离	辰星声五六丰
	岁之日小畜家人	月之日中孚家人	日之日家人家人	时之日益家人
	石石音四四巽	石石音四四巽	石石音四四巽	石石音四四巽
	日辰声八五无妄	月辰声七五随	星辰声六五噬嗑	辰辰声五五震
	岁之时小畜益	月之时中孚益	日之时家人益	时之时益益

以方图裂为四片，每片十六卦。西北十六卦为天门，乾主之。东南十六卦为地户，坤主之。东北十六卦为鬼方，泰主之。西南十六卦为人路，否主之。阳图以天门十六卦为律，每一位各唱地户吕卦十六位，谓之动数。律左吕右。从右横观，上体与上体互，下体与下体互，又成两卦。每一位变西南之卦三十二，共成一千二十四卦。

阴图以地户十六卦为吕，每一位各唱天门律卦十六位，谓之植数。吕右律左。从左横观，又成两卦。每一位变东北之卦三十二，共成一千二十四卦。

易学象数论卷六

六壬一

沈存中云："六壬十二辰，亥登明为正月将，戌天魁为二月将。古人谓之合神，又谓之太阳过宫。""今日度随黄道岁差，太阳至雨水方缠娵訾，亥宫。春分后缠降娄。戌宫。若用合神，则须自立春便用亥将，惊蛰便用戌将。若用太阳，则须照过宫时分。"不知所谓合神者，历元冬至之时，天与日会于子中，为十一月；自后天顺日逆，左右分行；天行丑，日缠子，为十二月；天行寅，日缠亥，为正月。天与日各历十二辰，辰异而月同，谓之合神。则合神者，亥与戌也。登明，天魁是解正月二月之义，于合神无与也。唐、虞之时，冬至天与日会于丑；宋、元以来，天与日会于寅。古之所谓合神者，已不相合矣。今之六合，非古之六合。使立春而用亥，惊蛰而用戌，亦非合神也。然惟天与日会于子中，适在十一月，故能建与缠合。其后冬至自丑而寅而卯，则天行亦不与次舍相应。其所谓合神者，日缠与天行乎？天行与次舍乎？是则两者分为三矣。周云渊遂欲尽更诸将，谓："子月一阳生，是谓大吉。午月一阴生，是谓小吉。然不名其子午而名其丑未者,以子月冬至,太阳在丑,故以丑为大吉;午月夏至,太阳在未,故以未为小吉。今太阳冬至在寅,夏至在申,当更以寅为大吉,申为小吉。”此亦误以大吉、小吉为合神也。大吉以十一月为义,不因于丑;小吉以五月为义,不因于未。是故以黄道岁差,当更合神,不当更月将。盖十一月子,十二月丑,正月寅,万古不易之次舍也。太阳缠子、缠丑、缠寅者,岁差之次舍也。两者不相蒙,云渊浑而一之,故有此失。存中又欲厘正历法,“如东方苍龙七宿当起于亢〔一〕,终于斗;南方朱鸟七宿起于牛〔二〕,终于角;西方白虎七宿起于娄,终于舆鬼;北方真武七宿起于东井,终于奎。”经星改动亦是出于此舍,以入彼舍,非东之寅、卯、辰移而至南,南之巳、午、未移而至西,西之申、酉、戌移而至北,北之亥、子、丑移而至东。次舍不局于经星,犹月将不局于合神也。

六壬二

方伎家多托于上古,无所征信。唯六壬见之吴越春秋,子胥、少伯皆精其术。然与今世所传亦复不同。泠州鸠之对七律也,即六壬之术。其曰:“王以二月癸亥,夜陈未毕而雨,以夷则之上宫毕之,当辰辰,在戌上。故长夷则之上宫,名之曰羽,所以藩屏民则也。”周二月丑为月建,以其为日月所合之辰,故名丑曰“辰辰”。“在戌上”者,以天盘之丑加于地盘之

〔一〕“亢”,原作“元”,今据四库本梦溪笔谈改。
〔二〕“牛”,原作“井”,今据四库本梦溪笔谈改。

戌，盖武王毕陈之时，在戌也。丑既加戌，则癸亥日辰乃在申上。申为夷则，亥以变宫加于其上，故为夷则之上宫。戌为无射，羽也，故"名之曰羽"。又曰："王以黄钟之下宫，布戎于牧之野，故谓之励。所以励六师也。"按，牧誓"时甲子昧爽，王朝至于商郊牧野"，是时在寅也。以天盘之丑加于地盘之寅，则甲子日辰乃在丑上。子为黄钟，而丑以宫处其下，故为黄钟之下宫。丑为大吕，子以宫加其上，不曰大吕之上宫者，以阴吕不可为唱也。又曰："以太簇之下宫布令于商，昭显文德，底纣之多罪，故谓之宣。所以宣三王之德也。"日为丙寅，时为子，以天盘之丑加地盘之子，则丙寅日辰上临于丑。寅为太簇，而丑以宫处其下，故为太簇之下宫。又曰："反及嬴内，以无射之上宫布宪施舍于百姓，故谓之嬴乱。所以优柔容民也。"案，汲冢周书："时四月，既旁生魄，越六日庚戌，武王朝至燎于周。"则王之反及嬴内，在四月也。周四月建卯，以天盘之卯加地盘之丑，则子以宫临日辰之戌上。戌为无射，故曰无射之上宫。其可考见者如此，则并无四课三传之说也。而今之六壬亦绝不及五音十二律也。岂久而失其传与？抑州鸠举其大而不及其细与？

就以今术论之，卜筮诸术皆以生为主，以生为用。壬则于十二时独取夫辰，以斗柄罡星岁常指辰，故谓辰为天罡。辰建于三月，而为八月之将，金旺杀物之候，以天地之杀为用故也。其四课，上克下曰元首，下克上曰重审，上下交相克曰知一、涉害，日辰遥相克曰蒿矢、弹射、伏吟、反吟，皆因冲克以为之名目。此明与诸术相反，故不取夫生，而取夫杀；不取夫德与合，而取夫克与冲；不取夫禄与旺，而取夫刑与害。则凡一书之中，所以论吉凶者，皆当取此，而何所论非所主，所主非所论？所主者，刑杀冲克。所论者，生旺德合。所主者与诸术相出，所论者与诸术相入。岂失传之中又失传与？宋咸言京郎、关朗辈假易以行壬、遁之学，其时当不如是也。

六壬起例

地　盘

布十二支为地盘。以十干寄之，甲寄于寅，乙寄于辰，丙戊寄于巳，丁己寄于未，庚寄于申，辛寄于戌，壬寄于亥，癸寄于丑。

五行家干之寄支，各以类从。戊己为中央之土，故随丙丁而寄己午。其辰戌丑未则空无所寄。六壬避四正之位，故不得不移乙于辰，移丁己于未，移辛于戌，移癸于丑。

天　盘

布十二辰于天盘：正月亥，登明；二月戌，天魁；三月酉，从魁；四月申，传送；五月未，小吉；六月午，胜光；七月巳，太乙；八月辰，天罡；九月卯，太冲；十月寅，功曹；十一月丑，大吉；十二月子，神后〔一〕。

沈存中以登明至神后为十二辰之名，术家以为月将，非也。登明者，正月三阳始兆，天下文明。天魁者，斗魁第一星也，其星抵戌。从魁者，斗魁第二星也，其星抵酉。传送者，四月阳极阴生，传阴而送阳也。小吉者，小为阴，阴长为小者吉也。胜光者，王者向明而治，光被四表也。太乙者，紫微垣所在。天罡者，斗刚所建。太冲者，日月五星之门

〔一〕广雅本天盘图又配入十二月，登明配一，天魁配二，从魁配三。以下依次相配。

户，天之冲也。功曹者，十月岁功成而会计也。大吉者，大为阳，阳长故大者吉也。神后者，其位居未，在诸神之后也。

贵 人

视占时日干于天盘上求之。

卯、辰、巳、午、未、申六时用阳贵：甲在未、乙在申、丙在酉、丁在亥、戊在丑、己在子、庚在丑、辛在寅、壬在卯、癸在巳。

子、丑、寅、戌、亥六时用阴贵：甲在丑、乙在子、丙在亥、丁在酉、戊在未、己在申、庚在未、辛在午、壬在巳、癸在卯。

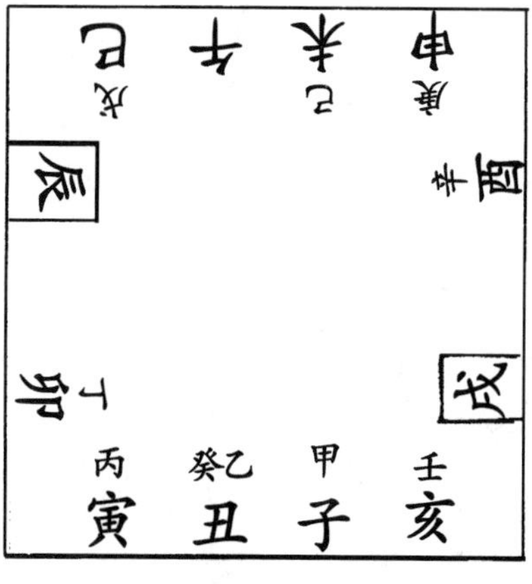

贵人者，十干之合气也。其法以十干布十二支，而不居辰、戌，虚其对冲，以辰戌为贵人之狱，对冲为天空也。阳贵顺布，甲与己合，甲加子，己加未，故甲用未为贵人，己用子为贵人。乙与庚合，乙加丑，庚加申，故乙用申为贵人，庚用丑为贵人。丙与辛合，丙加寅，辛加酉，故丙用酉为贵人，辛用寅为贵人。丁与壬合，丁加卯，壬加亥，故丁用亥为贵人，壬用卯为贵人。戊与癸合，戊加巳，癸加丑，故戊用丑为贵人，癸用巳为贵人。阴贵逆布，甲加申，己加丑，故甲用丑、己用申为贵人。乙加未，庚加子，故乙用子、庚用未为贵人。丙加午，辛加亥，故丙用亥、辛用午为贵人。丁加巳，壬加酉，故丁用酉、壬用巳为贵人。戊加卯，癸加未，故戊用未、癸用卯为贵人。甲之起于子申者，贵人属土，正位丑未，乃坤二五，黄中之合气。先天卦之坤在正北，子位。河图之坤在西南，申方。故昼夜分之以起甲也。

十二神将

以天盘月辰加地盘时辰，视贵人之在天盘者，临地盘何位。地盘以巳亥为界，贵人临辰亥一边，则顺行天乙、即贵人。腾蛇、朱雀、六合、勾陈、青龙、天空、白虎、太常、真武、太阴、天后；临巳戌一边，则逆行天乙、天后、太阴、真武、太常、白虎、天空、青龙、勾陈、六合、朱雀、腾蛇，皆加于天盘之上。

沈存中曰："六壬十二神将以义求之，止合十一，贵人为之主。其前有五将，谓腾蛇、朱雀、六合、勾陈、青龙也。此木火之神在方左者。方左谓寅卯辰巳午。其后有五将，谓天后、太阴、真武、太常、白虎也。此金水之神在方右者。方右谓未申酉亥子。唯贵人相对谓之天空。如日之在天，月对则亏，五星对则逆行避之。空无所有，非神将也。"又曰："十一将：前二火二木，一土间之；后当二金二水，一土间之；真武合在后二，太阴合在后三。"

四　课

以天盘月辰加地盘时辰，视地盘日干，连上为第一课，即以干上所得之支，移入地盘名干阴。又连上为第二课。又视地盘日支，连上为第三课，即以支上所得之支，后入地盘名支阴。又连上为第四课。

一克贼

四课之中，察其五行，取相克为用。先以下贼上地盘克天盘。为用。若无下贼上，即以上克下为用。

假如丙寅日功曹辰时，四课卯丙、丑卯、子寅、戌子，地盘卯木克天盘丑土，即以之为用。初传丑卯，再传亥丑，三传酉亥，谓之三传。

二比用

四课中或有二、三、四课，上下相克，阳日用阳比，去阴不用；阴日用阴比，去阳不用。

假如丙寅日功曹加酉，四课戌丙、卯戌、未寅、子未，内卯戌为上克下，因有下克上，故不用。而未寅、子未皆下克上。未寅为阴比，阴阳以天盘为主。子未为阳比，丙阳日，故用子未为初传，巳子为再传，戌〔一〕巳为三传。

三涉害

四课中有二、三、四课为上克下克，而与日或俱比，或俱不比，则看涉害。视地盘孟仲季，寅申巳亥为孟，深；子午卯酉为仲，浅；辰戌丑未为季，尤浅。取深者为用。若俱深，则刚日用日干上辰，柔日用日支上辰。

〔一〕“戌”，原作“戊”，今据广雅本改。

假如己巳日功曹加未，四课寅己、酉寅、子巳、未子，皆上克下。寅己、子巳为阳比，酉寅、未子为阴比。巳阴日不用阳比，而两阴比则视下之寅为孟，子为仲。故取酉寅为初传，辰酉为再传，亥辰为三传。

假如戊辰日功曹加未时，四课子戊、未子、亥辰、午亥，三下克上。戊阳日，除亥辰阴比不用，子戊、午亥俱阳比，而地盘又俱孟，深，子戊乃日干上辰，刚日，故用为初传。

四遥克

四课中无上下克，则取上神之克日者为用，名蒿矢。神不克日，则取日之克上神者为用，名弹射。若日克两神，或两神克日，亦以比日者为用。

假如己巳日大吉加辰时,四课、辰巳[一]、丑辰、寅巳、亥寅,上下皆不相克,而寅巳是天盘,寅木克日干己土也,用为初传。此蒿矢式。

又如辛未日大吉加亥,四课、子辛、寅子、酉未、亥酉无克,而日干辛金克天盘寅木,用为初传。此弹射式。

五昴星

四课中无克,又与日干无相克,阳日则从地盘酉仰视,所得之神为用;阴日则从天盘酉俯视,所得之神移入天盘,连下为用。阳日以地盘日支连上为中传,日干用地盘日干所寄之支。连上为末传;阴日以地盘日干连上为中传,日支连上为末传。与上四条自初即传至末者异。

〔一〕"巳",疑当作"己"。

假如庚午日腾光加巳，四课酉庚、戌酉、未午、申未无克，又无遥克，以刚日从地盘酉仰视，得戌为初传；日支午从地盘午得未为中传；日干庚从庚所寄之申，连上酉为末传。

又如丁丑日小吉加戌，四课辰丁、丑辰、戌丑、未戌无克，又无遥克，以柔日从天盘酉俯视，得子便移子入天盘，连下卯为初传；日干丁从丁所寄之未，连上辰为中传；日支丑从地盘丑，连上戌为末传。

六伏吟

伏吟者,子加子是也。无克者,刚以日干上神,甲丙〔一〕戊庚壬。柔以日支上神丁己辛。为传首,皆以所刑为中传,以中传所刑为末传。若传者遇自刑者,刚日初传日,日干所寄之支。次传支,支所刑为末传;柔日初传支,次传日,日所刑为末传。次传若更遇自刑者,以次传所冲为末传。

六癸有克,以克处为传首,首所刑为中传,中所刑为终传。癸柔日,当用支上神,有克,故与刚同。

六乙亦有克,而传首自刑,故初传日,次传支,末传支所刑。乙柔日,传首自刑,当用支为初传,克在日,故与刚日同例。

三刑:子刑卯、卯刑子谓之互刑。

寅刑巳、巳刑申、申刑寅、未刑丑、丑刑戌、戌刑未谓之递刑。

辰刑辰、午刑午、酉刑酉、亥刑亥谓之自刑。

储华谷曰:"子卯一刑也,寅巳申二刑也,丑戌未三刑也。自卯顺至子,自子逆至卯,极十数而为无礼之刑。寅逆至巳,巳逆至申,极十数而为无恩之刑。丑顺至戌,戌顺至未,极十数而为恃势之刑。皇极中以十为杀数故也。"

七反吟

反吟者,子加午是也。反吟多相克,以比用、涉害为例。其不同者,取初传之冲为次,取次传之冲为末而已。唯六日无

〔一〕"丙",原作"戊",今据广雅本改。

克，丁丑、己丑、辛丑则以登明为初传，丁未、己未、辛未则以太乙为初传，支未丑、丑未。为中传，干为末传。丑未、辰戌。

八别责

四课不全，谓相重。又无克无遥，则用别责例。刚日以干合之神视地盘。为传首，柔日以日支三合之神视天盘日支，顺行隔三位者是也。为传首，中、末皆以日寄之支为传。别责有九课，刚日三课戊辰、戊午、丙辰，柔日六课辛未、辛丑各二，丁酉、辛酉。

干合：甲己、乙庚、丙辛、丁壬、戊癸。

三合：寅午戌合火局、申子辰合水局、亥卯未合木局、巳〔一〕酉丑合金局。

九八专

四课中干支共位者别责三课，八专两课。名八专。惟两课有克，亦以比用、涉害为例。若无克，刚日从日之阳神顺数三神为用，中、末俱重在日上。

〔一〕"巳"，原作"己"，今据广雅本改。

假如甲寅日功曹加巳，四课亥甲、申亥、亥寅、申亥，此干支皆同位也。刚日从亥甲顺数三神，得丑辰为课首，次、末皆亥寅。

又如己未日太冲加辰，四课午己、巳午、午未、巳午，亦干支同位也。柔日从巳午逆数三神，得卯辰为课首，次、末皆午未。又有一课名独脚者，亦柔日八专也。己未日登明加酉，四课酉己、亥酉、酉未、亥酉，从亥酉逆数三神，得酉未，而酉未乃日上也，三传同在一课。

起　年

阳年以大吉加岁支，阴年以小吉加岁支，以四课三传占十二邦国，各得神将吉凶所主之事。如戊戌阳年，用大吉加戌，四课为申戌〔一〕、亥申、丑戌、辰丑，三传。

起　月

以岁合神加月建，以占十二国神将吉凶成败。

〔一〕“戌”，原作“戍”，今据广雅本改。

六壬透易

置年月日时，先以月将加时，得四课三传。其三传之在天盘者为一类，在地盘者为一类。以年干起五虎遁，数天盘三传得其所属甲子，视八卦纳甲相同，合之为上卦；以日干起五鼠遁，数地盘三传得其所属甲子，视纳甲相同，合之为下卦。上下相重为六画之卦，以大象为基，世爻为命，应爻为身。大限阳年从世爻而上，阴年从世爻而降，十年一爻；小限阳年从应爻而降，阴年从应爻而升，一年一爻，周而复始。阳年用阳贵，阴年用阴贵。

五虎遁：甲己起丙寅、乙庚起戊寅、丙辛起庚寅、丁壬起壬寅、戊癸起甲寅。

五鼠遁：甲己起甲子、乙庚起丙子、丙辛起戊子、丁壬起庚子、戊癸起壬子。

假如辛酉年辛丑月丁亥日丙午时，大吉加午，四课寅丁、酉寅、午亥、丑午，三传午亥、丑午、申丑。年干辛，丙辛遁起庚寅，自下至辛丑，其甲子皆为庚寅所属。午得甲午，乾四纳甲；丑得辛丑，巽初纳甲；申得丙申，艮三纳甲，合之得离为上卦。日干丁，丁壬遁起庚子，自下至辛亥，其甲子皆为庚子所属。亥得辛亥，巽二纳甲；午得丙午，艮二纳甲；丑得辛丑，巽初纳甲，合〔一〕之得震为下卦。离、震相重为噬嗑，世在五爻为命，应在二爻为身。以阴年，大限自五而四；小限

〔一〕“合”，原作“今”，今据广雅本改。

自二而三。

答王仲㧑问泠州鸠七律对

辛丑秋八月，王仲㧑过龙虎山相访。山空夜静，闲谈律历，仲㧑因举泠州鸠所言为问。余谓：此须以三统历推之，其言乃合。而邢云路强按以授时，遂尽改其冬至朔日，至于岁月日星辰之所在，亦未尝推步，徒以意相牵合耳。岂足信哉！然三统之术亦不传。其载在汉书者，字数漏夺，依之不能尽通。余尝欲著三统推法，将使汉律历志为有用之书。今便推所问，不特泠州鸠之言不诬，而三统亦可因之发凡矣。

昔武王伐殷，

上元至伐纣之岁己卯，十四万二千一百九岁。

入人统五百二十一岁。凡推本年皆减一算，独三统所积，是已减者不可更减。

积月六千四百四十三。

闰余一十八。

积日十九万二百六十七。

小余二十九。

大余七。

天正辛卯朔。即周之正月也。从统首甲申数之，历七位而后辛卯。

冬至大余一百一十五。

小余六十三。

案，律历志云："以算余乘入统岁数，盈统法得一，名曰大余，不盈者名曰小余。"今若依之，必不能通。盖统法乃统母之误耳。大余除六十为五十五，从甲子起算得己未冬至。

冬至己未。

岁在鹑火，

积次四百一十五。

次余八十。

定次七。

从星纪起算，至鹑火第八，此正伐纣己卯岁也。邢云路谓："时殷之十一月戊子，于夏为十月。"非是。此时岁犹在鹑首。

月在天驷。

前一年戊寅，岁周十二月。

积日十九万二百三十七。

小余六十七。

辛酉朔。

合晨三百七度，在心三度。

月夜半在氐十二度。

二十八日戊子。

月在房五度。

天驷，房宿也。月行二十七日有奇，仍还原宿。今朔日在氐十二，则二十八日过氐历房。案，三统不立日月每日所在之术，可谓疏矣。武王于是日发师，故言其日月之所在。

日在析木之津，

箕七度。

辰在斗柄，

合晨三百三十九度，在斗一度。

此己卯，周正月辛卯朔也。

星在天鼋。

定见复数四十四万七千八百六。

见复余七千三百七十三。

积中法一百七十万五千三百四。

中余二万七千六百八十八。

中元余四万三千一百八十四。

入章中数一百八十九。

见中次一。

次于玄枵。

星，辰星也。玄[一]枵即天鼋。案，律历志云："以元中除积中，余则中元余也。以章中除之，余则入章中数也。以十二除之，余则星见中次也。"此三个除字，其法似乎一例，而不知元中之除与十二之除，皆为除去而言，乃章中之除，则除一章中当一数也。元中与十二所除之余，所用在是，章中之余直弃之而已，其"余"字当衍。

积月一百七十万五千三百一十九。

月中余四万一十五。

月元余四万九千二百七十四。

入章月数二百九。

〔一〕"玄"，四库本作"柄"，广雅本作"玄"，依上下文义及律历志，以"玄"为是，今改。

见于天正。

用十二十三除入章月数恰尽，故星见天正。汉书："以章月除月元，余则入章月数也。"此除字与上"以章中除之"之除同例。

积日六百八。

小余一千三百八十七万九千七百七十四。

辛卯朔，

案，律历志云："以月法乘月元余，盈日法得一，名曰积日，余名曰小余。小余三十八以上，月大。数除积日如法，算外则星见月朔日也。"此条差误尤甚。所谓"月法"者，乃见月法；所谓"日法"者，乃见月日法，小余亦三千八十万。以上乃月大耳。

入中次日度数二十九。

从斗十二度至女七度为二十九度，方尽星纪，历玄枵。

星与日辰之位皆在北维，颛顼之所建也，帝喾受之。我姬氏出自天鼋及析木者，有建星及牵牛焉，则我皇妣大姜之姪，伯陵之后，逢公之所冯神也。岁之所在，则我有周之分野也。月之所在，辰马农祥也，我太祖后稷之所经纬也。王欲合是五位三所而用之。自鹑及驷，七列也，南北之揆，七同也。凡神人以数合之，以声昭之，数合声和，然后可同也。故以七同其数，以律和其声，于是乎有七律。

王以二月癸亥夜，陈未毕而雨，以夷则之上宫毕之，当辰辰在戌上。故长夷则之上宫名之曰羽，所以藩屏民则也。

周二月庚申朔。

积日十九万。　二九六。

小余七十二。

四日癸亥。

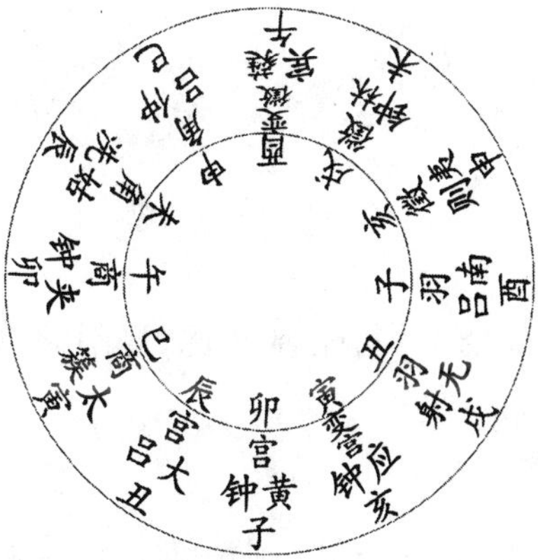

此即六壬月将加时之术也。周二月丑为月建，以其为日月所合之辰，故名丑曰辰。以天盘之丑加于地盘之戌，盖武王毕陈之时在戌也。丑既加戌，则癸亥日辰乃在申上。申为夷则，亥以变宫加于其上，故为夷则之上宫。戌为无射，羽也，故名之曰羽。

王以黄钟之下宫，布戎于牧之野，故谓之厉，所以厉六师也。

五日甲子。

案，牧誓“时甲子昧爽，王朝至于商郊牧野”，是时在寅也。以天盘之丑加于地盘之寅，则甲子日辰乃在丑上。子为黄钟，而丑以宫处其下，故为黄钟之下宫。然丑为大吕，子以宫加其上，不曰大吕之上宫者，以阴吕不可为唱也。

以太蔟之下宫，布令于商，昭显文德，底纣之多皋，故谓之宣，所以宣三王之德也。

七日丙寅。

以天盘之丑加地盘之子，则丙寅日辰上临于丑。寅为太蔟，而丑以宫处其下，故为太蔟之下宫。

反及嬴内，以无射之上宫，布宪施舍于百姓，故谓之嬴乱，所以优柔容民也。

周四月己丑朔。

积日十九万〇三八五。

小余三十九。

案,汲冢周书:"时四月,既旁生魄,越六日庚戌,武王朝至燎于周。"则王之反及嬴内,在四月也。四月建巳,以天盘之巳加地盘寅,则己丑日辰以宫临于戌上。戌为无射,故曰无射之上宫。

太一

太一,纬书也。盖仿易历而作。其以一为太极,因之生二目,二目生四辅,犹易之太极生两仪,两仪生四象也。又有计神与太乙合之为八将,犹易之八卦也。其以岁月日时为纲,而以八将为纬,三基、五福、十精之类为经,亦犹之乎历也。法以八将推其掩、迫、囚、击、关、格之类,占人君将相,内外灾福;又推四神所临分野,占水、旱、兵、丧、饥馑、疾疫;又推三基、五福、大小游二限、易卦大运,占古今治乱,天下离合。如遇凶神、阳九百六交限之际,卦运灾变之限,大数凶者,其凶发于八将掩、迫、囚、击、关、格之年。如遇吉星所会之分,卦象和平之运,非阳九百六交限之际,大数吉者,八将虽有掩迫之类,其灾不发。故占家以为圣书,私相传习。然其间经纬浑淆,行度无稽,或分一为二,或并二为一,茫然何所适从也。

太一者,天帝之神。王希明曰:"太一在璇玑玉衡,以齐七政,随天经行,以斗抑扬,故能驭四方。"此以中宫天极系于经星者为太一也。又曰:"太一者,木神也。东方木之监将,岁星之精,受木德之正,旺在春三月。"此以五纬木星为太一也。斗魁戴匡六星曰文昌宫,经星也。填则土星也。以"主目文昌"

为“填星土德之精”，是兼经纬而一之矣。其所谓“四神太一”者，欲拟太微宫之五帝而首天一，不知天一乃紫微宫之星也。“十精”“天皇太一”，谓是“紫微垣勾陈中星，即天帝也”。既有小游太一当之矣，此之“天皇”无乃重出乎？“帝符”为“天节之吏”，“天时”为“昴星之使”，“飞鸟”为“朱雀之体”，“八风”为“毕星之神”，“三风、五风”为“箕、心之精”，二十八宿有所去取其间，何也？岁星一岁行一宫，十二年一周天。太一既为木精，而一年理天，一年理地，一年理人，每宫乃至三年。所行宫次一为十二辰，一为八卦位，亦不相当也。填星二十八岁一周天。天目既为土德，而每宫一年，乾、坤二年，十八年而一周。所行宫次一为十二辰，一为十六辰，亦不相当也。“地目”为火星“荧惑之精”，火星二年一周，二月而行一宫；此则二宫一年，或三年一宫。主大将属金，客大将属水，水金俱一年一周天；此则一年行三宫，或一年行五宫。经星之在天者，皆一年一周天者也。今姑置三基、五福、大游其所指之恍惚者，如四神之三十六，天皇、帝符之二十，昴星之十二年一周，朱雀箕、毕之九年一周，皆的然违天者也。此皆以岁计言之。降而为日月时，其不相应，更不必论。或曰：“假星名以寓术，不必核其果否也。”若是则某不知之矣。

太一二

太一九宫之数，始于乾凿度，其时不名为洛书也。而九前一后，三左七右，四前左，二前右，八后左，六后右，以离南坎北之方位配之，其下行九宫，与今所传颇异。郑康成云："太一下行八卦之宫，每四乃还于中央。中央者，北神之所居。故因谓之九宫。阳起于子，阴起于午。是以太一下行九宫从坎始，自此而从于坤宫，又自此而从震宫，又自此而从巽宫，所行半矣。远息于中央之宫。既又自此而从乾宫，又自此而从兑宫，又自此而从艮宫，又自此而从离宫，行则周矣。上游息于天一之宫，而反于紫宫。"据此，则太一一周两入中宫；今乃避五而不入，则是八宫，非九宫也。紫宫者，午位之离也。反于紫宫，所谓阴起于午，则由此逆行，自离而艮，而兑，而乾，而中央，而巽，而震，而坤、而坎；今并无逆行之法，则是有阳生而无阴生也。坎一坤二震三巽四乾六兑七艮八离九，此九宫之序；今宫法一乾二离三艮四震六兑七坤八坎九巽，则是扰纪离次也。灵枢曰："太一常以冬至居叶蛰宫坎。四十六日，明日居天留。"艮。如是而仓门，震。阴洛、巽。上天、离。玄委、坤。仓果、兑。新洛，乾。周而复始。康成之子午，亦谓十一月、五月也。太一皆一年一周，今三年一宫，二十四而一周，又析之为月日时，岂其有四气并行耶？太一从五行之气无所偏倚，故为独贵；今以木行当之，岂能首出庶物耶？其法有九宫贵神者，坎太一，坤摄提，震轩辕，巽招摇，中天符，乾青龙，兑咸池，艮太阴，离天一。盖在坎则为太一，在坤则为摄提，九宫莫不皆然。以坎起太一，故以太一为总名。每宫各有所属，是无偏于木行之失。遇某宫直事，则钩入中宫，八者分为钩位，是无五作空宫之失。历书三白图法尚遵行之。此于康成所云，庶几相近。今别出之以为九宫太一，不知其所谓太一者，复何名耶？

太一推法

岁 计

周纪三百六十　元法七十二　第一甲子元　第二丙子元　第三戊子元　第四庚子元　第五壬子元　置积年以周纪去之,余以元法而一为一元,不满元法者,为入元以来年数。

月 计

置不满周纪算减一,以十二乘之,加入所求之月,是为积月。太一行月,以节气为断。故不积闰。

日 计

岁实三百六十五万二千四百二十五分　朔实二十九万五千三百五分九十三秒　闰限一十八万六千五百五十二分九秒　月闰九千六十二分八十二秒　置积年减一,以岁实乘之,得数满朔实去之,其不满朔实者,则是减一内之日,谓之闰余。仍置岁实所乘之数,减闰余,此本年天正朔前之积日也。以纪法约之,知其末日甲子,加入本年所求之日,是为积日。在正以后之月,每月加一朔实、一月闰于闰余之内。

时 计

冬夏二至但逢甲子,便为上元。置二至以来积日减一,以十二乘之,加本日所求之时,是为积时。冬至后用阳局,起一宫,顺行;夏至后用阴局,起九宫,逆行。推入纪元之法,岁月日时皆同。

第一求太一宫次

宫法三　宫周二十四　置不满元法之算，以宫周去之，余以宫法而一，起一宫，顺行，唯不入中五。

第二求计神

置不满元法之算，以计周十二去之，余起寅，逆行十二辰。阴局起申。

第三求合神

子丑合　寅亥合　卯戌合　辰酉合　巳申合　午未合　视岁所在，如岁在子，合神在丑；岁在丑，合神在子。

第四求天目文昌

周法十八　置不满元法之算，以周法去之，余起武德，顺行十六辰，次遇阴德、大武，重留一算。阴局起吕申，顺行，遇太炅、和德，重留一算。

十六宫图

第五求始击

置十六宫为天地二盘，以天盘计神所临之宫，加地盘和德，上视天盘文昌临地盘何宫，其宫便为始击。

第六求主算

视文昌所在宫，在正宫以宫数起算，一宫为一算，九宫为九算。在闲神不当八卦者。只起一算，顺行至太一前一宫而止。所在闲神为算一，其经行闲神不列算数。

第七求客算

视始击所在宫，其法同文昌。

第八求主大将客大将

视算多少，取其奇龄〔一〕以为宫数，满十去之。若其数遇十，则去九存一；遇五者名曰无将。五为虚宫。主视主算，客视客算。

第九求主参将客参将

以大将所临之宫，三因之，仍去十用零，以为参将之宫。

第十求定计目大小将

以岁月日时所用之计，合神为天盘，加地盘岁月日时之辰，视天盘文昌临地盘何宫，其下即为定计目也。又视定计目所在，依二目法起宫，间止太一前以取算。又依主客算法，去十用零，以为定计大将。又三因大将宫数，以为定计参将。

〔一〕“龄”，广雅本作“零”。

三基太一

君基　邦周三百六十　邦率三十　邦盈差二百五十　置积年加邦盈差，以邦周去之，余以邦率而一，起午邦，顺行十二辰，不满为入邦以来年数。

臣基　邦周三十六　邦率三　邦盈差二百五十　置积年加邦盈差，以邦周去之，余以邦率而一，起午邦，顺行十二辰，不满为入邦以来年数。

民基　周法十二　邦率一　邦盈差二百五十　置积年加邦盈差，以周法去之，余起戌邦，顺行十二辰。

五福太一

一宫曰黄秘，在西河之乾地。

二宫曰黄始，在辽东之艮地。

三宫曰黄室，在□东〔一〕之巽地。

四宫曰黄庭，在蜀川之坤地。

五宫曰玄室，在洛邑之北宫。

宫周二百二十五　宫率四十五　宫盈差一百一十五　置积年加宫盈差，以宫周去之，余以宫率而一，起一宫乾，行至五宫，不满宫率者，为入宫以来年数。

四神太一

一宫　二宫　三宫　四宫　五宫　六宫　七宫　八宫　九宫　绛宫　明堂　玉当已上十二宫，天一、地一、直符、四神皆顺行。

〔一〕“□东”，据四库本太乙金镜式经当作“东吴”。

天一　宫周三十六　宫率三　置积年以宫周去之，余以宫率而一，起六宫，不满宫率，为入宫之年。

地一起九宫。

直符起五宫。

四神起一宫。宫周、宫率皆同天一。

太游太一

宫周二百八十八　宫率三十六　宫盈差三十四　置积年加宫盈差，以宫周去之，余以宫率而一，起七宫，顺行，不入中五。

大游天目

神周一十八　神盈差二百一十四　置积年加神盈差，以神周去之，余起天道，顺行十六神，遇大武、阴德，重留一算。

直事太一

周纪三百六十　纪法六十　宫周九　宫盈差三　置积年以周纪去之，余以纪法而一，所得为一纪，不满纪法者，为入纪年数。置不满纪法者加盈差，以宫周去之，余起一宫，逆行，即为直事。以直事钓入中宫，其相次之神顺排，六、七、八、九，一、二、三、四之宫为钓位。

一太一坎	九天一离	八太阴艮
七咸池兑	六青龙乾	五天符中
四招摇巽	三轩辕震	二摄提坤

十精太一

天皇　周法二十　置积年以周法去之，余起武德，顺行十六神，遇乾、坤、兑、巽四维，重留一算。阴局取对冲。十精皆仿此。

帝符　周法二十　置积年以周法去之，余起阴主，顺行十六神，遇坎、离、震、兑四正，重留一算。

天时　周法十二　置积年以周法去之，余起吕申，顺行十二辰。

天尊〔一〕　周法四　置积年以周法去之，余起地主，逆行四正。

飞鸟　周法九　置积年以周法去之，余起阴德，顺行九宫。

五行　周法五　置积年以周法去之，余起阴德，行地主、和德、大昊、大武五宫。

八风　周法九　置积年以周法去之，余起大威，顺行九宫。

五风　周法九　置积年以周法去之，余先阳后阴，以一三五七九二四六八为次。

三风　周法九　置积年以周法去之，余以三七二六一五九四八为次。

太一数　置积年以大周法三百六十去之，不足以元法七十二去之，余顺行，每宫一数。

太一命法卦限

阳九限

取日干化气之五行，从所生之方而起，男顺女逆，初限依

〔一〕四库本、广雅本原避讳，无“尊”字。四库本太乙金镜式经卷七作“太尊”。

化气之生数交宫，其次皆十年一交。

甲己化土。火生土，故起于午。土数五，五年而后交宫。

乙庚化金。土生金，故起于巳。金数四，四年而后交宫。

丙辛化水。金生水，故起于申。水数一，一年而即交宫。

丁壬化木。水生木，故起于亥。木数三，三年而后交宫。

戊癸化火。木生火，故起于寅。火数二，二年而后交宫。

百六限

取生日生时干支及纳音六者生成之数积之，加〔一〕天地之数五十有五，以六十除之，余为限数。以限数从生日之辰，逆数至于数尽，谓之受气。其受气之干，依阳九限化气起所生之方。大限十年一易，男顺女逆；小限一年一易，男逆女顺。

入　卦

以年月日时干支及纳音十二者生成之数积之，加入天地之数，以六十四除之，余为入卦之次。卦次依周易。视受气之辰属阳属阴，阳用阳爻，初、三、五。自下而升，阴用阴爻，二、四、上。自上而降，皆起于子，数至受气之支，即为动爻。其行限阳爻九年，阴爻六年，爻之阴阳与上异。皆自动爻顺行。本卦既毕，动爻变为之卦，从变爻起限，一如本卦。本卦为出身之卦限〔二〕，之卦为立业之卦限。

流年计

就出身卦次加入行年几岁，满六十四除之，余便为流年

〔一〕"加"，原作"如"，今据广雅本改。

〔二〕"卦限"，原作"限卦"，今据广雅本改。

卦。视百六限所到宫辰，阳用阳爻，自下升，阴用阴爻，自上降，起子数至宫辰为动爻。

月卦

就流年卦次从天正起，加入所求之月，满六十四除之，便为月卦。阳月用阳爻，下升，阴月用阴爻，上降，起子数至月建之辰为动爻。

日卦

就月卦次从甲子起，加入所求之日，满六十四去之，便为日卦。阳日用阳爻，下升，阴日用阴爻，上降，起子数至日辰为动爻。

时卦

就日卦次加所直之时，为时卦。阳辰用阳爻，下升，阴辰用阴爻，上降，起子数至当时为动爻。年月日时皆只取动爻，余爻不用。

大游卦法

内卦

一宫乾，二宫离，三宫艮，四宫震，六宫兑，七宫坤，八宫坎，九宫巽。中五不入。

宫周二百八十八。

宫率三十六。

宫盈差三十四。

置积年加宫盈差，满宫周去之，余以宫率而一，起七宫坤，顺行八宫，即为内卦。其不满宫率者，是入卦年数。

外　卦

六十四卦周六百四十。

八卦周八十。

卦率一十。

置积年加宫盈差，满六十四卦周去之，不尽，满八卦周去之，余以卦率而一，起七宫坤，顺行八卦。不满卦率者，是入卦年数，即为外卦。以内外相重，得值运之卦。

动　爻

大游入内卦三十六年，均分于重爻之六爻，则六年行一爻。视当下入内卦以来年数，自一至六，初为动爻；自七至十二，二为动爻；十三至十八，三为动爻；十九至二十四，四为动爻；二十五至三十，五为动爻；三〔一〕十一至三十六，上为动爻。

小游卦法

内　卦

卦周一百九十二。

卦率二十四。

置积年满卦周去之，余以卦率而一，起一宫乾，顺行。不满卦率者，为入卦以来年数。

〔一〕“三”，原作“二”，今据广雅本改。

外 卦

卦周纪元一百六十。

卦周二十四。

卦率三。

置积年满纪元去之，不尽，以卦周去之，余以卦率而一，起一宫乾，顺行，为外卦。以内外相重，得值运之卦。

直 爻

以内卦之率分于重卦之六爻，每爻四年，视入内卦以来年数，即知所入之爻。

遁 甲

遁甲、太一、六壬三书，世谓之三式，皆主九宫以参详人事，而甲尤注意于兵。其术之自以为精者，在超神、接气、置闰之间。超神者，节气未到，而甲子、己卯之符头先到，则借用未到节气之上局，故谓之超。接气者，甲子、己卯之符头未至，而节气先至，则仍用已过节气之下局，故谓之接。盖缘一月节气必三十日零五时二刻，积之而符头、节气遂相参差，至于顺将变逆，逆将变顺。在芒种大雪之后，有超至九日十日者，则为之置闰。芒种后则叠芒种上中下三局，大雪后则叠大雪上中下三局，以归每节气所余五时二刻，而后二至之顺逆始分，于是节先局后不得不以接气继之矣。是欲与历法相符，某则以为自乱其术者此也。节气三十日所零者，五时二刻耳。积之一百八十日之久，则为时三十为刻十二〔一〕，盖不及三日也。符头五日一换，所差不过半局，略为消息便可符合。今以超神而太过者，九日十日以置闰，而不及者五日六日，气序不清，局法重出。甲之所重者，在二至置闰。归余于其前半年之中必有超神，超神之后必且置闰，闰闰之局必侵二至，是二至必不能正其始也。顺者反逆，逆者反顺。使其吉凶星煞无验则可，不然则避其所当趋，趋其所当避矣。某故以为自乱其术也。

遁甲发凡

先观二至，以分顺逆。

冬至后为阳遁，顺布六仪，逆布三奇；夏至后为阴遁，逆布六仪，顺布三奇。

六仪：甲子戊　甲戌己　甲申庚　甲午辛　甲辰壬　甲寅癸

三奇：乙　丙　丁

顺布者，自一宫而至九宫；逆布者，自九宫而至一宫。三奇顺逆，即布于六甲之后。

次观节气，以定三元。

三元者，上中下三局也。以甲、己二将为符头。此日也。符头所临之支直子、午、卯、酉为上元，直寅、申、巳、亥为中元，直辰戌丑未为下元。五日六十时。一换，符头半月一气，而三局周。如冬至一七四甲子为符头，至戊辰五日，皆从坎一

〔一〕“十二”，四库本、广雅本原作“二十”，依推算似当作“十二”，今改。

宫起,为上元;己巳为符头,至癸酉五日,皆从兑七宫起,为中元;甲戌为符头,至戊寅五日,皆从巽四起,为下元。余仿此。

阳遁顺局

冬至惊蛰一七四	小寒二八五	大寒春分三九六
立春八五二	雨水九六三	清明立夏四一七
谷雨小满五二八	芒种六三九	

阴遁逆局

夏至白露九三六	小暑八二五	大暑秋分七一四
立秋二五八	处暑一七四	寒露立冬六九三
霜降小雪五八二	大雪四七一	

次观旬首,以取符使。

旬首者,用事时辰其首之六甲也。旬首所泊之宫,星即为直符,门即为直使。如在坎宫,则天蓬为直符,休门为直使。

直符随时干,

视所用时干泊在地盘何宫,即以天盘直符移在此宫。

直使随时宫。

视所用时辰泊在地盘何宫,即以天盘直使移在此宫。

小直符加大直符。

以八诈门之直符,加于九星直符所临之宫,阳顺阴逆。

地 盘

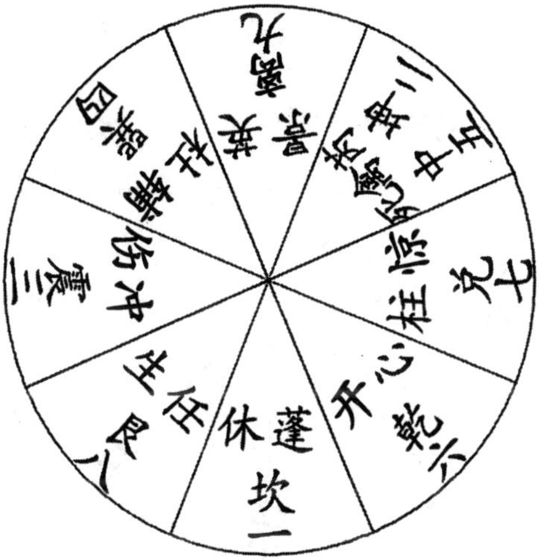

天盘九星

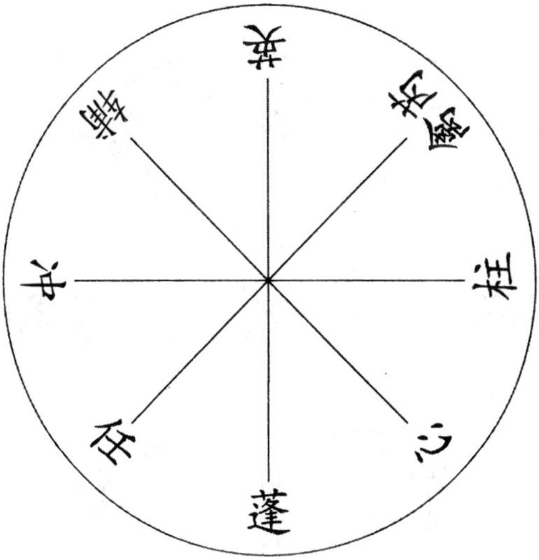

天盘八门

八诈门阳

八诈门阴

超神接气直指。

奇门之法，有正授，有超神，有闰奇，有接气。正授之后，超神继之；超神之后，闰奇继之；闰奇之后，接气继之；接气之后，复为正授。符头甲己正对节气，谓之正授。此后则符渐渐过节，而为超神矣。超至九日及十余日，则当置闰。以其离后节气太远，故必有闰，然后可配气候，与历家闰法同。然置闰必在芒种、大雪之后，二至之前。其余节气虽遇超至九日之外，不可置闰也。

假如万历己丑年正月初二庚戌日，辛巳用事，系冬至后，阳遁顺局，符头系己酉管事，本月初六日交雨水节上局，乃超神也。从九宫起，顺布六仪，戊在离，己在坎，庚在坤，辛在震，壬在巽，癸在中宫；逆布三奇，乙在艮，是为任乙；丙在兑，是为柱丙；丁在乾，是为心丁。地盘艮、兑、乾三宫有奇，辛巳时旬首系甲戌，泊在坎宫，以天蓬为直符，加在地盘震宫，顺数，任在巽，是天任星带艮之乙奇到巽；冲在离，辅在坤，英在兑，芮在乾，柱在坎，是天柱星带兑之丙奇到坎；心在艮，是天心星带乾之丁奇到艮。三奇在地盘者，今随天盘旋转，而在巽、坎、艮三方矣。辛巳时宫泊在艮，以直使休门加地盘之艮，顺数，生在震，伤在巽，杜在离，景在坤，死在兑，惊在乾，开在坎。艮得丁奇而逢休门，谓之休与星合；坎得丙奇而逢开门，谓之开与月合，俱吉。独巽得乙奇而逢伤门，未为全吉。再以八诈门直符随九星，直符在震宫，顺数则腾蛇在巽，太阴在离，六合在坤，勾陈在兑，朱雀在乾，九地在坎，九天在艮。坎、艮二宫既合奇门，而又逢九地、九天，为全吉也。又天盘丙加地盘甲戌，直符为鸟跌穴，尤为合格。

假如万历己丑年十一月初六庚戌日戊[一]寅时用事，本日符头是己酉，当用上局。查十月二十九癸卯日已交大雪节气，从十月二十日甲午，为大雪超神上局，二十五日己亥大雪中局，三十日甲辰大雪下局，三局已完。今十一月初五己酉以后，似当作冬至上局。不知符已超节九日，正当置闰，故自初五日己酉至初九日癸丑，不作冬至上局，而为大雪闰奇。上局初十日甲寅至十四日戊午，为大雪闰奇；中局十五日己未至十九日癸亥，为大雪闰奇；下局直到二十日甲子，方作冬至上局。然十四日戊午已交冬至节，则符在节后

〔一〕“戊”，原作“戌”，今据广雅本改。

五日矣。此所谓接气也。今以初六日庚戌戊寅时为例演之,系夏至后未交冬至,尚用阴遁逆局,从四宫巽起六仪,戊在巽,己在震,庚在坤,辛在坎,壬在离,癸在艮;乙奇在中宫寄坤,丙奇在乾,丁奇在兑。本时戊寅,其旬首系甲戌,泊在震宫,天冲为直符,伤门为直使。时干戊,泊在巽,以天冲直符加巽,辅在离,英在坤,芮在兑,是为天芮星带中宫之乙奇到兑;柱在乾,是为天柱星带兑之丁奇到乾;心在坎,是为天心星带乾之丙奇到坎。蓬在艮,任在震,时宫戊寅,泊在艮宫,以直使伤门加艮,杜在震,景在巽,死在离,惊在坤,开在兑,休在乾,生在坎。乙奇到兑逢开门,是谓开与日合;丁奇到乾逢休门,是谓休与星合;丙奇到坎逢生门,是谓生与月合,俱吉。然生门属土,临坎宫,乃门制其宫,谓之迫。此未尽善也。又以八诈门之直符随九星,直符在巽,逆行,腾蛇在震,太阴在艮,六合在坎,勾陈在乾,朱雀在兑,九地在坤,九天在离,则坎宫有奇门,又逢六合,正北方,大吉。余仿此。

衡运

胡仲子列十二运,推明皇帝王霸之升降,其法在太一书,较之扬子云之卦序,差为整齐,非唐、宋以后人所能作也。以初爻为建功立德之限,三爻为内极灾变之限,四爻为乱后待治之限,上爻为外极灾变之限,二五爻为中道安平之限。阴阳当位则治,失位则乱;得应则得臣,失应则失臣。太一理二爻之时,阳虽失位,犹可无事;惟临出运之际,国有灾殃;行至五爻,阴居失位,君弱臣强,妃戚专政,衰亡将至,以其近于外极也。初爻之建立功德,若当太一所理,苟非其人,则有革命者起而应之。行内极之限,灾变尚轻;行外极之限,灾变始重。月卦者,小运也。以太一之掩迫察其虚实,以小运定其期。故举其大概,三代亡而秦始立也,入萃上,汉之亡入复上,唐之亡入谦上,宋之亡入姤〔一〕上,皆为外极之限。其有然不然者,将以不然者废其然与?则曰:"何可废也!留其不然以观人事,留其然以观天运。此天人之际也。"前四运皇帝王霸当之,仲子言"犹春之有夏,秋之有冬"。康节亦以春夏秋冬配皇帝王霸。春夏既为秋冬,秋冬必复春夏,天运自然,则前四运之为皇帝王霸,后运继之,亦复当然。今四运之后,两运过中,非惟不能复皇帝,即所谓霸者,亦不可得。将秋冬之后,更有别运,天人之际一往不返者,何耶?仲子曰:"时未臻乎革,仲尼不能有为。仲尼没今二千年,犹未臻乎革也。"革在十二运之终,十二运告终,始复其常。前为四运,后为八运,参差多寡,无乃悬绝。以仲子之言为是耶?孟子所谓一治一乱者正相反。以仲子之言为非耶?前之二千余年者既如斯,后之四千八百年宁可必乎?倘若以汉、唐、宋之小治,衡之三代而上,是谓亵天。又某之所不敢也。

胡仲子翰衡运论

皇降而帝,帝降而王,王降而霸,犹春之有夏,秋之有冬也。由皇等而上,始乎有物之始;由霸等而下,终乎闭物之终。消长

〔一〕"姤",原作"垢",今据广雅本改。

得失，治乱存亡，生乎天下之动，极乎天下之变，纪之以十二运，统之以六十四卦。乾，天道也，健而运乎上；坤，地道也，顺而承乎下。天地既判，其气未交为否，既交为泰。始乎乾，讫乎泰，四卦统七百二十年，阳爻三十六，阴爻二十四，每卦所积之数。余仿此。是为天地否泰之运。乾一索得男而为震，坤一索得女而为巽。震长男也，巽长女也，夫妇之道也。始成为恒，既交为益。乾再索得男而为坎，坎中男也。坤再索得女而为离，离中女也。中男中女，夫妇之道。成为既济，既交为未济。乾三索得男而为艮，艮少男也。坤三索得女而为兑，兑少女也。少男少女，夫妇之道。成为损，既交为咸。十二卦统二千一百六十年，是为男女交亲之运。男治政于先，女理事以承其后。男之治也，从父之道。大壮也，无妄也，长男从父者也；需也，讼也，中男从父者也；大畜也，遁也，少男从父者也。六卦统一千一百五十有二年，是为阳晶守政之运。女之治也，从母之道。观也，升也，长女从母者也；晋也，明夷也，中女从母者也；萃也，临也，少女从母者也。六卦统一千有八年，是为阴毳权衡之运。坤，阴也，得阳育而生男。乾，阳也，得阴化而生女。男归于母，女应于父。豫也，复也，长男归母者也；比也，师也，中男归母者也；剥也，谦也，少男归母者也。六卦统九百三十有六年，是为资育还本之运。小畜也，姤[一]也，长女应父者也；同人也，大有也，中女应父者也；夬也，履也，少女应父者也。六卦统一千二百二十有四年，是为造化[二]符天

〔一〕“姤”，原作“垢”，今据广雅本改。
〔二〕“化”，原无，今据广雅本补。

之运。乾、坤，父母之道也。必有代者焉。代父者，长男也。从长男者，中男少男也。解也，屯也，中男从长者也；小过也，颐也，少男从长者也。四卦统六百七十有二年，内外以刚阳治政，是为刚中健至之运。阳刚之极，阴必行之。代母者，长女也。从长女者，中女少女也。家人也，鼎也，中女从长者也；中孚也，大过也，少女从长者也。四卦统七百六十有八年，内外以阴柔为治，是为群愚位贤之运。阴随于阳为顺。丰也，噬嗑也，中女从长男者也；归妹也，随也，少女从长男者也；节也，困也，少女从中男者也。六卦统一千八十年，是为德义顺命之运。阳随于阴为不顺。涣也，井也，中男从长女者也；渐也，蛊也，少男从长女者也；旅也，贲也，少男从中女者也。六卦统一千八十年，是为惑妬留天之运。长男既息，为男之穷也；长女既息，为女之穷也。于是中男与少男相搏焉。蹇也，蒙也，二卦统三百三十有六年，是为寡阳相搏之运。阳之搏也，阴必随之。于是中女与少女会焉。睽也，革也，二卦统三百八十有四年，是为物极元终之运。十二运上下万有一千五百二十载，阳来阴往，太乙临之。不浸则不极，不极则不复。复而与天下更始，非圣人不能也。圣人，非天不生也。天生仲尼，当五伯之衰，而不能为太和之春者，何也？时未臻乎革也。仲尼没，继周者为秦，为汉，为晋，为隋，为唐，为宋，垂二千年，犹未臻乎革也。泯泯棼棼，天下之生，欲望其为王、为帝、为皇之世，固君子之所深患也。余闻之广陵秦晓山，乃推明天人之际，皇帝王霸之别，定次于篇。

卦运表

一天地否泰之运七百二十年

卦	一	二	三	四	五	六	数
乾	⚊子甲	⚊子戊	⚊子壬	⚊子丙	⚊子庚	⚊子甲	二百一十六
坤	⚋子庚	⚋子丙	⚋子壬	⚋子戊	⚋子甲	⚋子庚	一百四十四
否	⚊子戊	⚊子壬	⚊子丙	⚋子壬	⚋子戊	⚋子甲	一百八十
泰	⚋子庚	⚋子丙	⚋子壬	⚊子丙	⚊子庚	⚊子甲	一百八十

二男女交亲之运二千一百六十年

卦	一	二	三	四	五	六	数
震	⚋子戊	⚋子甲	⚊子戊	⚋子甲	⚋子庚	⚊子甲	一百六十八
巽	⚊子戊	⚊子壬	⚋子戊	⚊子壬	⚊子丙	⚋子壬	一百九十二
恒	⚋子庚	⚋子丙	⚊子庚	⚊子甲	⚊子戊	⚋子甲	一百八十
益	⚊子戊	⚊子壬	⚋子戊	⚋子甲	⚋子庚	⚊子甲	一百八十
坎	⚋子戊	⚊子壬	⚋子戊	⚋子甲	⚊子戊	⚋子甲	一百六十八

卦	一	二	三	四	五	六	数
离	⚊子戊	⚋子甲	⚊子戊	⚊子壬	⚋子戊	⚊子壬	一百九十二
既济	⚋子庚	⚊子甲	⚋子庚	⚊子甲	⚋子庚	⚊子甲	一百八十
未济	⚊子戊	⚋子甲	⚊子戊	⚋子甲	⚊子戊	⚋子甲	一百八十
艮	⚊子丙	⚋子壬	⚋子戊	⚊子壬	⚋子戊	⚋子甲	一百六十八
兑	⚋子庚	⚊子甲	⚊子戊	⚋子甲	⚊子戊	⚊子壬	一百九十二
损	⚊子戊	⚋子甲	⚋子庚	⚋子丙	⚊子庚	⚊子甲	一百八十
咸	⚋子庚	⚊子甲	⚊子戊	⚊子壬	⚋子戊	⚋子甲	一百八十

三阳晶守政之运一千一百五十二年

卦	一	二	三	四	五	六	数
大壮	⚋子壬	⚋子戊	⚊子壬	⚊子丙	⚊子庚	⚊子甲	一百九十二
无妄	⚊子壬	⚊子丙	⚊子庚	⚋子丙	⚋子壬	⚊子丙	一百九十二
需	⚋子丙	⚊子庚	⚋子丙	⚊子庚	⚊子甲	⚊子戊	一百九十二

卦	一	二	三	四	五	六	年
讼	⚊ 子丙	⚊ 子庚	⚊ 子甲	⚋ 子庚	⚊ 子甲	⚋ 子庚	一百九十二
大畜	⚊ 子丙	⚋ 子甲	⚋ 子庚	⚊ 子甲	⚊ 子戊	⚊ 子壬	一百九十二
遯	⚊ 子庚	⚊ 子甲	⚊ 子戊	⚊ 子壬	⚋ 子戊	⚋ 子甲	一百九十二

四阴毳权衡之运 一千八年

卦	一	二	三	四	五	六	年
观	⚊ 子戊	⚊ 子壬	⚋ 子戊	⚋ 子甲	⚋ 子庚	⚋ 子丙	一百六十八
升	⚋ 子戊	⚋ 子甲	⚋ 子庚	⚊ 子甲	⚊ 子戊	⚋ 子甲	一百六十八
晋	⚊ 子甲	⚋ 子丙	⚊ 子甲	⚋ 子庚	⚋ 子丙	⚋ 子壬	一百六十八
明夷	⚋ 子甲	⚋ 子庚	⚋ 子丙	⚊ 子庚	⚋ 子丙	⚊ 子庚	一百六十八
萃	⚋ 子壬	⚊ 子丙	⚊ 子庚	⚋ 子丙	⚋ 子壬	⚋ 子戊	一百六十八
临	⚋ 子庚	⚋ 子丙	⚋ 子壬	⚋ 子戊	⚊ 子壬	⚊ 子丙	一百六十八

五资育还本之运 九百三十六年

卦	一	二	三	四	五	六	年
豫	⚋ 子丙	⚋ 子壬	⚊ 子丙	⚋ 子壬	⚋ 子戊	⚋ 子甲	一百五十六
复	⚋ 子壬	⚋ 子戊	⚋ 子甲	⚋ 子庚	⚋ 子丙	⚊ 子庚	一百五十六
比	⚋ 子戊	⚊ 子壬	⚋ 子戊	⚋ 子甲	⚋ 子庚	⚋ 子丙	一百五十六
师	⚋ 子甲	⚋ 子庚	⚋ 子丙	⚋ 子壬	⚊ 子丙	⚋ 子壬	一百五十六
剥	⚊ 子戊	⚋ 子甲	⚋ 子庚	⚋ 子丙	⚋ 子壬	⚋ 子戊	一百五十六
谦	⚋ 子丙	⚋ 子壬	⚋ 子戊	⚊ 子壬	⚋ 子戊	⚋ 子甲	一百五十六

六造化符天之运 一千二百二十四年

小畜 ⚊子戊 ⚊子壬 ⚋子戊 ⚊子壬 ⚊子丙 ⚊子庚 二百四

姤 ⚊子壬 ⚊子丙 ⚊子庚 ⚊子甲 ⚊子戊 ⚋子甲 二百四

同人 ⚊子丙 ⚊子庚 ⚊子甲 ⚊子戊 ⚋子甲 ⚊子戊 二百四

大有 ⚊子庚 ⚋子丙 ⚊子庚 ⚊子甲 ⚊子戊 ⚊子壬 二百四

夬 ⚋子丙 ⚊子庚 ⚊子甲 ⚊子戊 ⚊子壬 ⚊子丙 二百四

履 ⚊子戊 ⚊子壬 ⚊子丙 ⚋子壬 ⚊子丙 ⚊子庚 二百四

七刚中健至之运 六百七十二年

解 ⚋子戊 ⚋子甲 ⚊子戊 ⚋子甲 ⚊子戊 ⚋子甲 一百六十八

屯 ⚋子丙 ⚊子庚 ⚋子丙 ⚋子壬 ⚋子戊 ⚊子壬 一百六十八

小过 ⚋子甲 ⚋子庚 ⚊子甲 ⚊子戊 ⚋子甲 ⚋子庚 一百六十八

颐 ⚊子庚 ⚋子丙 ⚋子壬 ⚋子戊 ⚋子甲 ⚊子戊 一百六十八

八群愚位贤之运 七百六十八年

家人 ⚊子壬 ⚊子丙 ⚋子壬 ⚊子丙 ⚋子壬 ⚊子丙 一百九十二

鼎 ⚊子甲 ⚋子庚 ⚊子甲 ⚊子戊 ⚊子壬 ⚋子戊 一百九十二

中孚 ⚊子丙 ⚊子庚 ⚋子丙 ⚋子壬 ⚊子丙 ⚊子庚 一百九十二

大过 ⚋子庚 ⚊子甲 ⚊子戊 ⚊子壬 ⚊子丙 ⚋子壬 一百九十二

九德义顺命之运 一千八十年

丰 ⚋子庚 ⚋子丙 ⚊子庚 ⚋子甲 ⚊子庚 ⚊子甲 一百八十

噬嗑 ⚊子戊 ⚋子甲 ⚊子戊 ⚋子甲 ⚋子庚 ⚊子甲 一百八十

归妹 ⚋子庚 ⚋子丙 ⚊子庚 ⚋子丙 ⚊子庚 ⚊子甲 一百八十

随 ⚋子庚 ⚊子甲 ⚊子戊 ⚋子甲 ⚋子庚 ⚊子甲 一百八十

节 ⚋子庚 ⚊子甲 ⚋子庚 ⚋子丙 ⚊子庚 ⚊子甲 一百八十

困 ⚋子庚 ⚊子甲 ⚊子戊 ⚋子甲 ⚊子戊 ⚋子甲 一百八十

十感姤留天之运一千八十年

涣 ⚊子戊 ⚊子壬 ⚋子戊 ⚋子甲 ⚊子戊 ⚋子甲 一百八十

井 ⚋子庚 ⚊子甲 ⚋子庚 ⚊子甲 ⚊子戊 ⚋子甲 一百八十

渐 ⚊子戊 ⚊子壬 ⚋子戊 ⚊子壬 ⚋子戊 ⚋子甲 一百八十

蛊 ⚊子戊 ⚋子甲 ⚋子庚 ⚊子甲 ⚊子戊 ⚋子甲 一百八十

旅 ⚊子戊 ⚋子甲 ⚊子戊 ⚊子壬 ⚋子戊 ⚋子甲 一百八十

贲 ⚊子戊 ⚋子甲 ⚋子庚 ⚊子甲 ⚋子庚 ⚊子甲 一百八十

十一寡陽相搏之运三百三十六年

蹇 ⚋子戊 ⚊子壬 ⚋子戊 ⚊子壬 ⚋子戊 ⚋子甲 一百六十八

蒙 ⚊子甲 ⚋子庚 ⚋子丙 ⚋子壬 ⚊子丙 ⚋子壬 一百六十八

十二物极元终之运三百八十四年

睽 ⚊子丙 ⚋子壬 ⚊子丙 ⚋子壬 ⚊子丙 ⚊子庚 一百九十二

革 ⚋子庚 ⚊子甲 ⚊子戊 ⚊子壬 ⚋子戊 ⚊子壬 一百九十二

推 法

周策一万一千五百二十。

卦盈差三百。

置积年加卦盈差，满周策去之，余起乾坤否泰之运，累之即得所入之卦。以入卦年数阳爻三十六，阴爻二十四，即得所入之爻。

积年上元甲子至今壬子作象数论之年。一千一十五万五千五百八十九年。

流年直卦法

置积年满卦周六十四去之，余依周易次序，即得所直之卦。视所求之年，阳辰不取阴爻，以卦内阳爻起子，自下而上，循环数至岁支，以为动爻；阴辰不取阳爻，以卦内阴爻起子，自下而上，循环数至岁支，以为动爻。起动爻为正月，依次布于六爻。以动爻为变卦起变爻，为七月，亦依次布于六爻。

附　录

黄宗羲传

江　藩

黄宗羲，字太冲，余姚人，忠端公尊素之长子也。生而岐嶷，垂髫读书，不事举业。年十四，补博士弟子员。时魏忠贤弄国柄，戕害清流，忠端遭罗织，死诏狱，有覆巢毁卵之虞。宗羲奉养王父及母，以孝闻。读书毕，夜分伏枕呜呜哭，不敢令堂上知也。思宗即位，携铁锥，草疏入京讼冤。至则逆奄已死，有诏邺死奄难者，赠官三品，予祭葬，荫一子。乃诣阙谢恩，疏请诛曹钦程、李实。盖忠端削籍，乃钦程奉奄旨论劾，而李实则成丙寅党祸之首者也。得旨，刑部作速究问。崇祯元年五月，会讯许显纯、崔应元。对簿时，出所袖锥锥显纯，流血满体。显纯自诉为孝定皇后外甥，律有议亲之条，请从末减。宗羲谓："显纯与逆奄构难，忠良尽死其手，几覆宗社，当与谋逆同科。以谋逆论，虽如亲王高煦，尚不免诛，况后之外亲乎？"卒论二人斩。时钦程已入逆案，而李实辨原疏非实所作，乃逆奄取其印信空本填写，故墨在朱上；又阴致宗羲三千金，求勿质。宗羲即奏称:“李实今日犹能公行贿赂,其辨词岂足信哉?”于对簿时,亦以锥锥之。然丙寅之祸,实由空本填写,得减死。狱成,偕同难子弟设祭于诏狱中门,哭声如雷,闻于禁中。思宗叹曰:“忠臣孤子,朕心为之恻然。”宗羲与吴江周延祚、光山夏承,锥牢子叶咨、颜文仲,应时而毙。二人乃毙诸君子于狱中者。思宗悯其忠孝,不之罪也。宗羲在京师,殴应元胸,拔其须归,焚而祭之忠端木主前,乃治葬事。父冤既白之后,日夕读书,十三经、二十一史及百家九流,天文历算,道藏佛藏,靡不究心焉。忠端遗命以蕺山刘忠正公宗周为师,乃从之游。又约吴、越中向学者六十余人,共侍讲席,力排陶奭龄援儒入释之邪说。弟宗炎字晦木,宗会字泽望,并负异才,宗羲亲教之,皆成儒者。

崇祯中,复用涓人,逆党咸冀录用,而在廷诸臣,或荐霍维华、吕纯如,或请复涿州冠带。至阳羡出山,特起马士英为凤督,士英以阮大铖为援,奄党又炽,即东林中如钱谦益以退闲日久,亦相附和矣。独南都太学诸生,仍持清议,乃以大铖观望南中,必生他变,作南都防乱揭文。宜兴陈贞慧、宁国沈寿民、贵池吴应箕、芜湖沈士桂共议署名,东林子弟,首推无锡顾文端公之孙杲,被难诸家推宗羲,缙绅则推周仪部镳。大铖衔之。壬午入京,阳羡欲荐宗羲为中书舍人,力辞不就,遂南归。甲申之难,赧王立国;大铖骤起,遂按揭一百四十人,欲尽杀之。时宗羲忧国势难支,之南都上书而祸作。同邑有奄党者,纠刘忠正公及三弟子。三弟子者,都御史祁彪佳、给事中章正宸与宗羲也。遂与杲并逮。驾帖未出而清大兵至,得免。

南都归命，踉跄回浙东。时忠正已死节，鲁王监国，孙嘉绩、熊汝霖以一旅之师，画江而守。宗羲纠黄竹浦子弟数百人，随诸军，江上人呼之曰世忠营。黄竹浦者，宗羲所居之乡也。宗羲请如唐李泌故事，以布衣参军，不许。授职方司员外。寻以柯夏卿、孙嘉绩等交章论荐，改监察御史，仍兼职方司事。总兵陈梧自嘉兴之乍浦，浮海至余杭，纵兵大掠。王职方正中行县事，集兵民击败之。梧兵大噪，有欲罢正中官以安诸营者。宗羲曰："乘乱以济私，致干众怒，是贼也。正中守土，为国保民，何罪之有？"监国从之。是年作监国鲁元年大统历，颁之浙东。马士英南中脱走，在方国安营，欲入朝。朝臣皆言宜诛之，熊汝霖恐其挟国安为患，曰非杀士英时也，使其立功自赎。宗羲曰："公力不能杀耳！春秋之孔子，岂能加兵于陈恒，但不得谓其不当杀也。"汝霖大惭，谢过焉。遗书总兵王之仁曰："诸公何不沉舟决战，由赭山直趋浙西，而日于江中放船伐鼓，意在自守也。蕞尔三府，以供十万之众，岂能久守乎？"总兵张国柱之浮海至也，诸军大惊。廷议欲封以伯，宗羲言于嘉绩曰："若封以伯，则国柱益横，且何以待后来有功者，请署为将军。"从其请。又力请西进之策。孙嘉绩以所部卒尽付之，与王正中合军得三千人。正中，之仁从子也，以忠义自奋。宗羲深结之，使之仁不以私意挠军事。故诸军与之仁有隙，皆不能支饷，而宗羲独不乏食。查职方继佐军乱，披发夜走，投宗羲拜于床下。宗羲出抚其众，遂同继佐西行，渡海驻潭山，烽火遍浙西。太仆寺卿陈潜夫以军同行，尚宝司卿朱大定、兵部主事吴乃武皆来会师，议由海宁以取海盐。因入太湖,招吴中豪杰,百里之内,牛酒日至,直抵乍浦,约崇德孙爽为内应。会清大兵已戒严,不得前。复议再举,而王正中军溃于江上。宗羲走入四明,结山寨自固,残兵从之者五百余人,驻军杖锡寺。微服潜出,欲访监国消息,为扈从计,戒部下无妄动。部下不遵节制,扰山中民,民潜焚其寨,部将茅翰、汪涵死之。己丑,闻监国在海上,乃与都御史方端士赴之,晋左佥都御史,再晋左副都御史。时方发使拜山寨诸营官,宗羲言:"诸营之强,莫如王翊。乃心王室者,亦莫如翊。宜优其爵,使之总诸营以捍海上。"朝臣皆以为然。俄而清大兵围健跳,城中危甚,会荡湖救至,得免。时熊汝霖、刘中藻、钱肃乐皆死,宗羲失兵无援,与尚书吴锺峦,坐船中讲学,推算欧罗巴历法而已。

宗羲之从亡也,母氏尚居故里。清章皇帝下诏,凡前明遗孽不顺命者,录其家口以闻。宗羲闻之,恐母氏罹罪,陈情监国,得请变姓名归。锺峦棹三板船,送三十里外,哭别于波涛中。是年监国由健跳至翁州,复召宗羲副冯京第,乞师日本之长崎岛,不得请,宗羲赋式微之章,以感将士,乃回甬上。是时大帅治浙东,凡得名籍与海上有涉者,即行翦除。宗羲虽杜门息景,然位在列卿,而江湖侠士,多来投止。冯侍郎京第结寨杜嶴,即宗羲旧部。大帅习闻其事,宗羲名与冯侍郎并悬通衢。有上变于大帅者,首列宗羲名,捕者益急。宗羲窜匿草莽,东徙西迁,屡濒于危。然犹挟帛书,招婺中镇将,遣使入海告警,令为之备而不克。弟宗炎与京第交通有状,被获,刑有日矣,宗羲潜至鄞,以计脱之。慈水寨主沈尔绪难作,牵连宗羲。大帅遣人四出搜捕，乃挈眷属伏处海隅草间苟活。迨海氛靖后，清圣祖仁皇帝如天之仁，不复根追胜国从亡诸人，宗羲始奉母返里门，复举蕺山证人书院之会，从之请学者数百人。尝谓明人讲学，语录之糟粕，不以六经为根柢，束书不读，但从事于游谈。学者必先穷经，经术所以经世，乃不为迂儒。又谓读书不多，无以证斯理之变，读书多而不求于心，则又为伪儒矣。故受其教者，不堕讲学之弊，不为障雾之言。其学盛行于东南，当时有南姚江西二曲之称。二曲者，李中孚也。

康熙戊午，诏征博学鸿儒。掌院学士叶方蔼，先以诗寄宗羲，怂恿之。宗羲次韵，答以不出之意。方蔼商于宗羲门人陈庶常锡嘏，对曰："是将迫先生为谢叠山矣。"其事遂寝。未几，有诏命叶方蔼与同院学士徐元文监修明史。宗羲为世家子弟，家有十三朝实录，复娴于掌故。方蔼与元文又荐宗羲，乃与前大理寺评事兴化李清同征。诏督抚以礼敦遣，宗羲以母老及老病辞。方蔼知不可致，乃请诏下巡抚，就家钞所著书有关史事者，付史馆。元文又延宗羲子百家及鄞处士万斯同参订史事。斯同，宗羲之弟子。宗羲戏答元文书曰："昔闻首阳山二老，托孤于尚父，遂得三年食薇，颜色不坏。今吾遣子从公，可以置我矣。"

宗羲之学，出于蕺山，虽姚江之派，然以慎独为宗，实践为主，不恣言心性，堕入禅门，乃姚江之诤子也。又以南宋以后，讲学家空谈性命，不论训诂，教学者说经则宗汉儒，立身则宗宋学。又谓："昔贤辟佛，不检佛书，但肆谩骂，譬如用兵，不深入其险，不能剿绝鲸鲵也。"乃阅佛藏，深明其说，所以力排佛氏，皆能中其窾要。国难时，遗老以衣钵晦迹者，久之或嗣法上堂，宗羲曰：“是不甘为异姓之臣，反为异氏之子。”弟宗会晚年好佛，为之反覆辨论，极言其不可。盖于异端之说，虽有托而逃者，亦不容少宽假焉。

宗羲性耿直，于友朋中多不少可，周囊云一人之外，皆有微辞。在南都时，见归德侯朝宗，每宴以妓侑酒，宗羲曰：“朝宗之尊人尚在狱中，而放诞如此乎？吾辈不言，是损友也。”或曰：“侯生性不耐寂寞。”“夫人而不耐寂寞，则亦何所不至耶！”时人皆叹为至论。及选明文，或谓当黜方域文，宗羲曰：“姚孝锡尝仕金，元遗山终置之南冠之列，不以为金人者，原其心也。夫朝宗亦若是矣。”乃知其论人严，亦未尝不恕也。

平生勤于著述，年逾八十，尚矻矻不休。所著有明儒学案六十二卷；宋儒学案；元儒学案；易学象数论六卷，辨河洛方位图说之非；授书随笔一卷，则阎若璩问尚书而答之者；春秋日食历一卷；律吕新义二卷，少时取余姚竹管肉孔匀者，截为管而吹之，知十二律之四清声，乃著是书；孟子师说四卷，因蕺山有论语、大学、中庸诸解，独无孟子，以旧闻于蕺山之说集为一书，故名师说；明史案二百四十四卷；宏光纪年一卷；隆武纪年一卷；永历纪年一卷；鲁纪年一卷；赣州失事纪一卷；绍武事纪一卷；四明山寨纪一卷；海外痛哭记一卷；日本乞师记一卷；舟山兴废一卷；沙定洲记乱一卷；赐姓本末一卷；汰存录一卷，纠夏考功幸存录也；授时历故一卷；大统历推一卷；授时历假如一卷；西历假如一卷；回历假如一卷；气运算法、勾股图说、开方命算、测圆要诸书。又有今水经；四明山志；台岩纪游；匡庐游录；病榻随笔；明文海四百八十二卷，与十五朝国史可互相参正；续宋文鉴、元文抄，以补吕、苏二家之缺；思旧录；姚江琐事；姚江文略；姚江逸诗；自著年谱；明夷待访录二卷；南雷文案十卷，外集一卷；吾悔集四卷；撰杖集四卷；蜀山集四卷，诗历四卷。又分为南雷文定、南雷文约，合之得四十卷；明夷留书一卷，言王佐之略。昆山顾绛见而叹曰："三代之治可复也！"又欲修宋史而未成，仅存丛目补遗三卷。宗羲以古文自命，有志于明史，虽未豫修史，而史局遇有大事疑事，必咨之。其论古文曰："唐以前句短，唐以后句长；唐以前字华，唐以后字质；唐以前如高山深谷，唐以后如平原旷野。自唐以后，为文之一大变，然而文章之美恶不与焉。其所变者，词而已；所不可变者，虽千古如一日也。"此论足以扫近世规橅字句之陋习矣。晚年爱谢皋羽晞发集，注冬青树引、西台恸哭记，盖悲皋羽之身世苍凉，亦以自伤欤。

康熙戊辰冬，营生圹于忠端墓侧，中置石床，不用棺椁。子弟疑之，作葬制或问一篇，援赵邠卿之例，毋得违命。自以身遭国难，期于速朽，不欲显言也。卒之日，遗命一被一褥，即以所服角巾深衣殓，遂不棺而葬。卒年八十有六。门生私谥曰文孝，学者称为南雷先生云。

（录自梨洲遗著汇刊卷首）

黄宗羲传

赵尔巽

黄宗羲，字太冲，余姚人，明御史黄尊素长子。尊素为杨、左同志，以劾魏阉死诏狱，事具明史。思宗即位，宗羲入都讼冤。至则逆阉已磔，即具疏请诛曹钦程、李实。会廷鞫许显纯、崔应元，宗羲对簿，出所袖锥锥显纯，流血被体；又殴应元，拔其须归祭尊素神主前；又追杀牢卒叶咨、颜文仲，盖尊素绝命于二卒手也。时钦程已入逆案，实疏辨原疏非己出，阴致金三千，求宗羲弗质。宗羲立奏之，谓："实今日犹能贿赂公行，其所辨岂足信？"于对簿时复以锥锥之。狱竟，偕诸家子弟设祭狱门，哭声达禁中。思宗闻之，叹曰："忠臣孤子，甚恻朕怀。"归，益肆力于学。愤科举之学锢人，思所以变之。既，尽发家藏书读之，不足，则钞之同里世学楼钮氏、澹生堂祁氏，南中则千顷堂黄氏、绛云楼钱氏，且建续钞堂于南雷，以承东发之绪。山阴刘宗周倡道蕺山，以忠端遗命从之游。而越中承海门周氏之绪，援儒入释，姚江之绪几坏。宗羲独约同学六十余人力排其说。故蕺山弟子如祁、章诸子皆以名德重，而御侮之功莫如宗羲。弟宗炎、宗会，并负异才，自教之，有"东浙三黄"之目。

戊寅，南都作防乱揭攻阮大铖。东林子弟推无锡顾杲居首，天启被难诸家推宗羲居首。大铖恨之刺骨，骤起，遂按揭中一百四十人姓氏，欲尽杀之。时宗羲方上书阙下而祸作，遂与杲并逮。母氏姚叹曰："章妻、滂母乃萃吾一身耶？"驾帖未行，南都已破，宗羲踉跄归。会孙嘉绩、熊汝霖奉鲁王监国，画江而守。宗羲纠里中子弟数百人从之，号世忠营。授职方郎，寻改御史，作监国鲁元年大统历颁之浙东。马士英奔方国安营，众言其当诛，熊汝霖恐其挟国安为患也，好言慰之。宗羲曰："诸臣力不能杀耳！春秋之孔子，岂能加于陈恒，但不谓其不当诛也。"汝霖谢焉。又遗书王之仁曰："诸公不沉舟决战，盖意在自守也。蕞尔三府，以供十万之众，必不久支，何守之能为？"闻者皆韪其言而不能用。

至是孙嘉绩以营卒付宗羲，与王正中合军得三千人。正中者，之仁从子也，以忠义自奋。宗羲深结之，使之仁不得挠军事。遂渡海屯潭山，由海道入太湖，招吴中豪杰，直抵乍浦，约崇德义士孙奭等内应。会清师纂严不得前，而江上已溃。宗羲入四明山结寨自固，余兵尚五百人，驻兵杖锡寺。微服出访监国，戒部下善与山民结。部下不尽遵节制，山民畏祸，潜爇其寨，部将茅翰、汪涵死之。宗羲无所归，捕檄累下，携子弟入剡中。闻鲁王在海上，仍赴之，授左副都御史。日与吴钟峦坐舟中，正襟讲学，暇则注授时、泰西、回回三历而已。

宗羲之从亡也，母氏尚居故里。清廷以胜国遗臣不顺命者，录其家口以闻。宗羲闻之，亟陈情监国，得请，遂变姓名间行归家。是年监国由健跳至滃洲，复召之，副冯京第乞师日本。抵长崎，不得请，为赋式微之章以感将士。自是东西迁徙无宁居。弟宗炎坐与冯京第交通，刑有日矣，宗羲以计脱之。甲午，张名振间使至，被执，又名捕宗羲。丙申，慈水寨主沈尔绪祸作，亦以宗羲为首。其得不死，皆有天幸，而宗羲不慑也。其后海上倾覆，宗羲无复望，乃奉母返里门，毕力著述，而四方请业之士渐至矣。

戊午，诏征博学鸿儒。掌院学士叶方蔼寓以诗，敦促就道，再辞以免。未几，方蔼奉诏同掌院学士徐元文监修明史，将征之备顾问，督抚以礼来聘，又辞之。朝论必不可致，请敕下浙抚钞其所著书关史事者送入京，其子百家得预参史局事。徐乾学侍直，上访及遗献，复以宗羲对，且言：“曾经臣弟元文疏荐，惜老不能来。”上曰：“可召至京，朕不授以事。即欲归，当遣官送之。”乾学对以笃老无来意，上叹息不置，以为人材之难。宗羲虽不赴征车，而史局大议必咨之。历志出吴任臣之手，总裁千里遗书，乞审正而后定。尝论宋史别立道学传，为元儒之陋，明史不当仍其例。朱彝尊适有此议，得宗羲书示众，遂去之。卒，年八十六。

宗羲之学，出于蕺山，闻诚意慎独之说，缜密平实。尝谓明人讲学，袭语录之糟粕，不以六经为根柢，束书而从事于游谈。故问学者必先穷经，经术所以经世。不为迂儒，必兼读史。读史不多，无以证理之变化；多而不求于心，则为俗学。故上下古今，穿穴群言，自天官、地志、九流百家之教，无不精研。所著易学象数论六卷，授书随笔一卷，律吕新义二卷，孟子师说二卷。文集则有南雷文案、诗案。今共存南雷文定十一卷，文约四卷。又著明儒学案六十二卷，叙述明代讲学诸儒流派分合得失颇详；明文海四百八十二卷，阅明人文集二千余家，自言与十朝国史相首尾。又深衣考一卷，今水经一卷，四明山志九卷，历代甲子考一卷，二程学案二卷，辑明史案二百四十四卷，又明夷待访录一卷，皆经世大政。顾炎武见而叹曰：“三代之治可复也！”天文则有大统法辨四卷，时宪书法解新推交食法一卷，圜解一卷，割圜八线解一卷，授时法假如一卷，西洋法假如一卷，回回法假如一卷。其后梅文鼎本周髀言天文,世惊为不传之秘,而不知宗羲实开之。晚年又辑宋元学案,合之明儒学案,以志七百年儒苑门户。宣统元年,从祀文庙。

(录自清史稿卷四百八十)

汪瑞龄序

南山之冈有大松焉,群萝附之,萝自以为松也。有诧之者曰:是萝也,岂松哉!于是遂谓天下无松,谓天下之松皆萝,岂可乎?易之有象数,易之所以成易也。大传曰:"易者,象也。"又曰:"圣人立象以尽意。"其所以包罗天地,揆叙万类,广大悉备者,舍象何由见易乎?本象以出数,亦因数以定象,故曰:"极其数,遂定天下之象。"象数于易所云,水之源,木之本也。然而汉儒以降,异说纷纶,焦、京之徒以世应、飞伏诸说附入之;太玄、洞极、洪范之徒,则窃易而改头换面;壬、遁之徒或用易卦,或不用易卦,要皆自谓有得于象数之精微,以附于彰往察来之列。究之于易,何与也?易本自有象数,而特非京、焦辈所云云,有如萝固为萝,松自有松,不得混萝于松,亦不得因萝之故没松也。独是不明辨其萝则真松不出。然而说蔓延轇轕,莫测其根蒂,孰能拔其本而塞其源乎?姚江梨洲夫子,通天地人以为学,理学文章之外,凡天官、地理以及九流术数之学,无不精究。慨夫象数之正统久为闰位之所没也,作论辨之。论其倚附于易似是而非者,析其离合,为内编三卷;论其显背于易而自拟为易者,决其底蕴,为外编三卷。传钞海内学者，私为帐中秘本。瑞龄少而孤，括帖之余，茫然不知有何学问，从游于郑师禹梅，始识理学渊源在于舜水，又得交于嗣君主一，获受是书而卒业焉。因请于夫子而刻之。

新安门人汪瑞龄百拜谨书。

（录自广雅书局丛书象数论卷首）

提　要

易学象数论六卷　清黄宗羲撰。

宗羲，字太冲，号梨洲，余姚人。明御史尊素之子也。博学通经，多所著述。其南雷文案中，当日自序作是书之旨云〔一〕：“易广大无所不备，自九流百家借之以行其说，而易之本意反晦。世儒过视象数，以为绝学，故为所欺。今一一疏通之，知其于易本了无干涉，而后反求程传，亦廓清之一端。”又称王辅嗣注简当而无浮意，而病朱子添入康节先天之学为添一障。盖易至京房、焦延寿而流为方术，至宋陈抟而歧入道家，学者失其初旨，弥推衍而轇轕弥增。宗羲病其末派之支离，先纠其本原之依托。前三卷论河图、洛书、先天方位、纳甲、纳音、月建、卦气、卦变、互卦、筮法、占法，而附以所著之原象为内篇，皆象也。后三卷论太玄、乾鉴度、元苞、潜虚、洞极、洪范数、皇极数，以及六壬、太乙、遁甲，为外篇，皆数也。大旨谓圣人以象示人，有八卦之象、六爻之象、象形之象、爻位之

〔一〕“博学通经”至“书之旨云”句，中华书局影印四库总目无，而作“康熙初，荐修明史，以老疾未赴。是书宗羲自序云”。

象、反对之象、方位之象、互体之象，七者备而象穷矣。后儒之为伪象者，纳甲也，动爻也，卦变也，先天也。四者杂而七者晦矣。故是编崇七象而斥四象，而七者之中又必求其合于古，以辨象学之讹。又遁甲、太乙、六壬三书，世谓之三式，皆主九宫以参详人事。是编以郑康成之太乙行九宫法证太乙，以吴越春秋之占法、国语泠州鸠之对证六壬，而云后世皆失其传，以订数学之失。其持论皆有依据。盖宗羲究心象数，故一一洞晓其始末，而得其瑕疵〔一〕，非但据理空谈，不能中其要害者比也〔二〕。惟本宋薛季宣之说，以河图为即后世图经，洛书为即后世地志，顾命之河图即今之黄册，则未免主持太过，至矫枉过正〔三〕，转使陈抟之学者得据经典而反唇，是其一失。然其宏纲巨目，辨论精详，与胡渭图书辨惑均可谓有功易道者矣〔四〕。

（录自文渊阁四库全书）

〔一〕“而”字上，中华书局影印四库总目有一“因”字。

〔二〕“不能中其要害”，中华书局影印四库总目作“不中窾要”。

〔三〕“正”，中华书局影印四库总目作“直”。

〔四〕“图书辨惑”，中华书局影印四库总目作“易图明辨”，为是。

附　录

周易寻门余论
图学辩惑

〔清〕黄宗炎　撰

点校说明

黄宗炎（一六一六——一六八六年），字晦木，浙江余姚人。明、清之际著名思想家黄宗羲之弟。曾在其兄指道下研读经典，并遵父遗命，与兄宗羲、弟宗会俱问学于刘宗周。著有周易象辞、周易寻门余论、图学辩惑等易学书籍，力辟陈抟之学。

周易寻门余论二卷，是其研究周易的随笔。对周易之取象立文、专用名词术语及其易学传承多所考辨，对陈抟、邵雍之学、卦变诸说以及分经合传多所评论。以为文、周、孔子之外不应别有伏羲之易为不传之秘；周易未经秦火，不应独禁其图，转为道家藏匿二千年，至陈抟而始出。

图学辩惑一卷，对河图、洛书、先天诸图、太极图说作了详备的考辨与精当的评说，谓陈抟之图书乃道家养生之术，周子太极图说杂以仙真，冒以易道，不可与周易同年而语。

此次点校周易寻门余论与图学辩惑，以文渊阁四库全书本（简称四库本）为底本，用世楷堂昭代丛书本（简称世本）参校。校勘体例一同易学象数论。

郑万耕

目　录

周易寻门余论卷上

予七八岁之时，随侍[一]先忠端公于京邸，授周易本义句读，逾年未能省大义。先忠端[二]蒙难，愚方童稚，凡我先忠端[三]理学之渊原，自得之精蕴，实未尝窥其毫末也。迨乎稍长，吾兄太冲先生命读王注程传，时随行逐队以图进取，不过为博士弟子之学，无所得于心也。间从蕺山夫子与闻绪论，予蒙蔽甚深，虽夫子谆谆训诲，未能有所启发。每与执友[四]陆文虎共阅郝仲舆先生九经解，其融会贯通，一洗前人训诂之习，然而可指摘之处颇多，遂有白首穷经之约。文虎捐馆，丽泽零落，而予更遭风波震荡，患难剥剥，始觉前日之非。夫立身与物，老而衡决，其"困而不学"之故乎？子曰"作易有忧患"，"不占"，"不可为巫医"，"学则可无大过"。拟以五十之年息绝世事，屏斥诗文，专功毕力，以补少壮之失。家贫苦饥，奔驰四方，以糊其口，枵腹殚思，往往头眩僵仆，或有臆中胸怀，亦若天空海阔，顿忘其困苦。又复废书

〔一〕"侍"，四库本无，据世本补。
〔二〕〔三〕"忠端"，世本作"公"。
〔四〕"友"，原作"父"，据世本改。

长叹,恨不使文虎见之,一畅吾茹噎也。因其未能鳞次,姑随笔杂述,以备散忘,命之曰寻门余论,见予得门而入之难也。若夫全书成与不成,尚未可知,先附于兹,庶存其志焉。

管公明言:“易安可注?”陶隐居言:“注易误,犹不杀人;注本草误,则有不得其死者矣。”二者之言,似异而实同。管氏学易大略远接焦、京,以灾祥测验行其术数,弃大道而不讲。陶氏不知经术,惟事本草。睨而视之,不过为养生家言尔,尤不足论也。夫君子之于易也,居则观其象而玩其辞,动则观其变而玩其占,岂区区以龟策为动,吐纳为静哉!管氏徒以家鸡野鹜之智,无根葩藻,未尝稍涉心性藩篱国家治忽也;陶氏遁身世外,且因符瑞以劝进,遗训于后世,与吾夫子“学易可无大过”,不亦背道而驰者乎?所以公明不能注易,隐居轻夫注易也[一]。唐子西驳正隐居以“六经辨道,物所以生;本草辨物,人资以为生。一物之误,不及其余;道术之误,其祸至于伏尸百万,流血千里”,诚为笃论。或问之曰:“子西之言亦据两汉言之也,唐以后无是也。宋儒之注经,其误不胜举矣。不幸者蠹笥鼠簏,无所轩轾,幸者颁之学宫,习于博士弟子,父训其子,师授其徒,家弦户诵,然其用也如俱头,其弃也如敝帚,孰以此决疑狱定国论,而惧其遗祸也哉!诚不如树艺医卜,犹有师承。一物之误,大于六经也。”予曰:恶是何言与?夫引经而误,犹若子西之所云,矧弃经而不用邪!火于秦,黄、老于汉,

〔一〕自“管氏徒”至“注易也”一段,世本无。

佛于晋、宋、梁、陈，是弃经也。衺说诬民，绣错佛老，而破碎周公、孔子，北宋、南宋尚可言乎否邪〔一〕？是乱经也。弃经不用，或可望于来兹；乱经莫辨，虽孟子复生，亦不能觉其数百年沉锢之俗习矣。其祸岂止伏尸百万，流血千里邪！庄生云：祸莫大于心死，镆铘次之。伏尸流血，镆铘也。弃经，心死也。至于乱经，则举天下后世之人相率而心死也。又何暇论其祸之轻重邪〔二〕？或又曰："宋儒之注经，虚谈性命，唯唯否否。苟欲引之以决疑狱定国论，则可东可西，可上可下，佥壬衺佞因缘为奸，法家拂士无所依据。吾不知其可也。"予曰：恶是何言与？汉遭〔三〕秦火之后，武皇亦非斯文之主，学士崇经，岂能上追往哲。然而〔四〕去古未远，流风遗俗犹有存者。师弟子之授受，等于父子祖孙，莫敢紊越。故其一二字训诂，确有从来，宁失之简朴拙涩，阙疑以传信，断无有任其聪明意见，妄为立说者。所循所守，隆重敬信，原如律法，故可以济世安民而弗疑。迨乎宋世，师承久废，所谓身心性命之理弃而不讲者，已二千年。听二氏之高座，纵横孤行，独擅绳仍〔五〕，宇内学士大夫以及夏畦妇女，莫不沉酣于紫色鼃声，移易其骨髓。有心世道之君子，欲以无师之智勇，一旦起而厘正之，为力固难，况习染既深，凡我官骸亦皆浸淫于其中，未能脱十一于千百，而遽谓直

〔一〕"否邪"二字，世本无。

〔二〕自"其祸岂"至"之轻重"，世本无。

〔三〕"遭"，世本作"承"。

〔四〕自"武皇"至"然而"，世本无。

〔五〕"绳仍"二字，世本无。

接孔子，言人人殊，吾安适归？今也朱易、朱诗、蔡书、胡春秋、陈礼及朱氏之论、孟、学、庸、二礼传，直一家言尔。崇奉之三四百年，校若画一，士人苟有出入，辄摈斥不录。羲皇、尧、舜、汤、文、周、孔圣人之经传，杳不可寻，是鼓南、北宋之余波作为狂澜而过之者也。故其为祸大略相似而更甚焉。夫济世安民者，经传也，非一家言也。苟一家言，则本草等尔。吾固未敢以傲夫公明、隐居也。或曰："然则如之何？"予曰：六经、论、孟具在，济世安民无他术也。

易始于伏圣，六十四卦画皆具。唐、虞、夏、商皆世守之，似乎稍有润色，然而不可考矣。其相传〔一〕连山、归藏之名，亦宜有所依据，确否〔二〕已难尽信。文王演为彖辞，周公系以爻辞，而易始大备，其道乃中天矣。故专属之周，曰周易。

六经、诸子悉遭秦、项之〔三〕火，惟易为全书，实学者之大幸。天之未丧斯文，故独护兹硕果〔四〕。又不幸而为稗纬所混淆，大道沦于草莽。王辅嗣以天姿高明，悠然得其轻清和淑之气，惜其习染晋代风俗，借经以明所得，或以所得证诸经，非死心致力为穷经之学者也。然而易之为书，已自清天白日昭布于人世矣。程正叔接其正传，加详密而纯粹，虽未必即为入

〔一〕自"似乎"至"相传"，世本无。
〔二〕自"亦宜"至"确否"，世本无。
〔三〕"项之"二字，世本无。
〔四〕自"实学"至"硕果"，世本无。

室,亦可称登斯堂者。乃有邵尧夫者出,取黄冠之异说,以惑乱天下,朱元晦奉为伏羲嫡嗣,推为卜筮之用,是欲返为稗纬而有弗及也。有明颁之学校,莫敢非议,使四圣重遭一厄,而易几乎息矣。

朱元晦曰:"传所以解经,既通其经,则传亦可无。经所以明理,若晓得理,则经虽无亦可。"此语与陆子静"六经为我注脚"其实相似,与庄周之"尘垢糠粃"、达摩之"不立语言文字"同一义也。凡此之类,皆欲出人头地,而助释氏之卤莽。夫子云:"十室必有忠信,不如吾之好学。""不食不寝以思,而不如学。"正指自得者之妄也。二子之言,皆自背于圣人矣,于异同乎何有?

易但有阴阳,不及五行,说五行自箕子始,独不思羲、文之作易,在洪范既锡之后乎〔一〕?在洪范未陈之前乎?况箕子之序五行,初未尝言为生化之本原。自周茂叔图说一讹,百口繁兴,莫能指正矣。周茂叔之太极图,邵尧夫之先后天图,同出于陈图南,而二子各申明其一体,竟为大易之祖宗。噫!其可不为孔门之媿也邪。

一奇一偶数已成三,原为三画矣。安得有所谓二画之体,漫称之曰老阳、少阳、老阴、少阴哉?夫阴阳老少之说,未尝见于十翼,不过后人以揲蓍求卦著于版上,以为分别记数也。故

〔一〕"在洪……后乎"句,世本无。

其称名，俗而不古，然犹可强解，曰：“画卦自下而上，有一画始有两画，以至三画。”故作此景响之论。若夫六画之卦，一乾为主，为下卦，是为贞卦；而递以八卦加之，为上卦，是为悔卦。其他七卦莫不皆然。安得于此时拆去其上二画，而为四画，拆去其上一画，而为五画也哉？如既已重之，则一卦各错八卦，显然成六十四卦，安得于此中有先后去取之殊，而为十六、为三十二也哉？吾恐不待其辞之毕而理诎矣。乃千古听其迷惑，何哉〔一〕？

羲、文二易创于陈图南，固黄冠师也〔二〕，不过以此图为仙家养生之所寓。故牵节候以配合，毫无义理，不足以当士君子之把玩。再三传〔三〕而尧夫受之，指为“性天窟宅，千古不发之精蕴尽在此图”。以愚观之，实丹鼎借坎离，医家指水火，皆援易以求信于人者，独本义崇而奉焉，证〔四〕是羲圣心传，置诸卷〔五〕首，前非往哲，后压注传五百余年矣。以言乎数则不逮京房、焦赣之可征，以言乎理则远逊辅嗣、正叔之可据，零星补凑，割裂经传，以宗诐淫邪遁之词，绝不关乎身心性命、家国天下之学。犹恐有识之士出而议所从来，乃曲为之辞曰：“此图失自秦火，流于方外，自相授受，不入人间。”夫易为卜筮之书，

〔一〕“吾恐”至“何哉”一段，世本无。
〔二〕“固黄冠师也”句，世本无。
〔三〕自“不足”至“三传”，世本无。
〔四〕“崇而奉焉”，世本无，“证”作“谓”。
〔五〕“卷”，原作“大易之”，据世本改。

不在禁例,宜并其图而不禁。岂有止许民间藏卦爻,而独不许藏图之事?其流于方外也,不知当秦分易为二时,有一黄冠者抱图入深山大泽而得免;又不知当汉祖入咸阳时,有一黄冠者随萧何走秦府库取图而遁去乎〔一〕?况秦、项及乎邵氏,其间几二千年,羽流而好文墨,读周、孔者不知凡几,儒者而好老氏,习吐纳者不知凡几,何竟无一人稍及乎此?乃孤行一脉,师承弗替,至七八十传而始出为世用,有是事有是理乎?大易晚添祖父之喻,确然其不差矣。元晦与王子合书,有云:"邵氏言伏羲卦位,近于穿凿附会,且当阙之。"何故既为易学启蒙,又于本义中如此?其敬信真不可解。抑斯文之不幸与?

分经合传,亦不过便于诵习耳,其间非有大背于四圣之义理也。后世注经之儒,亦将一人之私言附诸经传之下,未有非之者,而乃以移孔言附文、周为非。况欲改从其旧,为力莫易,何必纷纷以议变更得失乎?不知汉儒尚有师古之意寓乎其中,故于乾卦次第,特存古本。至于宋儒,则割裂章句,若后世诗人集陶集杜矣,将何诛焉?今擅改文王、孔子而自命为羲易,不彼之求而区区于此,窃钩诛而窃国侯,信矣夫!

大传曰:"一阴一阳之谓道。"宋儒则曰:"道非阴阳也,所以一阴一阳者,道也。"必欲加一转语于圣人之上,乃是释氏之

〔一〕"乎"上,原有"有是理",据世本删。

习气，即“铃响风响”、“幡动风动”、“打牛打车”〔一〕之意，实“鸡三足”、“坚白石”之賸论尔，岂足为精微玄妙？圣人之所以异于二氏者，正在阴阳即道，恻隐、羞恶、辞让、是非皆情善也，即性善也。“继善成性”，从四端而窥见。苟曰情之非性，则释氏之詆我偏见外道者，正在于此，何用袭彼为哉？

邵尧夫曰：“先天之学，心也；后天之学，迹也。先天之学乃是心法，非言可传，当以心意领会之。后天之学乃是效法，故文字而有形迹之可见。”信斯言也，是文、周、孔子俱仅窥心法，而终泥于迹象；知心法者，惟羲皇；羲皇之图又隐而不见，能表而出之者，惟邵氏。是尧夫者，不特度越千古传经之儒，而且匡拂夫文、周、孔子者也。愚以为，有形则羲皇一画已是形矣，岂至方、圆、横图之错〔二〕杂堆积，而尚得言无形乎？天地雷风水火山泽，非文字之可见者，而何以谓无形？则象象六爻皆文、周不显之至理，何得指“元亨利贞”而遂云有形乎？“极深研几”，“拟形容，象物宜”，恐非心意领会亦不可得。今邵氏之云：“先天者，似乎父母未生以前；后天者，似乎气血既具以后。”此二语直为杜譔臆说，秦、汉载籍中所绝无也。彼必曰：“本于文言。”文言之谓先天者，曰天时未至，大人有以开之，若先乎天矣，而与天所将来一无违逆，故云“先天而天弗违”。谓后天者，曰天既启其端，大人继述其所宜，后乎天矣，若奉天之

〔一〕“打牛打车”，世本无。
〔二〕“错”，原作“堆”，据世本改。

命令而不失其时候，故云“后天而奉天时”。此“先后”二字，本属虚语，如礼传“先后从前”一例，非实有先天后天之可象可指也，况得而名易乎？夫自竺书之兴，胶葛支离，千百言不能了一义，分析剖判，愈精愈晦，愈辨愈淆。因有达摩者出，兴教外别传之法，一切扫除，直指本体，斥语言文字为粗迹，其师心非古，大有叛于彼教。因恐其徒之或议之也，因大决其藩篱，有呵佛骂祖之说。其传授浸淫中国，高明者乐夫放诞，愚鲁〔一〕者喜夫不学，靡然从之，如水之赴海；圣道衰息，弃而不讲，老师宿儒、后生小子俱不能逃其范围〔二〕矣。宋儒自谓上接孔子之传，而实袭释氏之故智。六经煌煌，明如日星，列如河岳，非胶葛支离之书也。名物象数，子臣弟友，汉儒虽失之固执，亦非千百言不能了一义者也。岂可效达摩之所为，而以心学归先天，崇羲皇，以语言文字归后天？彼哉周文也，传经诸儒一概抹煞。其为呵佛骂祖也，不远矣！

书契以来即曰“修辞”，曰“其辞文”，曰“言之不文，不能行远”。自释教之盛行，其所称祖师，类皆不读诗、书者，始有语录。语录布之竹帛，粗野俚俗，出辞气而鄙悖随之。今学者对其书，而不敢句读，宜乎？吾儒痛革其非，以为修辞行远之学〔三〕。顾宋儒尽弃夫典、谟、雅、颂之文章，而效尤乎彼习，

〔一〕“鲁”，原无，据世本补。
〔二〕自“圣道”至“范围”，世本无。
〔三〕“以为……之学”句，世本无。

若〔一〕似讲求义理者，非鄙悖之言不足以载道，语言粗迹必欲蹈袭释氏，不能改其规矩彀率〔二〕，他可知矣。

"言以明象，象以会意；得意忘象，得象忘言。"是所入渐深，已有"尘垢糠粃"之悟，实开单刀直入之门。虽从"书不尽言，言不尽意"脱胎翻身，而偏全远矣。

羲、文之至理大道，惟夫子能知之，犹"韦编三绝"，曰"加我数年，五十学易"，盖戛戛乎难矣。自夫子赞易后，三圣不显之精微始昭然于旦昼，后之学者方得阶十翼而窥卦象，求夫子即所以求三圣也。不知何故创为淫哇之说，自塞其天衢，而扶服于荆棘，反狭小吾夫子，以为非羲皇之易之本旨。又恐人之莫或信之也，而命之曰：此羲、文之象也，此羲、文之义也。使夫子之易而非羲、文之易，夫子之象之义而非羲、文之象之义，则夫子当年不知老至，所学何事？乃仅仅阐其一己之私见，不及三圣之心神？无是理也。欲舍十翼而求三圣，是犹舍测算而求日月星辰，舍布帛菽粟而求温饱，斯则必不得之数也。

夫子明言"易兴于中古"，又曰"衰世"，又曰"殷之末世，周之盛德"，尚恐人有疑惑，又直曰"当文王与纣之事"，则学人亦

〔一〕"若"，世本作"一"。
〔二〕"不能……彀率"句，世本无。

可因此而信之矣〔一〕。无论所谓连山、归藏者不可概见，即可考矣，乃夫子所摈弃而不录，非不足征，则不足观〔二〕。何故偏舍殷、周之显赫昭著者，而从事于不可知之途乎？况欲等而上之，以求羲易？夫羲皇之神妙尽发于文、周，读文、周即穷羲皇；文、周之大道悉阐于夫子，信夫子即叩文、周也。士君子不能专心毕力乎此，而崇奉陈、穆之畸说，因朱而信邵，因邵而信陈、穆，因信陈、穆而反疑夫子，欲入而自闭之门。夫子十翼，天地、阴阳、鬼神、身心、家国、天下之大义；邵氏之诬羲皇，则搬演藏阄之戏术，有何至理，竟取而冠诸四圣之首！立言之家每有意偏颇，及辞句违戾之处，亦无害于学问；至于邵氏说易，乃原本之譌〔三〕，于易理实无定见，视麒麟为怪兽，鱼目为随珠也。总之，不立语言文字之教行，人人乐其放诞，不可把捉，说东即东，说西即西，可以为遁词而不穷，非若文、周、孔子之有物有恒，是非黑白判然于耳目之间者也。黠者倡之于前，愚者信之于后〔四〕，授受〔五〕衺说，以诬往圣，以欺后学〔六〕，祸甚于杨、墨矣。

卦变之说，不知所据何理，但曰："一阴一阳自姤、复来，二

〔一〕"则学……之矣"句，世本无。
〔二〕"非不……足观"句，世本无。
〔三〕自"立言"至"之譌"，世本无，而有"不知邵氏"四字。
〔四〕自"黠者"至"于后"，世本无。
〔五〕"授受"，世本作"特倡"。
〔六〕"后学"，原作"学者"，据世本改。

阴二阳自临、遁来,三阴三阳自泰、否来,四阴四阳自大壮、观来,五阴五阳自夬、剥来。"一阴一阳之卦,即是五阴五阳之卦,二阴二阳之卦即是四阴四阳之卦,不知何所分别。若须搬演成图,则宜每卦必用,何以六十四卦之所见不及十之一二,而且牵强支离,初无理义之可绾合?八卦相荡即有六十四卦,孰在先而孰在后?乌得有此卦自彼卦来之事?如曰"此来彼往",则宜先有一主卦,而后可变为他卦。绎夫次第,殊乖纲纪,观夫立论,无关大道。原其缪误之故,亦因揲蓍求卦有某卦之某卦,遂以谓羲、文卦爻辞象如此造端也。又有取二卦之变以成一卦者,试举随而言:"自困二来居初",随何取乎困?"官有渝,出门交有功",何近乎"困于酒食,朱绂方来,利用亨祀"?又"噬嗑九来居五",何似乎随?"何校灭耳",何合乎"孚于嘉"?吾方病其困与噬嗑,呼之而不可摆脱,又生于未济来者以混之。会通其论,随、困、噬嗑、未济四卦,有何血脉,有何名象可以连贯照应而为此说乎?作者费精神于无用之地,学者淆视听于昏迷之路,自为自然,吾不知之矣,蹙融之喻诚确。

卦变之说,略例、正义于理可通。盖曰:"乾、坤其易之门邪。"门则出入之所由,六十四卦皆从此而变,若以为从他卦往来,则断断必无者也。元晦曰:"有自然气象。"又自觉先有彼卦,后有此卦之难通,遁而为就卦成推说,更多此一转。夫既画卦无先后,岂卦已成之后别有所谓先后乎?则其义为何义也?又云:"乾、坤亦无生诸卦之理。"无论天地生万物,乾父坤母，索男索女。夫子欺我，抑且指古今人物皆出自空桑矣，亦求异以陵驾前贤之过乎？又云："要在看得活泼，无所拘泥。"然必有理义，始能活泼。"庭前柏树子"，"青州做布衫"，岂可阑入于卦画之中哉！

窃谓六经一理，诗、书既得圣人删定，则诗三百篇，书百篇，乃是校勘精详，无复可议之圣学。苟于此姑置而不讲，别求逸诗，补其所不备，若韩退之叹石鼓之见遗，别〔一〕寻孔壁、汲冢之古文，以证伏生之缺失；又如读春秋而搜七十二国之野史，以考会盟征伐之异同〔二〕，非愚则妄矣。易断于周，亦犹是也。其大传所不载者，即或古昔有之，与删去之诗、书，削去之春秋〔三〕何异？况其所必无者乎？今日而孜孜于连山、归藏、太卜之书，是求逸诗于石鼓，逸书于冢壁，采野史于晋乘楚梼杌〔四〕，其不为君子所笑乎？至于溯原羲易，则诗有混沌之讴吟，书有天地人皇之诏诰，春秋有黄帝、蚩尤之征伐〔五〕，不难补缀以加于毛诗、尚书、鲁春秋之上，又谁见之，而谁证之也哉！学人何不崇夫子，而甘自陷于非僻乎？

"无悔"、"悔亡"，古字"无"、"亡"通用，然玩文，"无悔"

〔一〕"别"，世本作"搜"。

〔二〕自"又如"至"异同"，世本无。

〔三〕"削去之春秋"句，世本无。

〔四〕"采野……梼杌"句，世本无。

〔五〕自"春秋"至"征伐"，世本无。

者,其所本无,未有于前也;“悔亡”者,已有而亡去之于后也。

三四爻当人位,人能改过,故“无咎”多见于此。愒时玩日,过而不改,皆畏难苟安之意。震者,动心忍性也。动则变,变则无咎矣。故曰:“震,无咎。”吉凶悔吝相倚如循环,而其要在无咎。无咎则存乎悔,然恒人非震动不能悔。释氏谶悔亦是此意。

汉张遐少而知易义,徐穉尝称之。陈蕃问遐曰:“易无定体,强名太极。太者,至大之谓;极者,至贵之谓。”谓:“甚浅近。”而以太极归易,则不叛夫子立言本旨,自无荒缪之失。

“参天”者,一三五为参,倚之而得九;“两地”者,二四为两,倚之而得六。故“用九”“用六”。况以参益两,其倚止五,原未及乎五之外。“参伍”者,三五也。三其五则为十五,从而两分之,一九、一六适合其数。所谓七八为少者,诬也。老变少不变者,教人揲蓍以求卦,非古圣作易以画卦也。二事截然不同,解者多混为一事,不加分别,学人益懵懵矣。譬会计钱币者,用算筹算子以求其数、考其数,若夫生财聚货,则别有道矣。尧夫有二画、四画、五画之卦,是指用算筹算子时〔一〕为生财聚货之术也。

〔一〕“时”,世本作“特”。

既有卦爻辞象，便有十翼以发明之。必欲舍是而求于不可知之伪图，以为高妙，实玄禅之祸，儒者反覆而辅相之者也。元晦云："观图好看吉凶。"大是贤智欺人之语。尧夫铺排卦画，吉凶安在？不过曰："中人以上不必象爻辞象，便能达圣人之堂奥。"以此示人。后之学者，孰肯自处中人以下，而敢谓图不足以看吉凶乎？君子则惟道所在，与吾心所安尔。阿比雷同以徇贤智之名，未见其贤智也。夫子曰：智者"观其彖辞，则思过半矣"。圣如夫子，犹必观彖辞思过半，今将尽掩六十四彖辞，一观图即知存亡吉凶，不亦高出夫子万万哉！吾恐上智之士并揲蓍求卦，悉当判为尘迹。圣人之精神原不在是，不然，吉凶悔吝何以但验于左氏，不尽验于后世也？就使一一皆验方技之家，史传林立，且不必观图而知吉凶，或更贤于羲皇矣〔一〕。

复之为卦，阳气初回，雷藏地下，有冬至之象。夫子曰"至日闭关"，可征可信者也。若姤之"天下有风"，吾已不敢信其必为夏至；至临为十二月，泰为正月，大壮为二月，夬为三月，遁为六月，否为七月，观为八月，剥为九月，已为充类，致义之尽，卦爻辞象绝不相蒙。乾为四月，坤为十月，以乾、坤属于一月，益纰缪矣。易惟变动不拘而始神，排方逐位，实邻按图索骥，非易也。

〔一〕自"吾恐"至"羲皇矣"一段，世本无。

朱元晦曰："每见前辈说易，止把一事说。某之说易，所以异于前辈者，正[一]谓其理人人皆可用之，不问君臣上下、大事小事，皆可用[二]。前辈止[三]缘不把做占说了，故此易竟无用处。"愚谓既以言象，就指一事言，亦是无害。"帝乙归妹"，"箕子明夷"，"王用享岐山"，"高宗伐鬼方"，原是说一事，何尝有碍于君臣上下、大事小事？马牛鸡豕尚可立象，若碍于一事，则马也不可守庐，牛出不可司晨，鸡也不可逐兔，豕也不可服襄。即为龙矣，亦不能衣裳礼乐。凡所谓象，俱属一物，而无用处。

体用二字，不特不著于六经，并未尝见于秦、汉，乃创于释氏者也。盖释氏以心者无之名，无者心之体，内有萌动，即为识神；又惟恐其落于空，故急缀以用，因立体用之名。谓："耳目口鼻，其体也；听视食臭，其用也。运动悉还于官骸，无有得而主之者。"宋儒沿袭此语，凡言必及，自天地万物以至仁义道德，亦俱云体用，以谓分析之精详，不知实蹈释氏之牙后也。夫子曰："神无方而易无体。"反不可信乎？

乾之"乾道乃革"，需之"利用恒"，蒙之"困蒙"、"顺以巽"，小畜之"复自道"、"牵复"，履之"夬履"，离之"履错然"，

〔一〕自"某之"至"者正"，世本脱。
〔二〕"皆可用"，世本脱。
〔三〕"止"，四库本、世本原作"正"，据朱子语类卷六十七改。

归妹之“跛能履”，临之两“咸临”，咸之“执其随”，艮之“不拯其随”，噬嗑之“颐中有物”，睽之“厥宗噬肤”，损之“弗损益之”，“或益之”〔一〕，夬之“壮于前趾”、“壮于頄”，遁之“黄牛之革”，鼎之“鼎耳革”，兑之“孚于剥”，未济之“震用伐鬼方”，亦有是字法相同者，未必尽指彼卦，苟欲强而合之，既多穿凿，易道反隘矣〔二〕。

王安石之解“求王明”云：“井之道，无求也，以不求求之而已。孔子谓‘异乎人之求之也’。君子之于君也，以不求求之，其于民也，以不取取之，其于天也，以不祷祷之，于命也，以不知知之。”此数语者，权谋机诈，欺君罔民之心露其过〔三〕半矣，于井之爻义何涉哉！

河图、洛书之说，其言怪妄，不足深信〔四〕。何所髣髴乎卦画？凿之而不得其故，则遁为蓍策所由兴，及附会割剥于蓍策，又无可契合。是图、书也，直可有可无之余事尔。岂足为大易之根原乎？支离蔓衍，无当圣经〔五〕，惟欧阳永叔欲尽扫除，真开拓千古之心胸者也。有宋儒者无虑百数，俱不能有此独辟之见，又不能从而和之，乃依回臬杌于其间，岂务民反经

〔一〕“或益之”上，当有“益之”二字。
〔二〕“既”，世本作“反”，无“易道反隘”。
〔三〕“过”，世本作“大”。
〔四〕此二句，世本作“怪妄不足信”。
〔五〕“支离……圣经”二句，世本无。

之正道哉[一]！夫子赞易，删定诗、书、礼、乐，笔削春秋，生民未有贤于尧、舜，何尝赖此怪妄之事！凡善读书之人，须求圣人于庸德庸行中，勿搜其隐怪，则庶几无大背矣。

郑康成于经文多所改窜，或是石本之譌原与古文不同，亦未可知。其注易“包蒙”之“包”，谓“当作彪。彪，文也”。“包荒”之“荒”，“读若康。康，虚也”。“豮豕之牙”，读牙为互，牙与互篆体相似，因而误也。“枯杨生荑”，读枯为姑，山榆也。“锡马蕃庶”为藩遮，禽古庶字，本读遮，借为众庶之庶，因借所夺，作遮字以别之。“解”，读教蟹切，坼也，百果草本皆甲宅；汉赋皆然。皮曰甲，根曰宅。“劓刖”作“倪伈”，“一握为笑”之“握”作“屋”[二]，“夫三为屋”之屋[三]。“道济天下”之“道”作“道”，“天下之至赜”作“至动”，“为乾卦”作“干卦”。说多穿凿，不可尽信。再以汉说文按之，“乘马班如”作“驙如”，“邅”与“驙”俱迟回不进之意。“泣血涟如”作“㥨如”。“比”古文作[illegible]，两人以正相亲也。[illegible]比乃反[illegible]从，不正相昵也。“裒多益寡”作“捊多”，“只既平”之“只”作“禔”。“百谷草木丽乎土”，丽加草，俗书也。“有疾惫”作“疾惫”，“用拯马壮”作“撜马”，明夷、涣同。“其牛掣”作“牛觢”，“允升”作“䆁升”，“丰其屋”作“寷其屋”，“巽”作“顨”，“先庚后庚”作“先庸后庸”，

〔一〕自“有宋”至“正道哉”，世本无。
〔二〕“作屋”，原作“读”，据世本改。
〔三〕“屋之”，世本无。

"成天下之亹亹者"作"娓娓以成天下","确然示人"作"隺然","服牛乘马"作"犕牛","日以晅之"作"烜之"。其字多俗,反有不若石本者。自文、周以来,古文变而篆籀,篆籀变而小篆,小篆变而隶书,隶书变而俗楷,其传写失真,原有不胜计校者。况其间迁改而从时俗者,十之九或不通其意,偶存一字之旧文;其间加偏旁者,十之九或不辨其声,偶留一字之假借,学者益混淆而难测度矣。愚尝谓:不精晓淹贯于六书者,难与论经学。

上古朴直,如人名官名俱取类于物象,与以鸟记官之意,及夔龙稷契朱虎熊罴之属是也。易者,取象于虫,其色一时一变,一日十二时改换十二色,即今之析易也,亦名十二时;因其倏忽变更,借为移易、改易之用。𠂢易之为文,象其一首四足之形。周易卦次,俱一反一正,两两相对,每卦六爻,两卦十二爻,如析易之十二时,一爻象其一时;在本卦者,象日之六时,在往来之卦者,象夜之六时。取象之奇巧精确,不可拟议,无逾于此。俗儒反病其一物之微,不足以包含大道,妄解日月为易,开端于虞仲翔,而圣人取义渐隐。夫日月合体,其字为明,日升于东,月生于西。故◎者,不特指其昼夜之光华,而兼指其光华所生之位置,一在东一在西也。今以上日下月为易,其舛缪有七:如以日为天上之日,月为地下之月,是于时为望、为昼,日丽中天,万象具陈,而独取九渊之藏魄以配太阳,不见其得宜何从而变化,舛缪一也。如以日往月来、月往日来相推代明,则亦当以左右为出入,南北为躔道,甚无关于上下,舛缪二也。如以日月同在天上,同经不同纬,则月为暗魄,于义无补;同经同纬,则日有食之,乃[一]灾变而非变化,舛缪三也。况其为文,原从勿,但象四足之形,不成字,与D远甚,舛缪四也。揆厥所由,实因[illegible]昜字而譌。昜从旦从勿;旦者,日之始出,离于沧海,其光芒灼烁,为五采而注射于八方;勿者,指其象若旗斿也。易且不可为月,岂可因昜而转及于易乎？舛缪五也。日将出谓之昧爽,史记作昒爽;日入处谓之昧谷,古作昒谷,则是日将出将入,映于海水,俱有光芒四达也。岂可亦指为月乎？舛缪六也。按,说文有暘昜字,声同易,注云:"日覆云,暂见也。"则原有日之昜矣,易上之日自为虫首,非日无疑。舛缪七也。罗泌云:"日月为易,而文正为勿,勿者,月光之散者也。"是犹疑勿与月之不同,仅指为月光也。其后戴侗、周伯琦辈袭夫新奇[二],竟改作[illegible]冐字矣。圣人至理悉去,其饩羊可不辨[三]哉!

易为文字之祖,于六经之中尤宜先讲六书。夫不知字义,而读他经,所失犹有二三,以之读易,十不得其二三矣。然泥于古篆,更多不可通晓之处,是又自增一重障蔽也。虫书鸟迹,翻改数十人,流传数千年,其义多希微矣。使欲尽据金石而为是正,宁保钟鼎之无真赝,型范之无良楛,镌铸之无剥蚀

[一]"乃",原作"又",据世本改。
[二]"袭夫新奇"四字,世本无。
[三]"辨",世本作"论"。

乎？反不若就小篆之近古而义可通者，则取之，其缪误而俚俗者，则反古而辩证之，此中之因革损益，有百世可推者在也。羲皇六画与文王卦名，确乎一体，或取形象，或取画象，或取上下二体交错之象，其文字与卦画，俨然画一，不容移易；学者于此得其会通，六爻无不迎刃矣。谓三画卦为独体之文，六画卦即合体之字。☳即回雷，即畾靁，钟鼎云雷之文象此。☵即巛水，即𣲖流；☶即山山，即屾屾；岫君切。☴即木木，即林林；☲即火火，即炎炎；即是𩂣需之类是也。然又有不可通者，讼为天水，实雨雨字，何以象义绝不及此？火天大有，实昦昊字也；蛊为山风，实嵐岚字也。何以象义亦不关切？日木乃为鼎，而不为杲杲；木日乃为家人，而不为杳杳；风水乃为涣，而不为渢渢；水木乃为井，而不为沐沐；泰、益、渐俱卦名有水，而卦画无坎、兑；困有木，而无巽，说卦观象，固不可以例求也。

王辅嗣曰："义苟应健，何必乾乃为马？爻苟合顺，何必坤乃为牛？"程正叔曰："理无形也，故假象以显义。"此数语者，真足以解胶固执滞之束缚〔一〕，而汉儒之失亦可救矣。朱元晦曰："乾之为马，坤之为牛，说卦有明文矣。马之为健，牛之为顺，在物有常理矣。至于屯之有马而无乾，离之有牛而非坤，乾之六龙疑于震，坤之牝马交于乾，是皆不可晓者。汉儒求之说卦而不得，则遂相与创为互体、变卦、五行、纳甲、飞伏之法，参伍

〔一〕"束缚"，世本作"失矣"。

以求，而幸其偶合。其说虽详，然不可通者，终不可通；其可通者，又皆傅会穿凿，而非有自然之势。虽其一二之适然而无待于巧说，为若可信，然上无所关于义理之本然，下无所资于人事之训诫，则又何必苦心极力以求于此，而必欲得之哉！”此发蒙振聩之论，泥象者可以出暗室就光天矣。又曰：“某尝作易象说，大率以简治繁，不以繁御简。然易之取象，各有不同，却有难理会者，如乾为马，而乾之卦却专说龙之类是也。只是说得半截，不见上面来历。”愚以谓乾为马，坤为牛之属，其意盖云马有可以象乾，牛有可以象坤，非拘乾于马，拘坤于牛也。故舍马牛而别取他象，亦是显然明白之道，有何上面来历之不见？

六十四卦之中，有卦美而彖未必美，或彖美而爻未必美者，或象辞美而未必吉者；有卦恶而彖未必恶，或彖恶而爻未必恶者，或象辞恶而未必凶者。先儒解之而不得其故，则曰：“不可拘泥而已矣。”不可拘泥者，乃读书之法；而必求其可通者，则读书之功。圣人于此，必有真知酌见不容出入者。此存亡得丧之大道，与乾龙坤马不同。

两卦上下相错，天地自然之象，人世之风，会圣贤之至德尽聚于此，惟大象传为引其端，全卦之义各当于此一语中摸索寻之，既得则卦爻如指掌，是吾夫子学易精蕴也。舍此则卦爻微言奥义，望洋无舟楫。然自传注以来，得其门者寡矣。

世儒每欲自高其门户，辄言辟佛，不知彼所谓经、律、论者，皆译自吾土，聪明才辨之士尽取吾圣人之精义以奉之，彼意未始如是也。混之既久，泾渭莫分。辟佛者，辟圣人之至理；从圣人者，从佛氏之牙后。儒指佛为佛，佛引儒为佛，至佛不屑为儒，犹其祸之小者也。及乎儒认老为羲、文，窜佛为孔、孟，且同是儒同非佛老，而圣道亡矣。其间一线之绝续，在于六经，而取黄冠师之先天、无极以乱之，而六经亡矣。于戏！“易之为书也，不可远”。今大易尚存，稂莠桀裂，然而日星黑白究不能淆。千秋万世圣人者出焉，经正民兴，邪慝有时而息乎〔一〕？

乾坤、坎离，两卦相对，有升降而无颠倒；震巽、艮兑，两卦相对，有颠倒而无升降。乾、坤为六子之父母，坎、离得阴阳之中气，虽纵横变化，不能易其本体。震、艮长少二男，为颐为小过；巽、兑长少二女，为中孚为大过，其独体有颠倒者，合体则与坎、离相似，不受颠倒矣。圣人以乾、坤、坎、离为天地自然之功用，以成上经之终始；以咸、恒、既济、未济为人事经常之大法，以成下经之终始。咸、恒者，艮、兑、震、巽之交错也；二济者，坎、离之交错也。同为六子，似坎、离之权重，而震、巽、艮、兑之用轻。故于上下经之将尽，皆取震、巽、艮、兑，迭更而为颐、为大过、为中孚、为小过，以四卦之杂，配四卦之纯。其神化莫测若此，伪图云乎哉？

〔一〕此章，世本无。

圣人立象，俱是实有此事，非虚空说理者比也。如“需于血”、“用凭河”、“包有鱼”、“包无鱼”、“井谷射鲋”、“载鬼一车”、“天在山中”、“地中有山”、“泽中有火”之类，语极险怪，细绎其义，无不平易至当。后儒注解不切，视为艰深，极其敷会犹不能得，则曰：“有其理而无其象。”夫有其理乃有其象，无其象斯无其理矣。天下岂有理外之象，象外之理哉！即有好言象者，类多求之牛马手足，以强合乎乾、坤、震、巽，舍其大义之所在，而专务于细琐，则将焉用此区区者为哉！后儒之言象，与羲、文、周、孔不同者无他，羲、文、周、孔之理象无分，而后儒之理象有分也〔一〕。

程正叔云：“乾坤，古无此二字，特立此以明难明之义尔。”不知震坎艮巽离兑，古亦何〔二〕尝有此字也。羲皇制为文字，命为音声，即三画六画已开书契之事；文王因其法象，演其义理，而文字声音以广以备。其造端于易者甚多，至于卦名，尤其一一有定分，毫厘不可景响。岂得与诗、书通用文义者等乎？

阴阳二字不当加自古阜字。作偏旁。山之北、水之南为阴，山之南、水之北为阳，故加阜以指事〔三〕会意。如阳奇阴偶之字，止当作侌会，从今从云。云即𠃞云，云掩日为阴，今谐声谓云

〔一〕自“后儒之言”至“有分也”，世本无。
〔二〕“何”，世本作“未”。
〔三〕“事”，四库本无，据世本补。

之掩日，前后俱不然，惟今暂若此之意。昜易从旦从勿。旦者，日之初升，一指其离乎地也。勿者，旌旗之属，日升由于海水其光相激射，水日交为晖映，散其彩色于下，如旌旗之斿垂而下注也。俗书混作阴阳，其义荒荒；而于雨旸之旸，不知去阜而反乎正，复加一日以别之，是天有二日矣。恶乎可〔一〕？

卦卦从圭从卜。孔颖达曰："卦者，挂也，挂之于壁也。言县物之杙也。"其义可谓粗疏矣。夫易卦岂指县壁为义？不过以县挂之挂，有似乎卦爻之罗列，因声而借其意，乌有易卦反从此出之事乎？应劭曰："圭者，自然之形，阴阳之始。卦者，亦自然之形，阴阳之象，其为字也从卜为义，从圭为声。古者造历制量，六十四黍为一圭，以象六十四卦也。"其〔二〕辩则辩矣，奈讹圭读若阶。为圭，读若规。何若夫律度量衡与颁瑞群后，俱唐、虞之事，在画卦以后者，可姑置矣〔三〕。愚以谓，圭圭象阶级层叠之形，中一丨指人由之路，言虽欲从此而行，吉凶悔吝杳不可见，必卜之而始得其端倪之所在也。圭之音义，大约与街同，其形事又与附不远；与圭璧之圭，重土之圭，古封字。笔画易混，音声意理则大相县绝矣。**全**圭从亼从玉，玉指其质，亼象其剡首之形，应似未能悉此。

〔一〕"恶乎可"，世本无。
〔二〕"其"，世本无。
〔三〕自"若夫"至"置矣"，世本无。

爻从二乂，古五字，与互字通用。以九阳六阴交互于初、二、三、四、五、上之位也。无有阴阳之时，其位谓之六虚；既有奇偶以后，其画谓之六爻。上乂为上卦，下乂为下卦。天数五，地数五，两五相合而成爻。经卦三画，三画之卦无爻，兆古别字。卦始六画，六画而爻具。夫子曰："因而重之，爻在其中矣。"或曰："内外各三画，何不重三而重五，岂无说与？"曰：重三则内外截然，上下否塞而不通，无相交之道。爻者，交也，言阴阳参伍也。盖一奇一偶，兼而为三。三者，阳也。偶不能兼奇，则依然二也。二者，阴也。偶得奇而参之，故曰"参天"。偶自相偶而不乱，故曰"两地"。"参天两地而倚数"，则为五也。三以一奇兼一偶，至于五是一奇兼二偶也。二偶之中一有形一无形，以有形之偶配奇，还无形之偶归太虚，则虽五而实三也。初上二爻不称一六，具位而已，"兼三才而两之"，地下之地，天上之天，俱存而不论。自初而上，至五而盛，再上则为亢，为战，为穷，为灾；自上而下，至二而微，复下则为趾，为尾，为履，为勿用。故"二四同功"，"三五同功"，而不及初上。初不及中，上过中，俱不可用五而用中，则又三也。五而相倚，则十有五矣。是天地人当各得一五也。十五而相判，九为阳爻，六为阴爻，是"用九"、"用六"已括于五也。是故谓之爻。明堂之窗，一窗六十四交疏，若爻字之状，六窗凡三百八十四交疏，盖取义于此。或以谓爻取象于窗，则颠倒不伦矣。

彖象即豕也，象其长喙奔走之形。野豕善斸地，遇有句萌蛰伏，能以喙启土，寻而食之。俗儒因有象字，误以为南荒大兽，于是再缪以象为象对，臆说为即交、广之茅犀，名为狶神，开口而五藏尽露，善知吉凶，益凿空不经矣。象但言像何物尔，假借其声，意〔一〕非直指其兽名也。岂得复以象效其尤哉？夫虎豹犀象，乃周公驱而远之者也。岂反于方册之上，日欲与其名字相狎邪？愚按，彖即篆字。凡虫之食物曰蠡，亦从彖；刻竹曰篆，亦从彖，皆以豕啄画地成文。指意古字不备，多假借相通用。彖之为篆，假借而转其声者也。篆作彖而不加竹为偏旁，犹像作象而不加人为偏旁同也。卦之奇偶，如☰☷☳☵☶☴☲☱之类为画；卦之名义，如乾、坤、震、坎、艮、巽、离、兑之类为篆。画与篆虽同为文字，而画指直行，其数甚简，一片可尽；篆则有纵横曲折之变，其数稍繁，因效豕之着地，而刻诸竹编之上也。士不师古，一去偏旁，反迷本始，以是读经，圣人之意几何其不晦哉！

象〔二〕，像其长鼻头足之形，古文作，不便结构，小篆改从纵体。象之为物最巨，其性最狂，而甚易驯扰，善能想像人意，故谐其声而为像，假借其字则竟用象，犹言测度其形状也。古字不加偏旁，故直作象，非指其兽而称之也。

吉，旧云从士从口。士者，所建立卜筮人也；口者，龟从士从而有占辞也。愚以谓，史巫之口，乌足尽信而可定为吉

〔一〕"意"，原作"音"，据世本改。
〔二〕篆字""，四库本无，据世本补。

也？其所谓“乃心”、“卿士”、“庶民”，又安在也？魏子才亦尝疑之，乃取哲之重文作嚞，从三士三口，谓三人占而三人之言皆然也。其疑士口之未必尽吉，则是矣；而竟改哲为吉，则吾又未敢安也。愚谓，当属三体会意，从十从一从口。盖云乃心、龟、筮、卿、士、庶民皆从，十人一口，“是之为大同”也。而其义正与凶对。

凶从乂古五字。从凵。象土陷形，未成字。五者，十之半也；凵者，陷土于土甴古魄字。之中，动有窒碍也。问：既以凶矣，何以尚存其半乎？曰：此圣人许人以迁善改过之门也。过以贰而成，恶必积而灭身。君子虽处困穷忧患，其半属于天，其半属于我；在天者不能违其数，在我者犹可救以理也。故吉则十口一辞而得其全，凶字亦陷五而失其半〔一〕，圣人不以事之艰难委于天命〔二〕，惟以反身克己为进修无倦而已矣。洪范：“筮逆，卿士逆，庶民逆，作内吉，作外凶。”是内外各得其半也。及至于“龟筮共违于人”，犹曰“用静吉，用作凶”。天道人事固〔三〕未尝有全凶者，君子能察乎内外动静，庶不罹于凶咎矣。

悔从心从每。每者，历思其既往之非，每每而生于心，有不言而自讼之意。求于内者，必克己，故自凶而趋吉。吝从

〔一〕自“也故吉”至“其半”，世本无。
〔二〕“委于天命”，世本作“委天委命”。
〔三〕“固”字，世本无。

口从文。口饰非而文过，自为甘言善语以欺外人，过则惮改矣。故自吉而向凶。君子小人之分，惟系于此。过而至于悔，亦是动心忍性，与“不远复”者有间。吝有顾惜之意，凡惜土地财物，不忍与人者，必作好言以诳之，所以为吝惜；又惧人之知其心也，所以为羞吝。

𠧪咎从卜从各。人各一心，凡事推委，各欲卜其利害可否，而趋避之也。无有责任，专主之意，则祸患之乘亦非一端矣。谁执其咎，谁执正所以成其咎也。

丄上属上而近吉，丅下属下而邻凶。⺊卜者，上下未判而介于疑似之间，必卜以定其适从。故字用上下之转体以指事，言其或上或下也。𠁣占从卜从口。既卜之后，发诸口以为吉凶之辞也。

𥳑筮从竹从巫从吅从収。四体会意，实嫌于烦，不若周礼借巫而转其声为简当。竹者，古以竹为策，不纯用蓍草也。巫者，通幽明之故，卜筮人也。吅者，既筮而有其辞，所谓二人之言也。収者，左右两手持策者也。如此琐碎，俱小篆徇俗之失；今楷书从巫，加竹为偏旁，反有古字之遗。“礼失而求诸野”，信夫〔一〕？

〔一〕“礼失……信夫”句，世本无。

易中“無”字俱作“无”，先儒谓其本于道书。盖易为玄门所窃，久称为“易老”。道藏中多有注释之者，故传写多因其文。殊不知此言之缪。“无”字原本无，本文今通作“無”者，借荒無之無也；古作亾者，借存亾之亾也。易之作“无”者，指天言也。[一]无即天字，而其所指之事有异。下人[二]者，人以上皆是也；中∩者，日月星辰所系者是也；上一者，则寥廓而不可穷者是也，故变其变，不穹而挺之，若并不见其軿幪者然；纵丨者，谓自下而视之，直达于寥廓之际，则无而已矣。庄生云：“天之苍苍，其正色耶？其远而无所极邪？”得“无”字之妙解，神会不可言传者矣[三]。

厉从厂古厈字。从万。厂为水陆之际；万为蜂虿之属，其聚集最多，不可记数，故借为十千之号。夫人当水陆之际，已须戒谨，卒然而遇蜂虿，宜思所以退避之法。其为患害，猛不若虎狼，毒不若蛇虺，未至于凶咎，而为忧危之象。

雷之发声必起于地，极其腾越之力，不过若高山而止。故震之反体为艮，是使潜伏之一阳浮露于上也。山之为物，布列地上，其兴云致雨，每为静极之动。故艮之反体为震，是其横亘之一阳，直贯彻于下也。木之植根，下及九泉，得泽之滋润；

〔一〕篆字“”，原作“”，据世本改。
〔二〕“人”，原作“∩”，据世本改。
〔三〕“神会……者矣”句，世本无。

泽之灌输，上达百寻之木，以为发舒。故巽之反体为兑，兑之反体为巽，是一阴之入于下者，有时而见于上也，一阴之著于上者，有时而反于下也。坎离得乾坤之中气，虽有迁徙，其体不变，在上则为雨、为日，在下则为水、为火，位异而气同也。震上艮下，其卦为小过，象重画之坎，雷有天水藏于中，山有地包于内。巽上兑下，其卦为中孚，象重画之离，孕木者为阳火，隐泽中者为阴火，有形之二象相合，无形之象随之而显，此则顺其序而生者。长男长女在上，少男少女在下，中男中女自居于中，逆其序而置之：艮上震下，其卦为颐，不似坎而似离，其象散漫，如石火藏于高山，雷火匿于深渊，似是而非；兑上巽下，其卦为大过，不肖离而肖坎，其象泛滥，如泽水盈溢而乱流，如木水浸渍而坏烂，似盛而实衰。所以少男长男之中类中女，少女长女之中类中男。纯卦乾、坤、坎、离有反对，错卦颐、大过、中孚、小过无反对，则皆震、巽、艮、兑也。盖八卦之理，各有不可变易者存，或见于纯，或见于杂，自然之法象，非羲皇不能重，非文王不能序。

☰乾之为卦，其象为☰天，古文即穹，其三画无所增损，而重重覆帱之义自明矣。及〔一〕小篆渐弃象形指事，专主〔二〕会意，以天代之，从一从大，而☰遂不可通于天矣。文王命之曰“乾”，则羲皇已重之卦也。乾乾从倝从乙。倝者，日始出其光

〔一〕“及”字，世本无。
〔二〕“主”，四库本原脱，据世本补。

倝倝也。乙者,上出也。物之达万理,万物无不本于天,无不听于天。日光倝倝,言阳气之升举,五采齐发。乙之上达,言阳气由下而上,物尽从之。乾之义㸚㸚与阳相近,而阳取下照,乾取上出。☷之象为地,古文巛地字,即纵坤之三偶,而稍折之。及小篆改作地地,从土从也,而☷又不可通于地矣。三画之卦即地,重之为坤〔一〕坤,从土从申。有形者莫非土,申则自土而著见也,象草出于地而将展舒之形。盖乾坤二字,俱指流动生物而言,不独谓高厚之质尔。☳震象雷。乾一索于坤,变坤之初画,其中上二画仍为地,一阳伏于重土之下,非雷而何?☳者,重阴覆阳之象;古文回雷者,重阴围阳之意也。重之为震震,从雨从辰。辰为三月之辰,大角星十二辰之始。二十八宿顺天左旋,七政逆天右旋,交加于十二次舍之上,以成岁功,以兆吉凶。震为长子,在八卦之先,犹大角也。辰有怀妊之义,妇人受胎为壬辰,如一阳藏于二阴之下也。☵坎象水。乾再索于坤,变坤之中画,其上下二画仍为地,一阳行于两岸之间,其势若内陷,非水而何?水水即☵之纵体,非有异也。重之为坎坎,从土从欠。土者,指上下二偶;欠者,气也。水乃土中湿润之气,江河雨露俱从此而出。盖江河雨露有所不至,而土气之蒸濡无乎不通。然但以气言之,犹未离乎土也,必从其土之欠缺处而观之,则水见矣。故知土之克水者,以息壤陻洪水者也;知土之生水者,行其所无事者也。☶艮象山。乾三索于

〔一〕篆字"坤",原作"坤",据世本改。

坤，变坤之终画，其下中二画仍为地，一阳覆于重土之上，其高峻之势极于此而止，非山而何？☶之体与义，宛然山山也，皆以实加虚之象也。重之为艮艮，乃反见字之体而立义。阳性上往，极于上则无可复往矣，无可往则势不复不止。止而为两山之障，蔽目，前无所见，故反而向后，如人前不可进，则回顾其后也。☴巽象风。坤一索于乾，变乾之初画，其中上二画仍为天，上画指无穷之天，中画指日月星辰所系之天，一阴之气行乎其下，而直彻乎地，无处不入，其为风也无疑矣。是☴即〔一〕风也。⌒者，指上奇；云者，指中奇；气者，指下偶也。风不可见，预见天之云气尔。重之为巺巽，从弜古譔字，僎通用。从六。古床字。王者之命令，如风之行地，缉之而成典谟训诰，藏于史官，置诸床上也。☲离象火。坤再索于乾，变乾之中画，其上下二画仍为天，一偶丽乎其间，并行中道，其为日月也无疑矣。夫子彖传亦兼举日月而言之。然月有时而不备，专之者惟日。日为火之精，火火即转☲之体而纵之者也。重之为离离，象神兽之形，或即蛟虬之属，假借为分离、别离之用，言神人不相杂处之意。今作离，乃黄鸟也。黄鸟鸣，则民皆离其在邑之居，而〔二〕出舍于田庐矣，故离亦可借。夫太阳木石所出为阳火，龙雷卤龏所出为阴火。阴火不能离，故不可济世；阳火必离其本，离本必丽乎薪而后为人用。太阳木石不可云火，离太阳木石又不能自存，故曰："离，丽也。"☱兑象泽。坤三索于乾，

〔一〕篆字"风"，四库本作"风"，据世本改。

〔二〕"其在邑之居而"，世本作"在邑者"。

变乾之终画，其下中二画仍为天，一阴见于天上，必将为泽以及物。八卦〔一〕泽与水相似，若于象为复见，然坎以本体言，故险，兑以及物言，故说。其取象，实与山相对，山为地之隆起处，泽为地之卑洼处，皆因地而得者也。乾坤一索之气至〔二〕醇，为雷为风，皆属乎天；再索则稍漓，为水为火，已有形质之可据，天地各分其半；三索则重浊矣，为山为泽，皆属乎地，魄然而不灵。坎水行乎地中，以一阳贯二阴，兑泽指水之下又有水，为汇为潴者是也。凡取象取义，俱至此而小变，亦易不可终穷之意。𣽎泽从水从睪，光润也。水不动则有光，能涵畜则旁润。重之为𠘧兑，从八从口从人。八者，开也，指人开口而笑也，即说字，加言以别之。口有言语，亦开之意。兑为喜说作悦，俗字。之本文，说为喜说之假借。余详各卦画及彖辞下。

"太极生两仪，两仪生四象，四象生八卦"，言其次第如此，非如他经之有典而后有谟，由家而达之国〔三〕也。譬诸八方，虽有出震成艮之位，而东南西北一时俱定。譬诸星宿，虽有旋转之界限，而二十八经星全列在天〔四〕。譬诸四时，虽有往来之运行，而春夏秋冬一气俱贯。譬诸人身，虽有君主臣官，而藏府经络一脉所通〔五〕。故举一卦，即将六十四卦包含遍覆〔六〕于其

〔一〕"八卦"，世本无。
〔二〕"至"，四库本无，据世本补。
〔三〕"由家而达国"句，世本无。
〔四〕自"譬诸星"至"在天"，世本无。
〔五〕自"譬诸人"至"所通"，世本无。
〔六〕"遍覆"，世本无。

中;举一爻,即将三百八十四爻分疏[一]贯穿于其内,然后读无缪误,解无执滞。

大传言四象即指八卦,言八卦即指六十四卦。三画之八卦,四象也;六画之六十四卦,八卦也。或曰:“三画已有天地雷风水火山泽八象,何以云四?”曰:此非仰观俯察之象,但就卦画之形象而言尔,纯阳、纯阴、杂阳、杂阴分为四也。天开地辟,玄黄既杂,或得阳之多,或得阴之多,混沦而视之,未判其为雷,为风,为水,为火,为山,为泽也。或曰:“因而重之,已成六十四卦矣,何以止称八卦?”曰:八卦成列,重之非有他也,即此八卦也;每一统八即为六十四矣。如云六十四卦之上可再错六十四卦,以至无穷,成何法象,成何义理!乃好奇而不通之论。

声音之道通于鬼神。庸夫鄙儒、妇人穉子而欲教以漆书古篆,感发其心志,虽穷年累月,终有难通者矣;惟以声音动之,则或泣或歌,有不自知其所以然者。彼西竺之教谓梵呗之化道,其入人深于经、律、论,故其取声之法胜于东土,汉、唐之士人不能及也。以愚观之,亦是士人惮于实学,弃而不讲尔。大易之声音,天地之节奏也,可讽可詠,每与三百相似。后之读易而及乎此者鲜矣。苟有欲从事于兹者,吾学即无师承,不得不叩专门。今日声音之专门为谁?伶人也,赴应僧也。伶

〔一〕“分疏”,世本无。

人之四声五音,俗调方言而已;赴应僧之声音,华严字母而已。士人一得其传,辄曰:声音古不如今,华不如梵。又岂笃论?“凤皇来仪,百兽率舞。”恐夔亦未知梵呗,今人亦未必能过之也〔一〕。

鲁商瞿子木及事夫子而受易〔二〕,以授鲁桥庇子庸,子庸授江东馯臂子弓,子弓授燕周丑子家,子家授东武孙虞子乘,子乘授齐田何子装。当秦政焚书之时,重挟书之律,易以卜筮之书,独得自相授受〔三〕。汉兴,何授东武王同子中、雒阳周王孙、丁宽、齐服生共四人。四人者,俱著易传数篇。王同授淄川杨何叔元、广川孟但、鲁周霸、莒衡胡、临淄主父偃。故当时言易者,皆本之田何。丁宽复从周王孙受古义,宽授田王孙,王孙授施仇、一作雠。孟喜、梁丘贺,于是有施、孟、梁丘三家之易。然大略同出一原,大义亦无所异。惟京房受于焦延寿。延寿谓独得之隐士,托之孟氏,其学以灾祥占验为本,与田何多异矣。后刘向以中古文校施、孟、梁丘,或脱去“无咎”、“悔亾”,独费直本与古文同。按,直以夫子彖、象传、文言杂入各卦,东京马、郑诸儒悉祖之,而施、孟、梁丘、京氏之学尽绝。王氏章句,亦费学也。但费本俱如乾卦之次序,王则惟存乾卦,其他皆经传相杂矣。汉儒学有颛门,传经授受如祖孙父子,释

〔一〕此章世本无。
〔二〕“及事夫子而受易”,世本作“受易于夫子”。
〔三〕自“当秦”至“授受”,世本无。

氏之付原流实同此意[一]，非若后世儒者创为臆说，即排先进而师弟子之伦灭。于戏！其可信也乎？费氏初传民间，至东京始盛。魏王弼注上下经，晋韩康伯注系辞、说卦、序卦，唐孔颖达为正义，易始大备。至宋程颐正叔苗裔于辅嗣，而广大之。又有华山羽流陈抟者，独得异学，授之种放，放授穆修，修授李之才，之才授邵雍。雍之死，朱熹元晦私淑之，如释氏所谓教外别传者。迨至有[二]明，以元晦同国姓，崇奉特异，颁诸学宫，诸儒之易悉废，独陈抟之易盛行。于戏！四圣坠地，天丧斯文，可不惜哉！可不耻哉[三]！

邵尧夫譔皇极经世十二卷，以谓："天地之气化，阴阳之消息，皆可以数推之，其理其数咸本于易。"噫！此何说也？其所称"元会运世"，实效扬雄之"方州部家"也；扬以地言，邵以时言也。其所称"元数一，会数十二，运数三百六十，世数四千三百二十"，亦准太玄之"三方、九州、二十七部、八十一家"也。至于"一元十二会，三百六十运，四千三百二十世"，一世三十年，是为一十二万九千六百年，以至无穷无尽，则又近于释氏之劫数。夫易之变化不可测者，以其"无方无体"也，随在随时随象随占。稗纬之值年值日已属愚夫愚妇之见，而况[四]欲取一十二万九千六百年之天下，排而按之，筹而计之，以为定数，

〔一〕"释氏……此意"句，世本无。
〔二〕自"如释氏"至"至有"，世本无。
〔三〕自"于戏"至"耻哉"，世本无。
〔四〕"况"下，四库本衍"于"字，据世本删。

则天地阴阳真魄然蠢然，绝无灵异之物矣。其起帝尧甲辰，至后周显德六年己未，编年以纪治乱兴亡之事，以验其说。无论其附会诬妄，即使若合符节，独不思帝尧甲辰至显德己未，仅仅四千年尔。视一元之数，不啻杯水之在江河，恶得以杯水之受鼎烹，而指江河之可吸尽也？此亦不攻而自破者矣。大传曰："其称名也小，其取类也大。其言曲而中，其事肆而隐。"皇极经世则一一与之相反。盖称名也大，取类也小，言直而诞，事俭而显，使洁净精微之学化为粗鄙狂妄之窟矣。学者其毋耳食焉。

占不止于蓍龟。凡易之卦、爻、彖、象，圣人挈以示人，人〔一〕身之动静语默，当时时与之契合，无地非占，无事非占也。玩辞玩占，岂枯茎朽壳之谓？易自为易，人自为人，终相间隔，其占之之法，舍学无他途也。教人占者，教人学易也。不学易不可为巫医，犹不学诗无以言，不学礼无以立也。道待人而行，不行则茅塞非道；易待人而占，不占则简册非易。

坎卦之四爻言酒，其他卦之言酒者，需五、困二、未济上凡三见，而皆以坎取象。酒为狂药，陷人最险。尔雅："小罍谓之坎。"岂亦此意欤〔二〕！

〔一〕"人"，世本作"吾"。
〔二〕此句世本作"亦此意"。

易中有五卦，于六爻内全然不著卦名，坤、大畜、小畜、泰、既济是也。大有爻辞亦无卦名，而象传于初、上两言之，意若补其所略。何独于此五卦并象传亦不及也？坤初言“履”，履者为地；二言“直方大”，地之形体；三、四言“含”、“括”，地之功用；五言“黄”，地之色；上言“野”，地之大略也。大、小畜取象于畜牧之畜。小畜言“牵”、言“复道”、言“舆”、所以驾。言“洫”、所以耕。言“挛”、言“载妇”，皆畜之事也。大畜言“舆”、言“马”、言“牛”、言“豕”、言“衢”，所以行。所畜者大，故备众畜之名。小畜农家之具，大畜王公之物也。泰二为致泰之臣，五为任贤使能之主，此天下之所以泰也。然天必在上，地必在下，非可以名象求者，故不言泰。既济水上火下，水火倒置，与泰之地天等，势不得久，“思患豫防”，尚云“终乱”，何暇云既济？坤位始之次，承乾而不言坤；既济位终之次，即反水火之本性，而不言既济。

八卦之象，巽有二焉，曰风、曰木；坎有四焉，曰水、曰云、曰泉、曰雨；离有三焉，曰火、曰明、曰电；乾、坤、震、艮、兑，则惟曰天、地、雷、山、泽，不取他象。乾、坤为易之门，易之蕴，六子之父母。天地至大，岂容异名？震为长子，继天立极，不可移易；艮山兑泽得母气居多，属形质重浊之物，不能有所变化。

“一卦可加为六十四卦，以次重之得四千九十六卦。”其意亦窃焦氏之易林，而以“变”为“加”，又自谓“反三隅于八卦相错”。圣人之道本易简而自无穷，小慧之术愈繁难而偏有尽。

六十四卦之精义，自秦、汉以来，何人能断其一体？何人能入门而登堂？乃姑舍是而欲穷其所本无之四千九十六卦乎？甚哉！在迩求远，在易求难之不可晓也〔一〕。

易学启蒙一书，止可谓之学邵演义尔，如云学易〔二〕则困蒙也，加之桎梏而已，乌能启乎？大凡先秦以前所留之书，俱不甚整齐排列者，或有或无，倏起倏止，如星宿经天，江河行地。乃往哲之至文，以俗目观之，每病其偏枯。即周礼之伪托于周公，灵枢、素问之伪托于黄帝、岐伯，为战国、秦、汉时人之所作，犹然若断若续〔三〕，缺文不可胜计，况于殷、周之际，况于唐、虞之上乎？试取诗、书之篇目，废卷而命思，信笔而书吾所欲言，十百之中未必同其二三。盖在吾以为至要者，古人反略而不举；在古人长言之不足而流连感叹者，吾以为不切当务之急。文章且然，况卦画之始乎？反病其缘文生义，穿凿破碎，不胜杜撰，则六朝文格过于典、谟，唐诗排律优于风、雅、颂矣。

欧阳永叔疑系辞非夫子书，岂以崇信蓍龟太过，与夫子雅言有异，此盖就易之“忧患”、“前民”而言也。三代以龟为宝，如尚书所载〔四〕多听命于神；至夫子立教，始尽洗往圣之习，孟子继之，悉务民义而重经常，俱大中至正，绝无鬼神之事以惑

〔一〕自“甚哉”至“可晓也”，世本无。
〔二〕“如云学易”，四库本作“如学易云”，据世本乙。
〔三〕“若续”，四库本作“续若”，据世本乙。
〔四〕“载”，原作“藏”，据世本改。

斯民。然自为开辟则可，以之赞易则乖往圣之旨矣。明乎此义，而后可读系辞，而后可读易也。

尧夫之父名古，字天叟，曾于庐山邂逅胡文恭，从隐者老浮屠游，隐者曰："胡子世福甚厚，当秉国政，邵子仕虽不耦，学业必传。"因同授易书。不知即是图南之学否？天叟传之子，胡氏之授受竟无闻焉。程正叔与邵同时，居又相近，必当与闻其说，而程传所述，光明正直，绝不及此。尧夫子伯温曰："先天之学伊川非不问，但先君秘而不言。"是耻其见遗于程传，而为此说也。果为羲、文、周、孔之道，则日星河岳，何秘之有？知出而示之，伊川未必信从，或为所绌，恐其学有阻抑，姑为"道不同，不相为谋"之语尔〔一〕。

〔一〕此句，世本作"姑不相为谋尔"。

周易寻门余论卷下

桓谭新论谓："连山八万言，藏之兰台；归藏四千三百言，藏之太卜。"是殷书与周易等，夏之文字所载几二十倍于文王、周公之辞，岂古昔之方册乎？为此说者，亦不明古今之通义矣。又不知吾夫子亦曾见之否，何平生竟无一言及此也？按，归藏尚留六十四卦名，云〔一〕缺其四。其间不同于周易者：需为溽；云上于天而将雨，必有湿溽之气先见乎下。如础润而知雨之类。大畜、小畜为奆畜、毒畜；毒取亭毒之义。亭毒亦畜也。艮为很；艮有反见之象，无言笑面目可征，故取其刚很之义与。震为厘；离当为厘，于震则不近，岂以雷厘地而出以作声与？升为称；地之生木，土厚者茂，土瘠者瘁，言木与土相称也。剥为仆。坎为荦；坎为劳卦，故从劳，谐声而省，物莫劳乎牛，故从牛；但此乃夫子之说卦，岂殷人之所取义与？家人为散家人，则义不可考。损为员，咸为诚，谦为兼，涣为奂，古字或加偏旁，或不加偏旁，因而互异也。遁为遂，形意本通，无有异义。蛊为蜀，蜀亦虫也，但蛊之义深远矣。解为荔，荔亦有聚散之义。无妄

〔一〕"云"，世本作"而"。

为毋亾，毋即无，亾即妄，非有他也。又有瞿、钦、规、夜、分五卦，岑霁、林祸、马徒三复卦名，不知作周易何卦。再以愚测之，瞿当属观，钦当属履，规当属节，夜当属明夷，分当属睽，岑霁当属贲，其他则不可详也。此多纬书之傅会，不足深信。姑释于此，以为好事者之决疑。然其当否，亦未可知。

异学不能害正道，其所以害之之故，未有不缘于似是而非者。夫子云恶莠乱苗，恶郑乱雅，恶乡愿乱德，俱以似是而非也。今之与正道似是而非者，祸不在于释、老，而实则释、老为之根柢也。老氏之混淆于大易，其详具图学辩惑；释氏之惑溺生民，敢夺孔、孟之席者，其原本枝流，尤不可以不辩。佛法之入中国千有余年，约而言之，凡三变，曰教、曰禅、曰今之禅。梵本西来，为经为律为论，谓之三藏。其言词诘鞠，其文法支离，在华人可数语而尽者，彼周而复始，始而复周，错杂颠倒，至于三四更番，演成数百千言，尚不能自达其意，又复杂以天堂地狱，恍忽无稽之变幻，鬼神妖魔，珍宝花鸟。六合以外若四大部州之详悉，大则覆载所不容，细极微尘，而剖破之理所必无。譸张凿凿，初无当于大道，及明其义，略其荒唐怪罔，提纲领而绎之，往往艰涩深奥之处，每多咀蜡而无味。在彼土学徒，法律最重，以佛所演说，不敢遗落只字，必欲循其纡回支蔓，困天下之聪明才辩。然而为教师者，终身学习于此，丝分缕析不以为繁，诘屈聱牙不以为厌，苟空疏不学，则不敢篡其位。虽其蔽也，愚而矻矻功勤，亦中人以下所难企逮乎？达磨东渡，而教外别传兴。竺书教典为佛之手笔，本是明心见性之语，谓“无者，心之体；心者，无之名”，谓“无性之性，名为法性”，又谓“真空不空，本无非无”。为禅宗者，嫌其有一真空，有一本无，轻薄而鄙夷之，若似乎凡圣之隔，从兹迥判。吾不知禅宗之所学者，欲学为佛乎？或别有所学乎？如其别有所学也，何以诵佛之言，行佛之行，而其悟者又佛之精微玄妙也？如其欲学为佛也，则但当阐明教典，使缁流以所悟证所学，俾不滞于形影之为得也。何以惟恐佛之语言既出为累，文字已立为障，随在扫除？惟恐落于有，又惟恐堕于无？空实非空，乃云真空；有实非有，乃云妙有。究竟与教有何分别？彼之妄诞矜骄，在此一悟，自谓“一鼓禽王之功，胜于尺寸开疆者万万矣”。俗士喜其为力甚易，不必加工学问，不必穷研义理，一朝知及，虽屠酤娼优，立跻圣境，故皆自畔。其法门空疏鄙悖，卤莽而无忌惮，又惧聪明文学之士测其涯涘，故为铁门限以拒人，正所以文其固陋也。吾则曰：禅师者，佛氏之罪人也。今之为禅者又不然，其流品质地大约居生人之下中，即欲操觚以随博士弟子之后，未必能脱颖而出，蹈袭狂言，天上天下惟吾独贵，不过用七日之死功，得此一悟，即谓直接达磨之真传，巧受源流衣钵。遂纵恣不道，无礼无义，不轨不物，自署法王，自居天人师表，极夫狐鼠之伎俩，以要结要津，蛊惑无知，于贵贱贫富之间，则秒忽而等第之。彼所谓“是法平等”者，果若是乎？营谋寺院，求择名胜多金之地，选巨材，运大石，尽丹垩之妍，糜金粉壁，而不顾日役百千人，使断筋绝骨于穷峇绝壑，独逍遥乎殿堂，夏不知有暑，冬不知有寒，深居简出，百步则驾人辇，十里则泛画舸，稍有拂意，则弃之而造离宫别馆。所谓“树下不三宿”者,果若是乎?聚游惰之民,动辄数千计,日费米粟数十钟,蔬果饼饵每岁可竭一山僻小县之赋税,暑雨祁寒之农夫,箪豆莫错,独狂僧者狼借享之。所谓“乞食而食”者,果若是乎?一衲百工,偏袒数万钱,轻裘缓带,与长安年少争适意,其他坐茵卧席,无不极华美集便安。所谓“破衲遮体,寒暑不易”者,果若是乎?目不识丁,腹无诗、书,自据师席,高座锦扆,士君子相过不知宾主之礼,概以参学视之,顽犷无谦让。所谓“忍辱行持”者,果若是乎?出言则俚鄙背缪,下笔则讹乱舛错。帐中秘书则有四书直解,得此足以晋接贤士大夫,侈谈孔、孟;有字汇,得此足以称呼难字,命为博雅;有指月录,撮拾六祖五宗大指,尽归掌握中,得此足以呵佛骂祖,羲、文皆外道,孔、孟皆凡夫矣。曾不知尔所布之竹帛,流传方域之文,凡具目怀心者,视如嗥吃詹狂。在学士君子未知禅理,疑彼教或当尔尔,一以蠢然鹿豕,忽弄词章,先有恕看之意奖借,长同于闺秀青楼。倘以笔墨之蹊径律之,尚须时加夏楚,恐未必成就者也。所谓“人天师表”者,果若是之愚且贱乎?分门别户,师弟自相攻击,同学疾为寇仇,或借势于当路,或讦告其阴私,甚或设机穽以相排挤。所谓“冤亲平等”,所谓“烦脑成菩提”者,果若是乎?一拂之下,倏传数百,不必再三传,已盈数万人矣。万人又踵斯辙,如蝗子即且,曷足为重,何所底止?昔为市井者,得法于狡狯;昔为经注者,得法于笔墨;昔为田舍翁者,乐其有钱币;昔为猾吏舆台者,乐其可以作声势之奥援;至于比丘尼,则可以通王公大人之内室,稍能应对省人事,即爱之如拱璧。此又不必片语机锋,而师先求弟。所谓“雪中断臂”者,果若是乎？所谓“拈花微笑”者，果若是乎？蝗子即且，散布于天下，观其智之深浅，才之大小，上者造成大奸巨恶，内结近侍，以干与朝政，操持有司之狱讼，为逋逃渊薮，蠹国害民，莫敢谁何；下者作奸犯科，视戒律为敝屣，四民所不敢为者独为之，四民所不忍为者独为之，骋其狂诈，以祸一方，安享世外之富贵，与郡县分民而治，郡县鄙夫自帖括二三百字以外两目眊焉，莫敢问其得失，让其惑乱是非。乃号于人曰：吾善知识也。为众生说法，普度群迷，不知为恶知识，不听人法，迷而不可度者，更当何如也？盖此群不逞之辈，非罪恶不容于乡里，则怠惰不勤其四体；非穷独无以存活，则耑愚为人所诳诱。其赋受即下常人数倍，且耳闻目见、往来行习者尽然，安得有出人之知慧？略得醒发，曾未及老学，究之肩背，诧为大道在兹，即同侪望之，已是生龙活虎，实临深为高使之然也。则今之为禅者，吾将何所置喙而论其衺僻也哉！直是宇内之下流，众恶咸归者也。此皆就彼犯彼法而约举之，其狂悖颠越已种种难述矣。至于大旨之所在，不过曰“了生死”，曰“性空”，曰“无心”。释氏以人之生也必有死，当其托生父母，实为大累；天伦之所属悉是尘缘，迨情识稍开，即堕爱河欲海，事亲敬长，信友慈幼，俱生死根。居常日用之际，识神为主，牵缠而不能斩截，及乎县崖撒手时，犹留连难断；其既死之后，一一迷恋而不忘，随夫惑溺之所近，入乎轮回，受四生六道之苦。故当其未死，先割弃姻亲，无有爱欲，虽生之日无异于死，山河大地安在？父母兄弟妻子朋友安在？知识心性安在？寂灭现前，时至而行，洒然独往，澄澄彻彻，返于太虚，何有轮回之痛乎？盖以畏死之意重，忽略生人之事业，专料理一身后日之死地。吾圣人之道，经纶以济屯，果育以正蒙，需以饮食之，讼以平争，师以定乱，比以作之君，畜以养其众。衣食足而教之理义，则有履；礼让为国而天下治，始为泰。尽己之性，以尽人性尽物性，参赞位育，财成辅相，分内所当为者亦多矣。岂直一人之生死而能事毕邪？夫爱亲敬长，信友慈幼，惟恐不得其宜尔。苟事事得宜，则生生死死人乐神安，奚惧其为将终之累邪？生死犹昼夜也。知其所以生，则知其所以死。先弃夫爱亲敬长，信友慈幼，而豫办一死，是"未知生而焉知死"也。"原其始"而知生，"反其终"而知死，生死无二道也。魂不自变而必生于物，物不终物而必游于变，故"知鬼神之情状"。岂若四生六道诞妄而难信者邪？释氏以"性空"为宗，凡诸所有俱属缘生。"贪嗔痴本自无性，杀盗淫当处寂灭。烦脑原无是性，即烦脑全体性空。眼见色时假托众缘，众缘性空无有合散，是不悦意声知声性空。故嗔亦不复生，观罪无生，破一切罪根，本性空常清净"。故凡此种种妄念，当其起不得其起处，当其灭不得其灭处，寂然性空而已。若发而为仁义礼智，乃是空之应用尔。吾圣人则曰："继之者善也，成之者性也。"天人相接之处为继，人所禀受之处为成。人之继天而成性，无有动静可求，无有色相可拟，但在天清明和淑之气，已自禅于其中，故称之为善。此善非对恶而言也。彼误视为对恶之善，谓"其体本空，不特无恶，亦自无善，今曰性善，是为外道"；谓"其用随缘，则有善有恶，今曰性善，是谓偏见"。所以性宗八识规矩，都将善恶分疏校勘。孟子以性善，原难错诸词说，不得已而降落一层，但言情善。恻隐、羞恶、辞让、是非，皆情善也。性虽非情，而情善实根性善，性无所依倚，其善何从而见？情则有所专属，就其流而测其原，因其枝而寻其本，是不诬也。圣人教人于卒然流露处，指示其善，小之而为赤子之良知、良能，大之而为大人之修、齐、治、平，皆情善也，莫非性善也。乌得以其难于名状，而遂卤莽灭裂，证之为空乎？释氏以无心任运，听六根交于六尘，而我无所主宰于其间，思虑一萌，即是识神。无心之眼不视而无不见，无心之耳不听而无不闻，无心之鼻舌手足不臭味持行而无不臭味持行。苟动、视、听、臭、味、持、行之念，则眼耳有视听，即有不视听；鼻舌手足有臭味持行，即有不臭味持行矣。六尘随缘六根，应用身心一如，一体空慧光明，寂照遍河沙所。以七征心而摄妄归真，觅心于过去、现在、未来，三不可得。既无是心，岂有人我？岂有大地虚空？岂有世间一切法？食不知食，衣不知衣，言语不知言语，有感斯应，随起随灭，无或留滞。故问答之间，冲口速出，稍经思索者便落识神，虽直中肯綮而大旨已乖，无所用之。在教典之中重重翻剥，只明心本是无而已；在达磨之直指本体，但显身外无余而已。吾圣人之言行，“拟之而后言，议之而后动，拟议以成其变化”；“极深研几”，“通天下之志”；“洗心”“退藏”，“知来”“藏往”。“心之官则思，不思则物交物”，而“求其放”；极乎“精义入神”，乃“从心所欲”。彼云“无心”，悉以其权委之六根，是国无君，家无主，政出多门，陪臣执命，虽欲不败且亡，不可得矣。遇日用饮食则悠忽颓惰，与禽兽不远，一旦临盘根错节之事，苟于此而茫无定识，不加详审，有不决裂而败坏者乎？苟于此而亦以悠忽颓惰御之，有不流而为弑父与君者乎？我曰无心，人亿万心，其不为俱头也鲜矣。况于离亲弃家，不耕不织，外既无所事事，内复无所思虑，冥顽不灵，莫此为甚，而犹云“直是空心性，照世间如日”。吾恐其欲无心而私意愈炽矣。何异夫忧栋折榱崩而先焚其庐舍，恶蚤虱之啮肤而自烧其衣被也？奚可哉！姑采其大端而折衷之，以易理见其背道而驰若此。士君子有志于心性之学者，但求诸大易，自不惑于异教，而亦不为诸儒似是而非者所锢蔽矣〔一〕。

三代之文章艰深古奥，盘庚八诰尤其最者也，然其义理无弗通贯；文、周彖、象，其诘屈处不过如盘诰，而更加简炼。安有一句自为一义，不与上下回环照应者乎？皆由先儒视易为卜筮之书，竟与符谶等，听其豆丁琐碎，不能联贯其文义，是谁之过与？以愚读之，觉前后次序与诗、书无异，微独一爻，即卦彖六象，亦皆一气灌濡者也〔二〕。

刚从仁从〇。仁者，人心。〇者，天德。人无私欲，心与天通，周旋不息，浑然圆满，无少亏损，无少屈挠，刚之至也。小篆借用刚，乃铁之精，信字遂隐。柔从木从。木之生气滋润而可屈伸，木之死气枯槁而日就坚强。故曰：“柔弱者生

〔一〕此章，世本删略。
〔二〕此章，世本无。

之徒，坚强者死之徒。”柔者，熟皮可以缠绕，即俗韦字也。贾生〔一〕云“如脂如韦”是矣。小篆误从矛，谐声而义不可寻。

六位合二体而始成，人立其中，分居二卦。天之高也，星辰之远也，非人不能敬授民时；江河之险也，山岳之阻也，非人不能归之职方；两相靡荡，上下往来，非人不能错之经纶，施诸事业。其吉凶悔吝，无不毕集。所以“三多凶”，而“四多惧”，明为人者，天地所交责者也。天地不能为治乱，为治乱者必属之人，存乎介者亦在于此。

先儒读春秋以例，至于例不可通，则曰：“美恶不嫌同辞。”夫既以美恶同辞，何例之有？易之为言，变易也，而亦欲以例拘之，如言“坤、遁、明夷、旅不可为君位”、“帝乙、箕子、高宗尝筮得此爻，因以为象”。又如“扶阳抑阴”、“进君子退小人”、“易为君子谋，不为小人谋”之类，是读易之例矣。岂其然乎？

五居上体之中，当天之下似乎天子，在人之上似乎王者，故象君位。一事一物之主宰，未常非君也。家人有父母，未尝非君也。至于羽毛有凤麟，介鳞有龟龙，俱得目之为君。何乃于坤五，拟之为女娲，指之为伊尹？又复从五而推之，指四为太子？此所谓充类之尽，近乎痴人说梦矣。夫子言坤为“地道”、“臣道”、“妻道”。王者之发育万物，致养人民，其厚积重

〔一〕“贾生”，世本作“屈子”。

载，何异于地之承天；王者之对越上帝，秉圭灌瓒，其诚敬小心，何异于臣之事君；王者之奉行天意，继述祖宗，守典则而由旧章，其兢业恭敬，柔和委婉，何异于妻之顺夫。如必曰“惟辟作威，惟辟作福”，刚猛强悍始可为君，谦毕柔逊乃为臣德，则君者惟言莫违，臣者奉命惟谨。此秦、汉之君臣尔，非唐、虞、夏、商之盛治也。曷不思天下地上则交而泰，地下天上则不交而否乎？士生后时不能旷观千百世以上，而欲以衰季之流弊合古圣之礼法，因以谈经，有不冰炭者哉！

古易文字之中，参用卦画，如“乾、坤其易之门”、“乾、坤其易之蕴”、“乾阳物，坤阴物”、“帝出乎震”及“乾索”、“坤索”等章，细绎其义，俱是☰☷☳☴☵☲☶☱。后人转展翻写，日趋便易，悉代以今文，意虽可通，反费周折，终不若卦画之简当而明显。愚按，先秦之书，凡引用易文，必连卦画，尚存古易之遗意，今于易文反弃之，亦授受者之一失。

吾人自鸡鸣而起，以至向晦晏息。其立心行己，居处执事，能一一合理，是之谓吉；多所拂戾，是之谓凶；其差缪旋即自觉，为悔；其鄙猥可羞，文饰外观，为吝；其动静不安，前后顾虑，即为厉；其萌于念有愆忒，应于物有过不及，失所宜然，俱谓之咎；亟能自改，不至章著，以遂其非，即谓之无咎。就日用饮食之常，无时无刻不般旋于此数者之内，圣人系之以辞，使人随地随事检束提醒，此即占也。如以端策拂龟为占，则放佚之时多矣，非学易之旨。故知以易为卜筮之书者，恐有未然。

凡民知有利害，而不知利害之所由生；莫不欲趋吉避凶，而不能择吉凶之所感兆。利害生于时，得其时乘其势则利，反是则害。吉凶兆于事，事当于理，不趋而吉，事悖于理，虽避亦凶。君子审其时，循其理，则吉凶利害如视诸掌。枯茎朽壳非君子之所尚。

客有业医者问张仲景伤寒论："其治病立方，多与今人不同，苟墨守之，未有不误人者，其故何也？"予应之曰：古圣贤皆北产也。微独圣贤，即一技一能之可传于后世者，亦必北产为多。北方之风气不同于南方，其雨旸寒燠亦异，所以起居服食各随其宜，而人之性情筋骨亦因以大背。故古人之治病立方，皆为北人而设，未尝尽律夫南人也。此其小者也。即经传之文，其天时人事，规模制度，亦皆备陈西北之常，初未计及乎东南也。晦翁生当南北隔绝之时，足迹不窥邹、鲁，抑且往来南北之人少鲜能述其事者，其所注经传往往有此失。孟子曰："诵诗读书，当论其世。"〔一〕

客问陆子静悟奕："为河图数卧观棋局两日，而奕无敌于天下，信有之乎？"曰：此必无之事也。河图之数传者如彼棋局之格，画者如此前后左右上下中边，毫无可通。子静虽贤，何能有此不情之智慧、非理之聪明？棋工满天下，吾未见其稍习夫河图。关子明、刘长民辈，吾未闻其以奕称于当日。或者象

〔一〕此章，世本无。

山偶奕，聊以河图之说示学者；或遂传之而失其实与。吾所以恶夫图数之不足凭，智者易为衺说以欺人，愚者无可以指证，而甘受其诳也。孟子云：“奕小数，非专心致志则不得。”岂有无假学习，仅得两日之空思，而遂高出于天下者哉？庄生云：“七日而蝨大如车轮。”但言其视蝨，非言其学射也。若夫射则彼习之有素矣。如果有是，吾又惜其不以河图穷易理，而乃以奕竟河图也〔一〕。

卦、爻、彖、象诸名，文、周所无，必立自夫子。观大传所称，则似确有前人一定之则者然，或太卜传守原有大略，迨夫子取而阐发之，始详尽而可征信。然要之易行既久，各国俱有占辞，未必合一。如纬书所传之类，虽属汉儒附会，亦必一二稍有根本。惟在鲁者，乃周公所作，尽善尽美，鲁用之〔二〕，孔子从之。

上篇首乾、坤，阅屯、蒙二卦二阳四阴。为需、讼。需、讼者，反覆天水而成者也。凡十卦而遇泰、否。泰、否者，合乾、坤而成者也。继之同人、大有，则五阳一阴之卦也。终以坎、离，先之颐、大过。下篇首咸、恒，阅遁、大壮二卦四阳二阴。为晋、明夷。晋、明夷者，反覆地火而成者也。凡十卦而遇损、益。损、益者，易咸、恒而成者也。继之者夬、姤，亦五阳一阴之卦也。终

〔一〕此章，世本无。
〔二〕“鲁用之”句，世本无。

以既济、未济，取水火而交之，先之中孚、小过，取颐、大过而易其位。变化之中又有极其整齐者存，读者自不觉尔。

弟过于师方能传受，此释氏之弊，误天下苍生不小。夫所谓过于师者，聪明智识也，非至理大道也，非规矩准绳也。夫子曰“后生可畏”、“邑有忠信”，亦是此意。至于不以规矩不能成方圆，不以六律不能正五音，不知彀率不能教人射，则圣者作之于前，明者述之于后，“先圣后圣，其揆一也〔一〕”。有宋诸儒无不欲智过于师，因各创一说，以冒乎圣人之上。如以无极加太极，编四书以压六经；又变集大学之章句，以冠四书；削去毛公小序，而别为三百篇之臆说。凡若此之类，皆破坏吾夫子之规矩准绳，而别寻至理大道者也。乃释氏之“佛来也打，祖来也打”，避其名而行其意者也。千古之人善学孔子者，无如孟子。孟子曰：“予未得为孔子徒而私淑诸人。”所愿则学孔子，近圣居。去圣未远，兢兢步趋，尚未敢自处见知闻知之列，何后世之学孔子者，不特轻忽孟子之私淑，而并欲补孔子之不逮，岂非受“过师”一语之误乎？韩退之“世无孔子，不在弟子之列”，已是〔二〕骄矜傲慢，为文人俗习〔三〕，非载道之语言，不可为法。

〔一〕自“夫所”至“一也”，世本无。
〔二〕“已是”，世本无。
〔三〕“为文人俗习”句，世本无。

陈图南曰：羲皇始画八卦，重为六十四，不立文字。画即文字也。以谓"不立文字"者，但知后世之俗书，不识文字之造端尔。使天下之人默观其象而已。如其象则吉凶应，违其象则吉凶反。此羲皇不言之教也。自有天地以[一]来，未有方册文字，而羲皇始为之，正欲以言垂教天下，后世之法则也。乃云"不言之教"，盖以今时视上古，失烦简之义，其论颠倒矣。易道不行，乃有周、孔。三代有易，太卜掌之，凡有作事，必资卜筮，著在六经，惟觉其崇信太过，未尝不行也。又何所据而云然？周、孔孤行，易道复晦。此二语者，以异学明攻圣人，不知周公爻辞仅藏在鲁，不行于天下；孔子道不行，其十翼在，当时亦无能崇信之者，未始得孤行而晦易道也。盖上古卦画明，易道行。此"明"此"行"当是指五帝之世，其他不可考矣。唐、虞之典、谟具在，何曾有语及卦画者，何以知其明且行也？后世卦画不明，易道不行。此"不明""不行"，又不知指何日，或是殷末与春秋之世。按，周礼："太卜掌三易之法，一曰连山，二曰归藏，三曰周易。"礼传云："得坤、乾则殷之明卦画也。"似若可征于唐、虞[二]。箕子，殷之贵臣。其陈洪范，在周公系爻之前，不可言"不明不行"也。春秋二百四十余年，左氏之言易及乎龟策，如响应声，王侯卿大夫以龟为重宝，吾正嫌其尚鬼信巫尔，尤不可云"不明不行"也。不知稽古论世，徒恣臆狂言，何与？圣人于是不得已而有辞。指周爻孔翼。学者一著其辞，便为易止于是，而周、孔遂自孤行。周末不知重爻辞、十翼，秦、汉仅以卜筮相授受，未有重辞者，

〔一〕"以"，四库本原脱，据世本补。
〔二〕"于唐、虞"，世本无。

故说卦篇章至于遗失，出自河内女子而始全。汉儒传易，但言术数，鲜有知周爻孔翼之理义，“为易止于辞”，将以谁咎？使学者而能奉行周、孔之易，则为人君者御天而宁万国，养民教民有泰无否，帝王不杀，百姓无忧患。原羲皇画卦之初心，亦不过欲天下后世长如是尔。但文字始开，未能一一精详也。以“周、孔孤行”为恨，是惧孔子之道不息，杨、墨之道不著者矣。（更不知有卦画微旨。）羲皇卦画之旨，发端甚微，文王阐之而有未尽也，周公又阐之而有未明也，于是孔子大肆其宣畅，使微者悉著，无智愚贤不肖，皆可奉行此旨，错诸事业。岂卦画与象辞各有一道乎？乃别立畸说以欺耳食者，天下靡然从之，不特文、周、孔子之心废，而并使羲皇仰观俯察以教天下之至意一皆入于清静无为之域，岂不缪哉！（此之谓买匮还珠。）周公、孔子犹皆匱也，非珠也。噫！（由汉以来皆然，易道胡为而不晦也？）　愚按，陈氏立言如此，显然攻周、孔而欲灭抹之。凡为圣人之徒者，当如鹰鹯之逐鸟雀，邵氏、朱氏反因之而加弥缝补凑，掩护其已甚之处，而著其无稽之衺说，为之调和酌剂，让其居于文王、周公之上，且求泯然无迹，又从而为之譸张剔发，极其崇信，何异乎见人辱其君师父兄，不能奋臂往救，而反助之弓矢戈鋋者也？盖老氏之学，万有毕本于无，爻象之至赜至杂，皆混沌无形为之主宰。陈氏欲从卦画之几微，而复归于混沌，不过借卦画抑辞象，以明其清静无为之教。岂知羲皇正欲离混沌而就文明，江河发原始于滥觞，文、周为之四渎，孔子放乎四海也。本末之颠倒不同，尧夫固浑然自处于老氏，不足为怪，元晦强而合之，益可叹也。

唐司户参军郭京作周易举正三卷,云:“曾得王辅嗣、韩康伯手写真本。”校今世流行及国学乡贡举人等本不同,并依王、韩举正其讹,凡一百三节,数十处载于此。坤初象曰“履霜阴始凝也”,今本“霜”下误增“坚冰”二字。屯三象曰“即鹿无虞,何以从禽也”,今本脱“何”字。师六五“田有禽,利执之”,“之”今误作“言”。比彖传“比吉”,今本多一“也”字;五象曰“失前禽,舍逆取顺也”,今误倒其句。泰四象曰“皆反实也”,今“反”字误作“失”。贲“亨,不利有攸往”,今“不”误作“小”;彖传“刚柔交错,天文也”,注云“刚柔交错而文成焉,天之文也”,今脱“刚柔交错”四字。剥彖传“剥,剥落也”,今脱去“落”字。大畜上九“何天之衢,亨”,今脱“亨”字。大过九五“士夫”本作“少夫”。“习坎”上有“坎”字,今误脱之。晋彖词“晋亨”,今脱“亨”字。姤彖词作“勿用取”,今多“女”字;九四“包失鱼”,注云“二有其鱼,故失之也”,今“失”误作“无”。萃彖传“利见大人,亨,利贞”,今脱“利贞”二字。蹇九三“往蹇来正”,今“正”误“反”。困初象曰“入于幽谷,不明也”,今“谷”下多一“幽”字。井卦名下有一“亨”字,今脱之;彖传“养而不穷”上脱一“亨”字;“改邑不改井”下脱“无丧无得,往来井井”八字。鼎彖传“圣人亨,以亨上帝,以养圣贤”,今本多“而大亨”三字。震彖传“不丧匕鬯,出可以守宗庙社稷”,今脱“不丧匕鬯”四字。艮彖首脱“艮亨”二字;彖传“其道光明”下脱“故亨”二字。渐大象传“居贤德,善风俗”,今脱“风”字。归妹初象“恒也”,今多一“以”字;五象“袂良”下无“也”字。丰四象“遇其夷主,吉,志行也”,今脱“志”字。巽彖传“重巽以申命,命乃行也”,今脱下句,王本误入注内。涣象传“利涉大川,利贞”,今脱“利贞”二字。中孚象传“豚鱼吉,信及也”,今“及”下多“豚鱼”二字。小过象传“柔得中,是以可小事也”,今脱“可”字,增“吉”字;五象“密云不雨,已止也”,注“阳已止下故也”,今误“止”为“上”,注亦误作“阳已上,故止也”。既济象传“亨小,小者亨也”,今脱一“小”字。系辞“二多誉,四多惧”,注云“近也”,今误为正文,而注中脱“惧”字。杂卦“蒙稚而著”,今“稚”误“杂”字。若此之类,其义校长于今本。宋晁公武所进易解,多引用之。有志经学者固不可不群搜博讨,以广闻见,参定其得失也。

宋朱子发,名震,其经筵进表有云:“陈抟以先天图传种放,放传穆修,修传李之才,之才传邵雍。放以河图、洛书传李溉,溉传许坚,坚传范谔昌,谔昌传刘牧。穆修以太极图传周敦颐,敦颐传程颢、程颐。是时张载讲学于二程、邵雍之间。故雍著皇极经世书,牧陈天地五十有五之数,敦颐作通书,程颐著易传,载著太和、参两等篇。臣今以易传宗,和会雍、载之论,上采汉、魏、吴、晋,下逮唐及今,包括异同,庶几道离而复合。”由此观之,宋之易学无不鼻祖于陈图南,亦犹汉之易学无不鼻祖于田子装也。子装后分施、孟、梁丘三家,图南亦分先天、太极、河洛三派;田出自圣门,陈出自老氏,其源流亦有间矣。愚依汉上所云,画为有宋传易图,恐见此者自能甄其苗莠也。羲、文、周、孔以易学开万世,传之数千年,俱称愿学者。惟是先天、太极一出,遂乱羲、文、周、孔之道,每有驾乎其上之语，而其所以欲胜前圣后圣者，则禀之黄、老也。晦庵于从信易传之中，每多微辞，于邵、周二图，则过于七十子之服孔子，此真不可解者。

有宋传易图

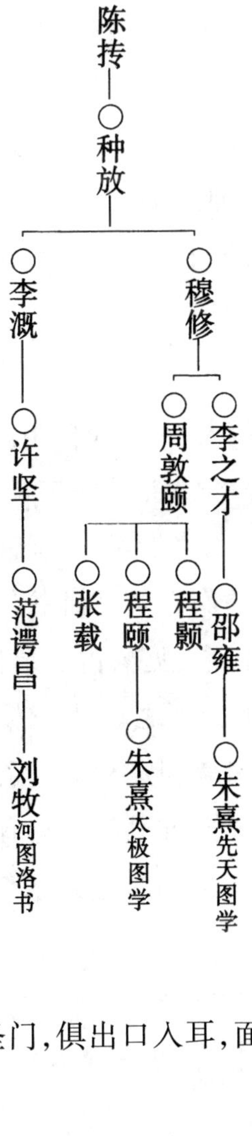

田何易学传自圣门，俱出口入耳，面授心领，虽未必皆微

言奥旨，而规模彀率断无愆忒者。故能守其师说至数十传而不改，虽杂之以黄、老，混之以释氏，而圣学仍在也。即释、老咸曰孔子吾师之弟子，而孔子与释、老尚不同途〔一〕。及理数二图兴起，儒者得之，同是尧、舜，同非桀、纣，同辟佛、老，云此是孔子之学，云此是孔子所不能发挥，有待其人而始显者，窃佛老之郛廓为圣人之精蕴，弃圣人之大道为佛老之邪说，认盗贼为祖父，侈张欺诳，佛老圣人始不可问矣〔二〕。数人唱之，千人和之，"易不可见，而乾坤或几乎息矣"。安得有秦火复燃而廓清其稂莠，得返斯世斯民于三代六经之治与？东海西海，心理攸同，应不以兹言为激也〔三〕。

易以卜筮独不罹秦火，其民间自相授受，亦止言卜筮而不敢及乎理义。故汉书易学大抵多论灾祥祸福，以象数为重，盖其由来使然也，然其章句之沿习，与训诂之垂传者，固未尝废也。乃宋人竟诋之谓："秦人焚书而书存，汉儒穷经而经绝。"岂其然哉！辅嗣生当汉后，见象占之牵强拘泥，有乖于圣教，始一切扫除，畅以义理，天下之耳目焕然一新，圣道为之复睹。唐太宗诏长孙无忌与诸儒刊定义疏十余家，凡辞尚虚诞者皆所不取；惟王注独冠古今，亦其学其辞有足以折服群贤，岂徒以当时习尚而漫为回护之者哉？乃宋儒竟诋之谓："崇尚虚

〔一〕自"即释"至"同途"，世本无。
〔二〕自"认盗"至"问矣"，世本无。
〔三〕自"安得"至"激也"，世本无。

无，杂述异端曲说，晋、魏谈玄，自王倡始，至神州陆沉，中原鱼烂，皆辅嗣所肇。”甚或拟其罪浮桀、纣。噫！亦太过矣。夫谈象数则斥之如彼，诠辞理则咎之如此，为宋以前之儒者，不亦难乎？有宋去圣日远，师承尽废，拾黄冠之余唾，分为理数二家。袭太极者遂谓“文、周未尝言太极，孔子言之；孔子未尝言无极，周子言之”，称为“先圣后圣发千古不传之秘”。实则以虚无阐老、庄之賸语，而功过与辅嗣胥壤。袭先天者譸张术数，烦琐无稽，遂谓：“日月星辰，水火土石，尽天地之体用；寒暑昼夜，风雨露雷，尽天地之变化；性情形体，飞走草木，尽万物之感应；元会运世，岁月日辰，尽天地之终始；皇帝王霸，易、书、诗、春秋，尽圣贤之事业，千古一人而已。”至云“文、周狭隘，孔子救时”。实则窃谶纬之末技，未能望见赣、房、辂、璞也。何汉儒之牵强拘泥，在此而顿神？究而论之，亦不过即此理数二途尔。其高下轩轾，顾不可同年而语邪。是为后之儒者左之右之无不宜矣。使有复之者曰：“靖康之祸，两派图学之所感兆，德祐之祸，崇信奉行两派图学之所感兆，则将何说之辞乎？”伊川云：“学易当先看王注。”未当稍及先天、太极也。晦庵云：“秦、汉以来，考〔一〕象辞者泥于数术，而不得其弘通简易之法，谈理义者沦于空寂，而不适乎仁义之归。求其因时立教以承三圣，不同于法而同于道者，惟伊川之易传而已。”即以伊川之不非辅嗣，晦庵之推服伊川而引申之，亦岂遽如向所云

〔一〕“考”，四库本作“攻”，据朱文公文集卷八十一原文改。

邪？于戏！宋不知有周，何况汉、魏[一]。

欧阳永叔从读书为文章入门，而有见于道者。既论“图、书之怪妄为不足信”，又曰：“孔子出于周末，惧文王之志不见于后世，而易专为卜筮用也，乃作彖、象发明卦义，所以推原本意而矫世失，然后文王之志大明。易之沦于卜筮也，非止今世。微孔子，则文王之志没泯不见矣。学者专于卜筮，犹见非于孔子，况遗其辞而执其占法，欲以见文王作易之意，不亦远乎？凡欲为君子者学圣人之言，欲为占者学大衍之数，惟在所择之尔。”愚谓，此数语者出于邵图之先，已足以破千古之惑，真圣人之徒也。彼拘拘五行，屑屑蓍龟者，胸次广隘，岂可校量乎[二]？

吴斗南，名仁桀[三]，所得古易与费氏本不同，谓：“六十四卦每卦之首画一全卦，系以卦辞，其后分为六画，各系以爻辞。乾、坤二用则覆画纯奇纯耦六画，而系以‘见群龙’、‘利永贞’等辞。卦首六画之下无上下二体之注，并无经文卦名；爻上止有或奇或耦一画，无初、二、三、四、五、上之名，并无二用爻名。费本某上某下四小字，亦注在各大象传辞下，经文卦名、爻名原在各小象传上，乃夫子之传文也。”吴氏亦尝以此就晦庵相

〔一〕此章，世本无。
〔二〕自“彼拘”至“量乎”，世本无。
〔三〕“名仁桀”，世本无。

证。愚意古易大概若此。厘正书写，别为一本，未尝不可。但经文无卦名，则夫子何缘揣测知其为何卦也？况若坤、若小畜、若泰、若大有、若大畜、若既济等卦，并爻中亦全不及卦名，抑将何自传及夫子乎？岂并此六十四卦名，亦为夫子之所赞乎？兹又不可通〔一〕之论也。然此仅圣人之声音笑貌，于神理无关切者。

有他书引用易语，今不可考者，未知是篇章偶逸，或纬书依托之文也。左传疏："伏羲作十言之教，曰：乾坤震巽坎离艮兑消息。"刘向传："诬神者殃及三世。"说苑："建其本而万物理。失之毫厘，差以千里。"又："有一道大足以守天下，中足以守国家，小足以守其身，谦之谓也。夫天道毁满而益谦。""不损而益之，故损；自损而终，故益。"又："天地动而万物变化。"风俗通："其亡，斯自取灾。"说文："地可观者，莫可观于木。"东方朔："正其本，万事理。失之毫厘，差以千里。"盐铁论："小人处盛位，虽高必崩。不盈其道，不恒其德，而能以善终者，未之有也。是以初登于天，后入于地。"细绎诸所引之辞，不但不似彖、象，亦且不似大传。大约为后儒解经者所述，而引用之人遂浑呼之为经尔。

三画之卦，如䷋仅可谓之天地，而不可谓之乾、坤；仅可谓之雷风，而不可谓之震、巽；仅可谓之水火，而不可谓之坎、离；

〔一〕"通"下，四库本有一"焉"字，据世本删。

仅可谓之山泽，而不可谓之艮、兑。必六画俱备，六奇之卦乃为乾，六偶之卦乃为坤，重雷重风乃为震为巽，两水两火、复山复泽而后为坎、为离、为艮、为兑也。故大象传曰“天行健”，天指三画而言，行始兼内外二象，则得乾之义矣；“地势坤”，地指三画而言，势始合上下二象，则得坤之义矣。“洊雷”始得震之名义，“随风”始得巽之名义；“水洊至”方成坎，“明两作”方成离；“兼山”而艮之理著；“丽泽”而兑之情见。所以能健、能顺、能动、能入、能险、能丽、能止、能说者，此也。推而及于他卦之相错，莫不皆然。学人潜心于大象传，则卦爻之关键俱在把握中矣。舍此而他求，俱暗中摸索，虽有微明亦爝火也〔一〕。

健，天行不息也，从聿。聿者，立表以测日影、定中星也。从廴。廴者，行之长也。天行疾速，日日一周，健之至也。小篆与“建立”之“建”相混，建从乚，古隐字。与廴相乱，茫然莫辩，因加人以别之。言制为律历以算验之者，人也，故作健。似觉多一转折。顺，理也，从页从川。人首向上，川流就下，各得其理也。地之所产，或亲上如人首，或亲下如川流，变化多端，咸遂其性，坤之德也。动，作也，从力从童。童子好动，终日不倦，盖其筋骨方长，力之始生也。故振作兴起，不能自持。☳以一阳初生于二阴之下，正如童穉之日，气血日盛，动而奋迅之象也。说文从重作动，谐声会意，俱不及秦碑之确也。入，内读若纳。也，指东西二道路会归于一也。人之出外则有岐

〔一〕自“学人”至“火也”，世本无。

路之往[一]，其入内则必向一途矣。☴以一阴入二阳之下，阴体虚性柔，虚者无所阻碍，柔者无所抵牾，故有往而必入；又以虚柔善于容受，故亦为物之所入。險险，阻难也，从阜从佥。山阜会合之处，因为关塞，以防守之地利与人事交得其势，故从佥。子曰："地险，山川丘陵。"又曰："王公设险，以守其国。"佥之谓与。臽陷，高下也，象人从高而下，陷于污途之形。☵以一阳陷于二阴之中，有阻塞险陷之象。然何以不言水，而偏言山也？盖谓水者，⚊也，其险在水；今云阳陷阴中，是险在二⚋也，但指其险而未及乎水也。丽丽[二]，旅行也，从⚊从二人。两人相偶而并行之意。☲以一偶行乎天中，有日月旅行之象。在人则相亲相倚，为附丽，为伉俪；在物则惟鹿能友善，见食相呼，群居防患，故小篆加鹿。鹿皮有文采，故为艳丽；鹿牝从牡，故鹿皮纳聘。止止，足之所以履者，象形足止。动则行，不动则止，故行止之止借用之，俗书加足作趾，忘其所自来矣。小篆以谓象草木出，荒缪特甚。☶以一阳履乎二阴之上，如足履地而不进，阳性上往，至此而极，极则必止。兑兑，喜也，指人开口有喜乐之义。☱以一阴出乎二阳之上，人身为实，口为虚，行事为实，言语为虚，言语逢迎，易于感说也。兑、说、悦。说、设。说、税。说脱。本一字转借，后人妄加区别者也。

易结绳而作书契，故文字莫先于记数。记数多指事，故指

[一]"之往"，世本无。
[二]"丽"，世本作"丽"。

事为六书之首，非始于仓颉也，始于羲皇之画卦也。仓颉观其奇画，述之而为一；观其偶画，转之而为二；观其奇偶之合，乘之而为三，则犹然一卦也。过此以往，从横矫揉，牵厘通变，目与心会，天地万物无有遁情，悉可指掌而见矣。━一。为记数之始，画一以指其事，亦象一结一筹之形。于是，纵之而为丨，读若衮。衺之而为/，读若夷。转/而为\，读若曳。屈之而为∩，明碧切。规之而为○，月涓切。矩之而为□，符房切。凝之而为●，呼官切。引●下垂为▼，即丁字。上出为▲，即主字。锉方之四隅为O，即围字。凡此皆一之本体所自具之文，无烦于外，是即奇之谓也。=二。即两其一，稍有参差而为二，上。为二，下。是即偶之类也。合一与二则成三，三。大约一借而指天，二借而指天地，三借而指天地人，俱从变为上下之后而来，专取其间之长画以指事，不从一二之义也。亖四。合两二为三，自三累一亦为亖。凡书契叠加至三而极，其有四体者乃重其两体，非重三体之外更可加也。小篆嫌亖之累加乎三也，乃取亖而析之作ㄖ形，若定位东西南北者然，特嫌其混于□也，又加八以别之。八者，别也，有开之义；□有口之象。试开口出声而引气，则四之音义宛然，遂废亖而专用四，以谓妙合自然。殊不知亖之声意最切，事形确当也。况于数之次序，逐位相生，八安得越五六七而反生四乎？X五。为二之变体，合<而成者也。盖数当二，与三交互，度四维而定中央之际。夫一奇一偶兼而为三，三者，阳也，天也；偶不能兼奇，则依然二也，二者，阴也，地也。奇得偶而参之，故曰“参天”；偶自相偶而不乱，故曰“两地”；参如后世参军、参政之义；两如车两、屦两之类。“参天两地而倚数”，则为五也。三以一奇

兼一偶，至于五是一奇兼二偶也，故曰“参伍以变，错综其数”。伍如行伍之伍，以一阳而统四阴之谓。数之三五，其错综变化之门乎？小篆加二作㐅，以二指上下也；五为数之中，上下皆其所贯也。𠦃，六。数至于六，上下四方之位备，故从混沦之中而特引川以垂下；四有东西南北而无上下，则混沦莫辨，高卑不分。垂下之川，即二之转体，犹言四之外复加二也。或曰：“何不加一于五，而乃加二于四邪？”曰：五为完数，不可加；为阳数，六非其类也。曰：“然则，二何以加一，七与九何以加五乎？十何以既从其非类，又复加完数乎？”曰：二为偶，自具其岐体，非有加于一也；七与九皆引伸于五而朝宗之，非加于完数也；十则两其五，是同类相从，再为完数也。或问曰：“易之数阴变于六，正于八，何谓也？”曰：凡卦皆三画因而重之者也。坤纯阴，三画皆偶，其数为六，阴之变自此始矣。以其三偶交错于三奇，而生六子，顺承乎天而定八方，八方定，其位正矣。云“用六”者，用此三偶也；阴爻一百九十有二，皆用之也。曰：“八为少阴，六为老阴，老变少不变，信乎？”曰：此无稽之言也。二、四、八、十皆偶也，皆阴数也，惟六则得其三偶之正，所以用之当位故也，无所谓老阴少阴也。即老少论之，如以生化之本为老，则阴莫老于二，不宜弃二不用，且越四而取六，其次序不伦；如以阅历之多为老，则阴又莫老于十，不宜舍十不用，且少八而老六，其进退无据。言说一无可凭，不足信也。𠀋，七。七者，自五出而蔓延之也，亦二之转体也。曰：“然则，何不蔓延于六乎？”六为上下四旁均齐平正，无蔓延之理，而七为奇数，有生生之义也。今之持筹者必以一五、一十记数，是七者于一五外，零其二也,故从五引申而成文也。或曰:“阴正于八,既闻命矣。敢问七为阳之正,何与?”曰:阴质整齐,阳性孤特。自三偶为六以来,仅存排列之文,无超越之气,而资生之道微;七既正其阳之位,缺八方之一,俟八至而成列也。)(,八。数至于八,四方既定,四偶复全,无所不辨别矣。八者,别也,分而不杂之谓也。九,九。七从五而申其一,九则奇数之极也,故从五而两申之;五为数之中,前有一二三四,后有六七八九,故两申而成九也。夫自一以来,位置整齐,惟二二为四、三三为九两处尔。四虽方正,嫌于无中,无中者〔一〕,以未有五也;惟九则既有八方之正位,而复得执中以用之,其原本于五也。顾不大哉!或曰:“六为三偶,而坤用之,故六为阴之变。敢问九为阳之变,可得闻与?”曰:☰三奇,☷三偶,合之为九。阳也者,非孤阳之谓也,必兼阴而后成其为阳也。凡阳爻一百九十有二皆用之也。何以知其然也?夫子“天德不可为首也”。使阳而用三,是奇之本数以天德为首矣。奇为阳,阳为天德。三奇不可以独行,三阳不可以自用,是以“见群龙而无首”也。“立天之道曰阴与阳,立地之道曰柔与刚,立人之道曰仁与义”。一奇之中无不兼一偶之理,阳不用三而用九,故九为阳之变也。十,十。二五为十数之全也,数之备也。故正其X五。之位,而上下四方、前后左右无不乂安矣。五始交互生,生而未定;十既成就,整肃而不变。百,百。以十乘十而得百,数虽多,始于一也,故从一从自,自此而后,又自一始矣。千,千。以十乘百,是千

〔一〕“无中者”,世本无。

始于十也。故从十屈首而指其事。百从一积,则千从十积,言十百之为千,犹十一之为十也。小篆从人建首作𠆢,而义晦。卍,万。十千曰万。自十而往,各乘其十,凡四位,故从十而四屈以指其事,言数之贯串通达,各有条理以相聚也。小篆作萬者,蜂也,象虫形,蜂之屯聚不可测数。万之为数,亦堆积而难卒计,故假借用之,正文反隐。○以上虽记数文字之义,俱本于易理〔一〕,故详释于此,或可参考焉。

𧘇初,始也。从衣从刀,谓裁布帛而制衣之始也。𠔁终,毕也,象制衣已成,领褏襟裾已具,而加以束带也。小篆加糸则赘,谐冬则孙反生祖矣。二字俱以衣裳起义,借为凡事始作、完毕之用。

中中,不偏不倚,无过无不及也。从○圆。从丨。天体周圜旋转而不息,事理圜通变迁而不滞,从其倏忽无定之内,握其至当不易之道,所谓"执中",所谓"用中",所谓"时中"也。转去声,为射矢当的之称,的体圆,丨象矢也。𤴓正,画一而止也。从一从止。可二可三则不正,止于一则正矣。说文从二上。作𤴔,谓身不知其正之法,当观于上而定所止,斯正矣。其借为射侯鸟名者,误也。射侯所画之鸟乃疋,即雅字,俗作鸦,有似乎正,传写一譌,遂莫知其义矣。疋之为物,最知机而难射,故以之为侯。郑笺曰:"一题肩,鹊类也"。射礼画布曰疋,栖皮曰

〔一〕"理"下,原有"者",据世本删。

鹄。盖于布上画一圆规,内为字作,于皮上画一圆规,内书字作,总之皆鸟,取射飞禽之义,故以为侯也。郑氏谓之“鹄类”,其意甚明。古本大雅、小雅俱作大疋、小疋,尔雅俱作尔疋,则知礼传失诸雅鹄。孟子“力不能胜一雅雏”,千古学究,误读误解;即夏小疋亦是夏小雅〔一〕。小学可不讲乎?卦之下体以二为中,上体以五为中,故“多誉”、“多功”。有得中而未必吉者,执中无权也。阳爻居阳位,阴爻居阴位为正,反是为不正。有因之而见吉凶悔吝者,有吉凶悔吝绝不取于此者,则其所逢之时异也。大约中能兼正,正不能兼中,守正易,用中难也。

日,太阳之精,火之帝也。○以象其形,以指其光辉炫耀之事。日实也,盖对月而言,太阳不亏;月有盈食,是体虚也。月,太阴之精,水之君也。外象半体,指其弦时之形,中丿指其光华。或云指其中有黑处,非也。月质有盈有缺,盈时少而缺时多,故以半体为常。易中取象,以几望为极隆,一望即消,不可以为福庆。许叔重曰:“象形者,画成其物,随体诘屈,日月是也。”夫欲象日月之形而画之,随日月之体而诘屈之,其不作日可知矣。故知今日之传写,亦非许氏昔时之面目矣。举一象形,他可类推。

大人,大之为文,象南面而立,正位而居之形;人之为

〔一〕此句下原有“岂不可发知音一哂”句,据世本删。

文，象拱手屈身东向之形。天下臣庶，贵者东向，贱者西向，虽居家无敢正位南面者；惟人君则衣裳拱己，向明而治，至秦、汉尚然。项羽本纪："项王、项伯东向坐，亚父南向坐。沛公北向坐。"是时项羽几天子自居，以怀王尚在，犹不敢南面也。亚父、沛公乃侍坐尔，不嫌其僭也。又韩信得广武君，坐之东向。是信欲执弟子礼，而求教于广武，亦以东向为极重也。周勃传："勃不好文学，每召〔一〕诸生说士〔二〕，东乡坐责之：'趋为我语。'"言其不以宾主待诸生，而自贵也。田蚡传：自坐东向而坐，其兄北向。是则骄蹇若蚡，使兄侍坐矣〔三〕，犹不敢南向也。夫子许仲弓南面，竟称其可为王者也。君子，君以左右两手守〇，围。指城郭人民社稷之谓也；子象人在襁褓之中，上体着衣，首与两手可辨，下体敛于一处，以便怀抱者也。称为君子者，君令人可敬畏，子令人可亲爱也。上古中古，士俱世族，王侯之子孙多贤才，王天下君邦国者皆世胄。故在上在下，或有位，或有德，俱得称为君子也。王王，夫子曰："一贯三为王。"董仲舒曰："古之造文者，三画而连其中。三者，天地人也，而参通之者，王也。"则王原有莫大之称号。暴秦殄灭典章，妄自夸大，以六国俱僭王矣，非更易其名位，不足以示得意而惊殊俗，遂创为皇帝之说，以愚天下；因之而礼乐、仪文、宫室、服食各高出于僭王万万，使天子一位，疑鬼疑神，不可方物矣。继之

〔一〕"召"，四库本脱，据史记原文补。
〔二〕"士"，原作"事"，据史记改。
〔三〕"若蚡使兄侍坐矣"句，世本无，似更佳。

者，好酒及色之刘季〔一〕目不知唐、虞、三代之诗、书，耳不闻礼乐刑政之教化，苟慕其富贵以骋其淫佚，岂识所谓天子一位者稍加于公之上，亦犹公之上于侯，侯之上于伯，伯之上于子男也？于戏〔二〕！顾名思义，王岂臣位也哉〔三〕！公，平分也，从八从厶。其德不止于为己，其才兼足以济人，能分别均平，使人人各得遂其私也。详其义理，当是因井田经界而创斯名。井九百亩，中为公田，八家为私田，平分不颇，名义有属，因为人臣首爵，佐王者而治天下者也。聖，通也，从𦔻听。从口。自用则愚，用人则圣。“舜好问好察”，“用中于民”，“取人为善”，“禹拜昌言”，皆听言纳善，舍己从人者也。夫子“信而好古”，“必闻其政”，“三人有师”，以至于“耳顺”，皆听之德也。其口在人，其听在我。目击道存，智者之慧；声入心通，圣人之神也。释氏“声闻圆觉”，“耳根圆通”，即是此意〔四〕。解者不得其故，误为三体会意，或误为从耳从呈，真昧昧也。贤，多才也，从臣从又。古者度德量才而授爵禄，贤者在位为王臣，其手能作事，上以承君，下以恤民也。小篆加贝作贤，惟贤为国家之宝，不宝金玉而宝善人之意。臣，服也，指反身屈己以事君之意。民，众也，象俯首而执役之形；古文，象乂髻袒裼、朴野无体之形。父，家长率教者，从从又。一家之主以手指挥，卑幼悉听命也。小篆以为举杖，非也。母，生育子

〔一〕“季”下，原有一“尔”字，据世本删。
〔二〕自“亦犹”至“于戏”，世本无。
〔三〕此下，原有“尚以其富贵淫佚为未足，思无等级以独乐邪”二句，据世本删。
〔四〕“释氏……此意”句，世本无。

者。从女，加体，指乳养之事。兄，同父母而先生者，从人从口。古者计口而授田，兄承父后，弟为余夫；爵禄之家，嗣位者禄食。故先以口登籍上闻之人为兄也。弟，次序也，指芟伐之木外有缠缚之表。束薪之道，必使前后整齐，次序不乱，始可负持，稍有参差，则散漫而不就绳约。故以次弟之义属之，借为人兄弟次序之称，为借所专。今加竹作第，指以竹为缠缚之物也。夫，成人而胜负荷之称，从大从一。大对小而言，二十成丁，则异于童稚；一指其可任事，而备人数。借为有室家之称，言丁成而壮，则当有室矣。对妇而言，则又为其倚任者。妇，子之妻也，从女从帚，言为女子而有所归，职任洒扫洁除者也。妻，配夫之称，从女从齐，言与夫齐也。小篆从事，省文作，言操持内政者也。其义稍与妇相混。盖对舅姑曰夫妇，对夫曰妻，义各有当，不若从齐为得。朋，两贝并行也。古以贝为通行之物，财货贵贱等字皆用之。行贝之法〔一〕，取其大小相当者为一朋，其不及朋者为幺贝，直甚微薄。借为同道相与、同事相助之称，言一人之心力不能独任者，两相辅益则道章而事成。小篆分贝之头角，露其两须，则朋当作，又类于缨。字，竟譌朋为缨，而𢆶亡朋乱矣。乃借凤鸟之象形古凤字。字，而稍损之作，取众鸟随凤之义，可谓转展相失，迷其所自来矣。𠬪，同志为𠬪，从二又。人之左手不能作事任劳，运用者惟右手。右手止一，或有所不办，则同志者亦以右手相

〔一〕自“财货”至“之法”，世本无。

助,是一事得两右手以为用,宁患其弗举邪?然必同志者而始能〔一〕好尚无差,趋向一致,虽为异体,而无所间隔也。不然,一人一手,各怀一心,岂能强合哉?反覆朋友二字,知异体同心之义。圣人文字之理微矣〔二〕。

衜道,人所行也。从人从行。夫不行则地而已,黄茅白苇而已;人行之则为道。道不异于地而异其名者,行与不行尔。夫君臣也,父子也,兄弟也,夫妇也,朋友也,名位而已;君仁臣敬,父慈子孝,兄友弟悌,夫妇有别,朋友有信,则人之所行者,道也。礼传曰:“大哉圣人之道,待其人而后行。”是必待人行,始可谓之道也。又:“至道不凝焉。凝者,由之熟,践之久,其路平实坚固无偏颇畸陷也。”小篆作道,从辵从首,言行路当知所向,始不妄蹈。于义虽可通,不若古文之精奥也。悳德,外得于人,内得于己也,从心从直。人之生也直,本无所回曲,此心即是天理,即是性善;或气质习俗有偏,此心渐至放失,外籍师友,内加学问,方能复还其本心,此其所得依然为吾故有之物,未尝能增益也。直是此心而已矣。佛氏谓之“直不领悟”,而证之为“无卤莽”,甚矣。又加彳作德,谓行而有得于心,从阅历中来,非即妄成真也。𦥯學,取法于既往而求其得也。从子,端蒙养也;从冂,有专居也;从臼,两手攻治也;从爻,参互校〔一〕

〔一〕“者”、“能”字,原无,据世本补。
〔二〕自“反覆”至“微矣”,世本无。
〔一〕“校”,原作“枝”,据世本改。

量也。四体会意，于义繁杂，不若古文，言小子有所仿效也。北音读去声，后人遂以为效字，误也。業，士人玩习者也。象形古之竹简木版，手执苦于重难，作为木架如锺虡之类。上业象其齿，便于县挂；下指以木为柄，可以倚徙也。借为事之通称。文，错画也，经天纬地之称。天有自然之文，星辰是也，故从○；人有经纬之文，乃以大而交错之意，故从文。小篆去○之形，是无天文也。“观乎天文以察时变，观乎人文以化成天下。”乌可偏废哉？借为文词之用，画象诗书，经纬天地之大义也。章，乐竟为一章，从音从十。声备宫、商、角、徵、羽，而后可以布之金、石、丝、竹、匏、土、革、木，作为雅乐也；十者，奏乐一阕也。声音之道出有入无，从虚而致实，故能格乎天地，通乎鬼神，感乎人心，验兴亡，测治乱也。章与文相配，文言色，章言声也。仁，从人从一从心，正孟子所谓“仁，人心也”。圣而尧、舜，愚而桀、纣，其心一也，所以性善也。性善者，仁也，善之长也，人皆有之。小篆作。在人之体为元，在人之心为仁，即此一理也。二者何指此上下也？上通于天，下彻于地，人与天地合德者，即此仁也。義，宜也，从羊从我。万事万物各有当然之极则，乃恰好适可之谓。惟一执我见，皆失其宜矣。我者，一人之私心也。羊之为物性最乖戾，不能驯扰，然而有一主之者，为群羊所宗，其饮食卧起，无不随之；斯羊识路，行必居先。虽乖戾而无迷失之患，以群羊无我见也。孟子曰：“义，人路也。”羊能知路，当舍我而从之。禮，履也，从示从丨。天以高卑之分示人，人制为上下之仪文品节，以则天也；示属天，丨属人。又作豊，为祭祀晏享备物丰盛之意。凡嘉美之会合，品物既隆，仪文复盛，所以表其诚敬〔一〕。然上下贵贱有等有序，因其隆盛之至者，而递〔二〕降杀之，则为天泽之分，使大小共由而为履也。知，心之灵明也，从口从矢。口以出言，发于心而千里应；矢以及物，亦自近而穷远〔三〕。人心昭融洞彻，揆事审物，矢口而发，必然中鹄，非聪明天授者，不能也。转平声为晓识之义，其说略同。然领会者述之事，知也；昭融洞彻者作之事，智也。或加亏作，再加自作，恐人恃一曲之小慧，矢口为言，不知敬慎，故须考于古而合，乃非私见，考古而得其所自，乃为真智也。信，诚也，从言从心。人之恶德澜翻诈伪，莫甚于言。盖皆取给于口，不由心生者也〔四〕。诚确之士将有言也，先拟于心，思吾行可以从否，持己则言顾行，行顾言，与人则久要不忘。"朋友有信"，实心口相谋，不妄出不轻诺者也。小篆以人言为。机械变诈，翻云覆雨，俱是此言所造，岂足为信邪？信本申字，自人君与听言者而立意。凡人以言相告者，无论其君子、小人，务使得尽其说，择善而从，不善而戒，不可使之稍有屈抑，不竟所长也。申之对为屈，古作诎，从言从出。凡在我出言，不宜轻率，亦不可自取畅达，当以屈抑为德也。變，更也，从䜌孪。从攴。事物至于纠棼紊乱，不能因循苟且而治者，必当大为震作，痛革其弊

〔一〕自"凡嘉"至"诚敬"，世本无。
〔二〕"之至者"及"递"，世本无。
〔三〕此下四库本有"中物为巧知之事，一言为知，一言为不知，口之德"一段，据世本删。
〔四〕此下四库本有"即御人口给之谓"句，据世本删。

坏,周礼所谓"执扑而从之"者也。故䜌攴为变,乃去乱之意〔一〕。夫子曰:"穷则变,变则通。"盖更易其败坏,而别为制度也。ㄏ化,变也,象倒人形。天下变幻不测者,无如人颠倒反侧,倏忽迁徙,而能使之一归于正,乃人之妙用也。借为造化、神化。惟天与鬼神能变易有无、转换人物也。小篆加人作𠤎,言变化乃人之作用也。神神,天神引出万物者也,从示从申。凡阳气皆升,天为众阳之所归,故万物之阳气必亲上而申出。借为神明、神圣。神者,气也。气空而明,能为变化,莫测其方;质凝而暗,囿于一隅,不能奇异。鬼鬼,人所归为鬼,从人而戴异物之首,无形之形也。人身惟髑髅最后朽,故以取象。从厶者,神为天地间阳之灵,天下所公也;鬼为阴之灵,人所私也。天神、地祇、人鬼,天子祭天地,诸侯祭封内山川,人各私其亲而祭祖祢,非其鬼而祭则不享〔二〕。人以阴阳和合而成形,阴阳离散而形毁;阳为魂如云气之飘扬,阴为魄如果实之精仁。阴阳和合,魂魄相守;阴阳离散,魂魄分驰,魂气易销,魄气难泯。人之初死,似有似无恍忽莫凭者,魄也,非魂也。及其既久而魄灭,子孙之昭格祭祀之如在者,鬼也,非魂魄也。"季路问事鬼神。子曰:未能事人,焉能事鬼?问死。曰:未知生,焉之死?"后儒解作"不对子路之问,而使〔一〕其从事于事人、知生之实",非也。夫鬼神非他也,即人之不可见之灵爽

〔一〕此下四库本有"非去乱不可更亲也。先儒云自无而有,字义未然"一段,据世本删。

〔二〕"非其……不享"句,世本无。

〔一〕"解作不对子路之问而使"句,世本无,作"谓欲"。

也，能事人，即能事鬼矣；死非异事也，知其所以生，即知所以死矣。明暗非二境也，去来非两路也，正夫子答子路之问也[二]。

宋儒俱以“造化流行，阴阳错综，本自秩然而不紊乱，所以指性”为理，此语虽若深入一层，实不免于颠倒。夫理之云理者，谓玉虽至坚无可从入，而其中自有文理为纵横之质也。是先有气有质，而后有理。气质未具，理将焉附？错综秩然非见之于气质，于何知之？画有奇耦，然后分阴阳，然后知条理。苟事事物物必欲原其无始之始，去圣人躬行实践之义远甚。图有先天、有无极，俱属追原，与此一辙。

本义卷首所载，甚蒙杂不伦。邵氏先、后天图以外，又收乾为天坤为地等八卦，是京氏易传之所谓游魂、归魂、子寅辰午申戌、丑卯巳未酉亥也。后世火珠林因之，与揲蓍四十九策之法迥乎不同，又不明言其故，亦何所取义而赘之于此？其六十四卦歌，括及“三连”、“六段”之类，近于市井小儿，岂可错诸学士简编之内？又缀以堆积无稽之卦变图，以迷乱后学之耳目，徒费心思于无用，其为误也大矣！安可不证！

易书广大悉备，后世解经之儒随其一隅之所得自为发挥，虽矫揉牵强，亦自有可髣髴者。故曰“冒天下之道”，如冒之覆

〔二〕自“明暗”至“问也”，世本无。

人，五官百骸皆在其下也。川流敦化，并育并行，俱所以阐天地之变化。学者各鸣其所见，本非前圣大义奥旨，然而易理中无不该括。诚能采集诸子百家之说，各弃其蔽锢之短，而取其领悟之长，复会通以象、辞、变、占四圣之“精义入神”，无不可睹。但当处以虚公，守以谦让，则其入德之门也。虚公则衷正明，而无党同伐异之患；谦让则不自以为是，而可以取益者多。苟能若是释说者，吾师也。彼何能乱道哉！

以上所列诸条，偶有会心，辄随笔杂书，零星无序，学人之筌蹄不足把玩者。然一蠡亦海，一撮亦地，庶见予之鲁钝。铢积缕合，不能提纲挈领，得意忘象，自趋简易。其挂一漏万，又何诛焉？噫！愚矣〔一〕。

彖、象之世，文字简严，其用也斩截而不可混淆，必求其故，始得文、周立象之微旨。故推原篆书，以穷斯理。文言、彖、象传亦即阐明经义，因附注篆以证之。至于系辞、说卦诸篇，已属“穷神知化”，不必局蹐〔二〕夫文字之端倪，而索太羹玄酒之滋味也。况简什浩繁，将字学多而易学少，得无轻重倒置乎？一切篆书俱舍而不讲〔三〕。

〔一〕此章世本无。
〔二〕“蹐”，世本作“迹”。
〔三〕自“况简”至“不讲”，世本无。

图学辩惑自序〔一〕

易有图学非古也，注疏犹是魏、晋、唐所定之书，绝无言及于此者。有宋图学三派出自陈图南，以为养生驭气之术，托诸大易，假借其乾坤水火之名，自申其说，如参同契、悟真篇之类，与易之为道截然无所关合。儒者得之，始则推墨附儒，卒之因假即真，奉螟蛉为高曾，甘自屈其祖祢。据朱子发经筵进表，宋易之陈氏，亦犹汉之易学授受俱鼻祖于田子装。田氏之学传自圣门，历历可数，图学从来出自图南，则道家者流杂之大易，遂使天下靡然称为“易老”。儒者极其崇奉，并讳其所谓老，专以易归之，亦可畏也。上古何尝有图？但文字未备，画为奇耦，示文字之造端尔。陈氏不识古文古字，误以为图也。文、周、孔子文字大备，始得畅其所言，著之竹木，而义理昭然可睹，皆所以阐发古文古字之幽隐，破除其艰涩，以就夫坦夷。读十翼正所以明显象、爻辞、象，明显象、爻辞、象正所以追测卦画之古文古字也。创为三图而欲掩包牺已露之面目，使天下后世重求之于晦冥蒙昧之途，何殊知饔飧而以茹毛饮血为

〔一〕“自”，四库本作“原”，据世本改。

至味,毁庐舍而以上巢下穴为适安也?秦焚诗、书,易独以卜筮得免,若有图亦宜不禁,胡为偏遁而孤行方外?秦、汉之时,虽有黄、老之学,亦只在民间,岂有与世间隔,不通于学士大夫之理乎?此皆据其偏辞,无能强申者也。非惑与?可不辩与!作图学辩惑。

图学辩惑

河图洛书辩

序曰:河图、洛书之说,因汉世习为谶纬,遂谓龙马神龟贡献符瑞,其事略与两汉之言祯祥者相似。后儒因缘敷会,日增月益,至陈图南凿凿定为一六、二七、三八、四九、五十之数,下上左右中之位为河图,又定为九宫奇正耦隅之状为洛书,云是羲卦、禹范之根原。两相比校,俱似影响,未见有实理存乎其间。惟欧阳永叔斥为“怪妄,不足深信”,是诚仲尼之徒也。吾夫子传易,称蓍龟为“神物”,赞其“莫大”,俱就易言之也。不过言上古圣人与民同患,制卜筮之法,使可趋吉避凶,“以前民用”尔。至吾夫子教人惟务民义,居蔡不智,怪神不语,学易求无大过,占在恒其德,何尝专尚夫败甲枯茎,若左氏之浮夸也?为此说者引大传之“天一,地二;天三,地四;天五,地六;天七,地八;天九,地十”以为证,又引“五位相得而各有合”为“一与六合,二与七合,三与八合,四与九合,五与十合”,然何以知其下上左右中之位置?又何以知其为图也?苟随声附和,不绎夫至理大道,似乎洋洋大观,倘按节而求之,据实而思之,其格格难通者多矣。作河图洛书辩。

河图

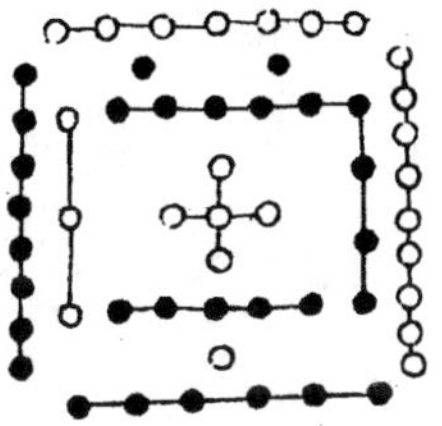

洛书

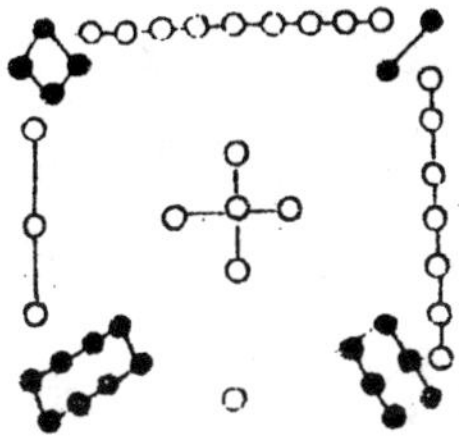

辩曰:大传曰:"天一,地二;天三,地四;天五,地六;天七,地八;天九,地十。"不过言奇耦之数,未尝有上下左右中之位置也。曰:"天数五,地数五。"不过言一三五七九为奇,二四六八十为耦,未尝有一六、二七、三八、四九、五十之配合也。曰:"五位相得而各有合。"不过言奇与奇相得,合之而成二十有五,耦与耦相得,合之而成三十,未尝有生数、成数及五行之所属也。以此为河图,绝无证据。况又因之而为"龙马旋毛"之说乎?假或然矣,龙马之旋毛如此,羲画之八卦如彼,何曾略可〔一〕似。是于天地雷风水火山泽毫无关涉,于近身远物迥乎难通。使不问河图,竟列八卦,稍有知识之士历历如指掌;苟必欲奇耦出诸旋毛,阴阳分乎黑白,生吞活剥附会而成,虽极聪明才辩之士,其不可通者终难强解。又复杂以洛书,谓是神龟献禹之文,禹得之而陈洪范,洪范篇中序列九事,造为九宫

〔一〕"可",世本无。

以奉之。夫“洪”者，大也，“范”者，法也，犹言治天下之大经〔一〕、大法也。盖治天下之大法〔二〕有此九条，安取乎“戴九履一，左三右七，二四为肩，六八为足”也？禹之治水，迹遍九州，疏瀹决排既毕，辨其壤赋，令九州之土地可耕可艺〔三〕，皆得画为井田，以锡天下之人民也。箕子曰：“天〔四〕不锡洪范九畴。”谓鲧治水弗成，天下之田畴汩没，无能施其治术云尔。曰：“帝〔五〕锡禹洪范九畴。”是地平天成，烝民乃粒，方能展布其治天下之大法云尔。名之曰“畴”者，即尽力乎沟洫之谓也。名之曰“九畴”者，即井田九百之意也。河图洛书并举而言者，以河、洛为天地之中，东西南北风土不齐，人物异宜。禹之则壤定赋，俱因中土而递推之，故云：“成赋中邦也。”顾命：“天球、河图在东序。”吾未审此图也者，尚是伏羲之故物与？或为周家再见之符瑞与？或为天闲之羁靮与？或为已蜕之皮毛与？论语：“凤鸟不至，河不出图。”夫子仅云天无祯祥，凤鸟不至矣；王室东迁，天下之版籍不隶于职方，河不出图矣〔六〕。河图、洛书乃地理方册，载山川之险夷、壤赋之高下与五等六等班爵授禄之制度，若禹贡、王制之类。特因儒者好为神奇，愈作怪妄愈失真实矣。细绎图绪，俱两相比附。天一生水，水润下，

〔一〕“大经”，世本无。
〔二〕“盖治天下之大法”，世本无。
〔三〕自“禹之”至“可艺”，世本无，有“禹平水土九州”六字。
〔四〕“天”，洪范作“帝”。
〔五〕“帝”，洪范作“天”。
〔六〕自“或为天”至“图矣”，世本无。

必得土而后有所归著；土数五，以一加五则成六，故“一六居下”。地二生火，火炎上，必得土而后有所托宿；以土数之五加二则成也〔一〕，故“二七居上”。天三生木，木属东方，必植根于土；以土数之五加三则成八，故“三八居左”。地四生金，金属西方，必生产于土；以土数之五加四则成九，故“四九居右”。天五生土，土位中央，无所不该，必博厚无疆乃能为五行之主宰；以五益五则成十，故“五十居中”。此老氏“守中”之义，即所谓“黄庭”也，“金丹”也。于〔二〕易仅假借之而已，非有卦画理数实可指证者。阴阳医卜之家“甲与己合而化土，乙与庚合而化金，丙与辛合而化水，丁与壬合而化木，戊与癸合而化火”皆此意也，即土王四季之说，即人身以脾胃为主之说，即心为土藏之说。然执其道而求之，往往有验与不验，盖亦小道可观者也。若夫洛书则显然九宫为地理相宅之用，即一白二黑三碧四绿五黄六白七赤八白九紫也。以奇当正位，耦当四隅，奇为主，耦为用，阴从阳也。“履一”者，一乃子位，阳生于子，自下而上也。“戴九”者，阳莫盛于午，九乃阳之盈数，至上而极也。“左三”者，东为生方，三生万物也。“右七”者，西为金为秋，万物成实也。“二四为肩，六八为足”者，人之耳目视听属阳，手足持行属阴；二四校六八稍轻，所以为肩而在上，六八校二四尤重，所以为足而在下也；大约耳目左多聪明，手足右多便利，所以二与六居右隅，四与八居左隅也。其中五则空而不

〔一〕“也”，疑当为“七”。
〔二〕“于”，原作“与”，据世本改。

著,此老氏"虚中"之义,即所谓"玄牝"也,"众妙之门"也,与范有何髣髴?但取九之一字而发挥之。后世筹策之文,多有上中下三者;或卜得十矣,几利几害,岂亦有先兆而定之与?日者以九宫变动,最忌五黄之位,指为飞土,指为龟甲空亡、神煞所住之处,则从此而转辗失真者与。图、书虽同为中五,而义则不同。图象圆,圆者流行,其外动,动必内有至静者存;其五取黄中,正位居其所而不迁者也。书形方,方者一定,其外静,静必内有运动者存;其五取皇极,思兼貌言视听者也。图、书也者,"守中"与"虚中"也。老子之中非虚不能守,非守不能虚,是以图、书可以经纬表里,是以图、书可以互易也。然则何以谓之"龙马"?何以谓之"神龟"乎?易者乾,乾六爻皆龙,又乾象为马,故云"龙马负图"。九畴稽疑,"龟从,蓍从,卿士从,庶民从,斯谓之大同"。故云"神龟负书"。其立论则荒诞而不可执,其取义则恍忽而无当大道。儒者纷纷聚讼,强赘易、范,真捏目生花辩别青红者也。要皆〔一〕陈氏借端汉儒,阐发增益,藏其吐纳烧炼之微意,实非画卦锡畴之正义。士君子果能观象玩辞,观变玩占,则图、书之星罗碁布者,真可屏诸稗谐之林,于易、范奚取焉?互见上系第十二章注。

先天八卦方位六十四卦方圆横图辩

序曰:伏羲以前,初无著之方册,代见物理之事。伏羲欲

〔一〕自"儒者"至"要皆",世本无。

以文字教天下传后世，创为奇耦之画，使天地雷风水火山泽八象之在两间者，焕然移于方册之上，正所谓文字也。后圣师其大意，变成斜正纵横之状，而文字日增。是卦画者，文字之根原；文字者，卦画之支流也。八卦者，六书之指事象形；六十四卦者，六书之声意转借也。为陈、邵之说者视此为图，以为不立语言文字，使人静观以悟其神妙，犹云孔、孟恶谀墓不为碑版，慎毁誉不为序志，犹云雅、颂不为乐府，风人不为长律断句也。造为文、周、孔子，只从中半说起。人至三圣恐无可复加矣，何独于演易赞易不识向上精微，仅从中半说起，自戾于伏羲作易之大道乎？有周之时，简编未繁，无堆床插架之部帙，吾夫子学易，韦绝穷思，极其拟议，必曰昔者圣人之作易也，推原上古，探所由来，渐及中古。考其穷变，一一著明，昭然旦昼。独近摘糟粕，遗向上根原而不顾，尚得为至圣否？后此二三千年去古愈远，注经解传汗牛充栋，乃忽遇夫“天根月窟”，与伏羲揖逊于一堂，印心于密室。就使事事合符，吾尚未敢信其必然，况乎自相衡决，彼此乖舛，惟以大言压人，欲其不疑，岂非后儒之好怪耶？试平心静观文彖、周爻、孔翼，治乱圣狂，经国修身，吉凶悔吝，揭日月于中天，无论智愚贤不肖，俱可持可效，循道而行。外之则治国平天下，致斯世于雍熙；内之则“穷神知化”，“尽性以至于命”。陈、邵先天方位，变乱无稽，徒取对待横图，乾一、兑二、离三、震四、巽五、坎六、艮七、坤八，奇耦叠加，有何义理？有何次序？又屈而圆之，矫揉造作，卦义无取，时令不合；又交股而方之，装凑安排，若织锦回文，全昧大道，帝王之修、齐、治、平安在？圣贤之知天、知人安在？

庸众之趋吉避凶安在？反谓文、周、孔子所不能窥，亦是老者曰“孔子，吾师之弟子”之意尔。古人命名立意，有典有则，可观玩，可讽咏；今用横、圆、方制为名号，亦觉俚俗鄙野，大非修辞缺。文之旨。五百年来，譸张蝁聒，令紫色鼃声夺玄黄钟鼓之席，推倒周公、孔子，压于其上，率天下之人而疑三圣人者，非二氏之徒，实儒者之徒也。杨、墨之道不息，孔子之道不著。岂因区区谫陋敢自外于名教乎？作先天诸国辩。

先天八卦方位图

辩曰：邵尧夫引“天地定位”一章，造为先天八卦方位图。其说云：“天地定位，乾南坤北也。水火不相射，离东坎西也。雷风相薄，震东北巽西南也。山泽通气，艮西北兑东南也。”夫圣人所谓“定位”，即如首章“天尊地卑，乾坤定矣”之义，未可赘以南北也。天地之间，山泽最著，故次及之，言山峻水深，形体隔绝，其气则通。山能灌泽成川，泽能蒸山作云，未可指为西北东南也。雷以宣阳，风以荡阴，两相逼薄，其势尤盛，未可许为东北西南也。水寒火热，水湿火燥，物性违背，非克必争；然相遇必有和合之用，不相射害，未可诬以东西也。八象既出，或联或间，何莫非消息往来之运行，岂必取于对峙乎？故总言“八卦相错”，谓不止于天地之交，山泽之遇，风雷之合，水火之重也。八卦递加，转辗变动则成二篇之易矣，明白斩截，毫无藤蔓容我装凑者。其云“乾南坤北”也，实养生家之大旨，谓人身本具天地，但因水润火炎，阴阳交易，变其本体，故令☰乾之中画损而成☲离，☷坤之中画塞而成☵坎，是后天使然。今有取坎填离之法，挹坎水一画之奇，归离火一画之耦，如“炼精化气，炼气化神”之类，益其所不足，离得故有也；如“凿窍丧魄，五色五声”之类，损其所有余，坎去本无也。离复返为乾，坎复返为坤，乃天地之南北也；养生所重专在水火，比之为天地。既以南北置乾坤，坎离不得不就东西。坎，月也，水也，生于西方。离，日也，火也，出自东方。丹家沙火能伏澒木，铅水结成金液，所谓“火中木、水中金，混和结聚”。此之先后即承上文之变易而言，已不若乾坤之确矣。兑居东南，艮居西北，巽居西南，震居东北，直是无可差排，勉强塞责，竟无义理可寻。缘此四卦，不过为丹鼎备员，非要道也。又水火木金已尽现伏于四正位，止云“兑泽连接于正南之乾天，两金相倚；艮山根种于正北之坤地，两土相附；雷发于地，风起于天”云尔。安见其必然，而欲以此夺三圣之大道与？

附会〔一〕先天方位者，反疑夫子震东、兑西为少长相合于正

〔一〕“附会”，四库本作“附谓”，“附”为小号字，列于行首而偏右，据世本改。

方，巽东南、艮东北为少长相合于偏方。少长之合非其耦，必若伏羲八卦以长合长、少合少为得其耦。岂直以卦画为男女耶？父、母、长、中、少亦象尔，合与耦亦象尔，如必曰男女也，则震、坎、艮不宜重，巽、离、兑不宜错，乾、坤乌可加诸六子邪？固哉！其为易也。

先天横图

辨曰：夫子明训“八卦既立”〔一〕，“因而重之”，又曰“八卦相荡”，又曰“八卦相错”。自有乾坤六子，以一卦为主，各以八卦加之，得三画即成六画，得八卦即有六十四卦，何曾有所谓四画、五画之象，十六、三十二之次第也？四画、五画成何法象？难谓阴阳刚柔，不可拟为三才。十六、三十二何者在先？何者在后？其于天地雷风水火山泽，贞卦不全；其八悔卦无可指名，视之若枯枝败骸，无理无义，以遂其递生一奇一耦之说。纵其所如成乾一、兑二、离三、震四、巽五、坎六、艮七、坤八之位置，初无成见于胸中，绝无关辖于象数。有疑之者则大言以震撼之，辞色俱厉以拒绝之，使天下尽出于诐滛邪遁之一途，以反攻其父母，甚矣。儒者之好怪也，苟掩卷而思之，学易者〔二〕何不以三乘三，以八加八，一举而得六爻，再举而得六十四卦，明白且简易，直捷且神速乎？恶用是牵缠羁绊，挽之不来，却之不去者〔三〕为哉？圣人作易，仰观俯察，近身远物，无不

〔一〕“既立”，系辞原文作“成列”。
〔二〕自“苟掩”至“易者”，世本无。
〔三〕自“挽之”至“去者”，世本无。

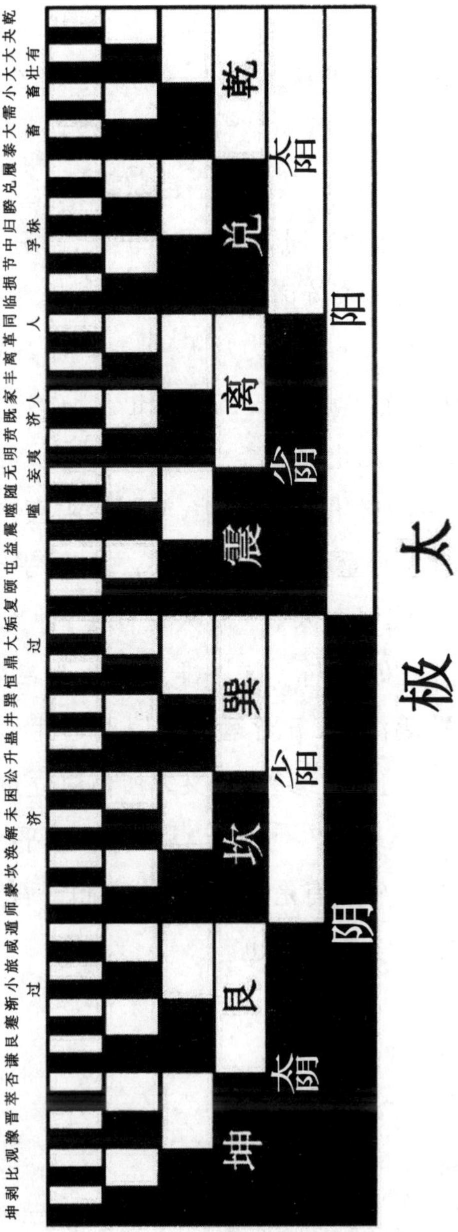
坤剥比观豫晋萃否谦艮蹇渐小旅咸遁师蒙坎涣解未困讼升蛊井巽恒鼎大姤复颐屯益震噬随无明贲既家丰离革同临损节中归睽兑履泰大需小大大夬乾
过 济 过 嗑 妄夷 济人 人 孚妹 畜 畜壮有
坤 艮 坎 巽 震 离 兑 乾
太阴 少阳 少阴 太阳
阴 阳
太极

勘破其情状,体悉其至理,若巨若细尽备于胸臆,然后宣发于文字,岂有漫无成见,随手画去者哉〔一〕? 如小儿之搬棋砌瓦,原非心思所主宰,又非外缘可感触,待其自成何物,然后从而名之。夫子所云“拟议以成其变化”,岂欺我哉〔二〕? 夫焦氏易学传数而不传理,响应于一时,声施于后世者,自有变通之妙用,分为四千九十六卦,实统诸六十四,是以卦具六十四卦之占,乾坤还其为乾坤,六子还其为六子,列卦仍还其列卦也,非层累而上有七画八卦,以至十二画之卦也。易林一卦中错综杂出,变动不拘,岂一画止生一奇一耦,历百千而不改,如是其顽冥不灵者与? 两间气化,自有盈缩,或阴盛阳衰,或阳多阴少,恶得均分齐一,无轻重大小,往来消长之异同乎? 若然,则天无气盈朔虚〔三〕,无昼夜寒燠〔四〕,人无仁暴,地无险夷矣。若然,则人皆一男一女,鸟皆一雌一雄,兽皆一牝一牡矣。若然,则续凫断鹤,黔鹄浴乌,五行运气无偏重之性矣。夫物之不齐,物之情也〔五〕,造物之参差,理义之所由以立也。听一奇一偶之自为盘旋于教化乎? 何有于“裁成辅相”乎? 何有于“易不可为典要”乎〔六〕? 何有是一定也? 非易也。吾直曰:邵氏之易欲求为京、焦,而力有弗逮也。

〔一〕“者哉”,四库本脱,据世本补。
〔二〕自“如小”至“我哉”,世本无。
〔三〕“无气盈缩虚”句,世本无。
〔四〕“寒燠”,世本无。
〔五〕自“若然则人”至“之情也”,世本无。
〔六〕“何有于易……要乎”句,世本无。

一奇一耦层累叠加，是作易圣人不因天地高厚而定乾、坤，无取雷动风入而成震、巽，坎陷离丽未有水火之象，艮止兑说不见山泽之形，俱信手堆砌，然后相度揣摹，赠以名号。自乾至复三十二卦为无母，自坤至姤三十二卦为无父。山泽未尝通，雷风未尝薄，水火未尝济。父与少女、中女、长男同时而产，母与少男、中男、长女同时而育。无三画为卦之限，无内外、贞悔之序。足重半天下，首偏锐一隅。三十二物联挛合体，上下大小殊绝，牵缠桎梏。天地不能自有其身，雷风水火山泽不能自完其性。第一画贯三十二爻，可云广矣，奇遗姤至坤之半，耦遗复至乾之半，则挂漏之极也。第二画贯十六爻，第三画贯八爻，始有八象。吾不知天何私于泽火雷而独与之同气，何恶于风水山而杳不相蒙也？地何亲于山水风，何疎于雷火泽，亲者胶固而无彼此，疎者隔塞而不相应求也？古今事理，惟简能御繁，一可役万，故卦止八象，爻止六位，变变化化，运用无穷。如必物物皆备始称大观，则七画以至十一画乃魑魅现形，无有人道；及成十二画则头上安头，床上安床，徒觉状貌之拥肿，取义之赘疣。若彼所云：日月星辰，水火土石，寒暑昼夜，雷露风雨，性情形体，草木飞走，耳目口鼻，色声气味，元会运世，岁月日辰，皇帝王霸，易、诗、书、春秋。似校说卦为详密，而其偏僻疎罔特甚。何天无霜雪电雹虹霾也？地无城隍田井海岳都鄙也？时无温和旱潦也？人无脏腑手足发肤也，无盗贼夷狄也？经无礼、乐也？物无虫鱼也？形体之与耳目口鼻，又何其重出也？即万举万，当于“神明化裁”，“引伸触类”之谓，何使吾夫子十翼退舍而卻行者，其宗陈、邵之流与？

即以生而言，如天之生雷风云雨，地之生草木，人物之生男女牝牡。天轻清属气，雷风云雨气多而质少，然亦雷自成雷，风自成风，云雨自成云雨，不必再扰于天，始成雷风云雨之象也。地重浊属质，草木质多而气少，即已勾萌甲坼，则草具草之形，木具木之形，何必混合于地，始成一草一木之形也。人物处天地之中，气质参半，既分气质，而生男女牝牡，则父母自为父母，男女自为男女，牝牡自为牝牡，未见有父母子孙牵连一体者。以两仪之上各加一奇一耦，而命为老阳、少阴、少阳、老阴，是父母男女并归一身，不可判别，岂得谓之生乎？至八卦、十六卦、三十二卦、六十四卦，则合七世高曾祖祢曾玄于首腹四肢之内，形象理数一切荒唐而不可问矣；易之变化穷通，上下往来，屈伸进退，悉可废业〔一〕而不讲矣；系辞、说卦皆迷途矣。以此学易，未见其为善变也。

朱子言："据现行周易，缘文生义，穿凿破碎，有不胜其杜譔者。"但杜譔出夫子，其文义昭昭，易简可从；创陈、邵之说，其文义安在？如果有会心，何不直示学者乾之后何故当为兑，兑之后何故当为离，离之后何故当为震、巽、坎、艮，而及坤也？其所以中分旋转，又何故而当然也？必于卦义有功，八象有理，乃为可信；如徒赞其〔二〕高美，格格不吐，岂亦释氏之公案，仅可意会不可言传与？又云："玩之久熟，天地变化、阴阳消长自将了然于心目之间。"吾恐为此说者，先昏昏而使人昭昭也。

〔一〕"业"，疑当为"弃"。
〔二〕"其"，原无，据世本补。

陈氏用于丹灶，尽矫诬之术，乃出自然；学易者趁其自然，无不矫诬，反以夫子为穿凿破碎，则吾岂敢！

天地自然，只有天地雷风水火山泽；人为造作，始有乾、坤、震、巽、坎、离、艮、兑。故夫子每章之首，一则曰“作易者”，再则曰“作易者”；一则曰“夫易”，再则曰“夫易”；一则曰“圣人之作易也”，再则曰“圣人之作易也”，俱赞易之神化，更不言天地之神化也。盖羲、文已将天地之神化布在方册中，夫子学易，从方册中“穷理尽性以至于命”，而“与天地参”，不欲从虚空浩渺自出头地，以补羲、文所不及也。陈、邵竟舍易之为书，自寻神化，自求性命，宜其贵无贱有，抹杀千古之语言文字，去文明而就混沌，以归自然。究竟其自然者安在哉？太极、两仪、四象、八卦注，见系辞。

先天六十四卦圆图方图

辩曰：邵氏以震历离、兑、乾为顺，以巽历坎、艮、坤为逆。顺为数往，逆为知来，则震、离、兑、乾仅能数往，不能知来，巽、坎、艮、坤职在知来，无烦数往。夫“乾知大始”，“乃统天”，于知来乎何有？岂可但局之数往；“坤以藏之”，“承天顺天”，“成物”“代终”，于数往乎何有？岂可反以为知来，亦不类矣。数往顺天左旋，乾一、兑二、离三、震四为已生之卦；知来逆天右旋，巽五、坎六、艮七、坤八为未生之卦，已属凿空。又云：“易数由逆而成，若逆知四时之谓。”岂震、离、兑、乾无当于易数，而漫列冗员者与？即其文义亦乖舛而不可通，遑问其理乎？圣人知来数往，万理万物无不兼该，非专为四时而设。四时节

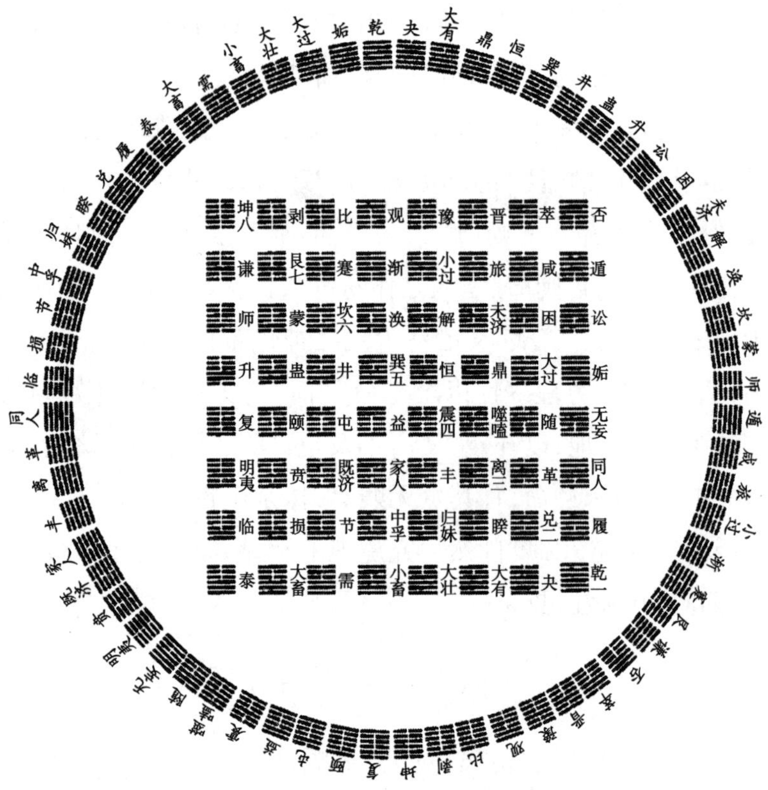

候有治历之法,千岁日至可坐而定,绝无取于卦气也。今屈横图而圆之,云“乾生子中,尽午中;坤生午中,尽子中;离尽卯中,坎尽酉中”,皆缘冬至一阳为复,遂充类至义之尽,以六十四卦分配二十四节候,然亦须一候得二卦有奇,乃为恰合。何以倏多倏少,远不相谋?或是卦有强弱乎?或是气有盈缩乎?俱含糊而不言其故。复之“至日闭关”,夫子特举象之一节;若姤为夏至,未见明训,未敢信为必然。临、泰、大壮、夬、乾与遁、否、观、剥、坤之配岁周,不免按图索骥,近于颛愚。矧可牵引六十四卦,如斯之卤莽乎?即使种种巧中犹为小慧,况矫揉诬罔一切不符乎?今云冬至复卦一阳生,子半,阅颐、屯、益、震、噬嗑、随、无妄、明夷、贲、既济、家人、丰、离、革、同人、临凡十七卦,始得二阳,为十二月,已是卯半,为春分矣。损、节、中孚、归妹、睽、兑、履、泰凡八卦,乃得三阳,为正月,已是巳初,为立夏矣。大畜、需、小畜、大壮凡四卦,乃得四阳,为二月,已是巳半,为小满矣。大有、夬止二卦,即得五阳,为三月,已是午初,为芒种矣。至乾止一卦,即得纯阳,为四月,已是午半,为夏至矣。至姤亦止一卦,一阴生,午半,阅大过、鼎、恒、巽、井、蛊、升、讼、困、未济、解、涣、坎、蒙、师、遁凡十七卦,始得二阴,为六月,已是酉半,为秋分矣。咸、旅、小过、蹇、渐、艮、谦、否凡八卦,乃得三阴,为七月,已是亥初,为立冬矣。萃、晋、豫、观凡四卦,乃得四阴,为八月,已是亥半,为小雪矣。比、剥止二卦,即得五阴,为九月,已是子初,为大雪矣。至坤止一卦,即得纯阴,为十月,已是子半,为冬至矣。将六十四卦破碎割裂,苦死支吾,犹然背畔若此,胡见其自然哉?若卦画名义毫无统属,则精微之正论反可姑置者也。伏羲之世二十四气未必尽备,备亦未必如此序次。观礼传月令与吕氏春秋,同出周、秦,微有不同,则数千年已往之节候,何能测其同于后世也〔一〕?

周谟问朱子先天卦气:"阴阳始生,各历十六卦而后为〔二〕

〔一〕自"观礼"至"世也",世本无。
〔二〕"为",原无,据朱子语类卷六十五补。

一月，又历八卦，再得一月。至阴阳将尽处，只历四卦为一月，又历一卦，遂一并三卦相接。其初如此之疎，其末如此之密，此阴阳盈缩当然之理与？复、姤为二至子、午之中，固无可疑者。临卦书'春分卯中'；临本十二月之卦，春分合在泰卦之下。遁卦书'秋分酉中'；遁本六月之卦，秋分合在否卦之下。是固有不可解者。"答曰："伏羲易自是伏羲说话，文王易自是文王说话，固不可交互求合。"信斯言也。倘有说浑敦易者，听其可，臣令君行，子坐父立矣。夫时有今古，理无不同，岂得因羲、文异代，而竟以天道付杳冥哉？何月令节候偏欲交互求合于卦画也？先入为主，奈之何哉？

何谓"已生"、"未生"？八卦如此分属，尚有全用乎？既有乾一、兑二、离三、震四、巽五、坎六、艮七、坤八之序，则皆已生矣。就彼而言，震、巽居中，有长男代父、长女代母为政之象。震顺天左行，自复、颐至夬、乾，行三十二卦，遇复而息。夫两间气化，转毂循环，无有端绪，其来也非突然而来，即其去而来已在内；其去也非决然而去，即其来而去已下伏，焉得分疆画界，厘然中判，其去其来若左右不相连贯者？震、巽东西背驰，亦如人之行路，毕竟先有方向，然后可扬帆策马，行縢履屩，焉得东行者山川原隰历历可指，而云"已生"，西行者悉漭瀁无凭而待行者自为开辟，乃云"未生"与？春夏何其逸，秋冬何其劳也？一二三四五六七八之数目，有则俱有，焉得震独擅一二三四，数往而顺，巽独擅五六七八，知来而逆？且数自一而二三四为顺，今反以四三二一为顺；自八而七为逆，今反以五六七八为逆，亦难错说矣。震长男，阳也。阳主创,近乎“未生”,或可云逆,而反云顺,阳而顺,是不能制义者也。巽长女,阴也。阴主随,近乎“已生”,本可云顺,而反云逆,阴而逆,是牝鸡司晨者也。阴顺阳逆,一切颠倒矣。细心体贴,种种可疑。作者圣,述者明〔一〕。作者既卤莽而自圣,述者亦灭裂而不明。悠悠滔滔,羲、文、周、孔何时得还归于正道也!

先天六十四卦方图

辩曰:邵氏〔二〕作方图,谓“天圆地方”,置之圆图之中,谓“天包地外”。其说曰“天地定位”,以西北角置乾,东南角置坤,为定位,又非南北故武矣。曰“否、泰反类”,东北角置泰,西南角置否,为反类。曰“山泽通气”,兑二斜依乾一,艮七斜依坤八,为通气。曰“咸、损见义”,斜依否之咸,斜依泰之损为见义。曰“雷风相薄”,以震四斜依离三,巽五斜依坎六,震、巽当中斜依交会,为相薄。曰“恒、益起意”,恒自咸而未济斜来,益自损而既济斜来,亦交会于中,为起意。曰“水火相射”,以坎六自艮七斜接巽五,离三自兑二斜接震〔三〕四,为相射。曰“既济、未济”,既济自损来,斜联于益,未济自咸来,斜联于恒也。“四象相交,成十六事”。大〔四〕横图既云阴阳老少为四象,此则明明用其六画之卦,何以又称四象乎?云“十六事”

〔一〕“作者圣,述者明”句,世本无。
〔二〕“氏”下,四库本有“以”,据世本删。
〔三〕“震”,四库本误作“巽”,据世本改。
〔四〕“大”,世本无。

者，乾、坤、否、泰、艮、兑、咸、损、震、巽、恒、益、坎、离、既济、未济，俱取老、长、中、少，阴阳正对，似乎稍有可观。易卦阳爻一百九十二画，阴爻一百九十二画，奇耦停匀，随人牵引，俱可布位整齐，使确守乾父坤母、一再三索而搬演之，何尝不绣错丝编，烂然秩然而理则校胜也。大易全篇何莫非神化变通，而仅取否、泰、咸、恒、损、益、二济为纲领，将谓此外皆附庸之国乎？皆仪文声色之末务乎？亦见其自隘矣。曰："八卦相荡，成六十四。"夫既云相荡，则纵横杂揉，左右逢源，非鳞次蝟排，胶固不可通方者也。信斯罗列，其义理安居？象数奚在？亦见其小慧而已。

邵氏以圆图配天，方图配地，圆图赘二十四气于卦下，令有分属，方图亦可裂为九州，以冀、兖、青、徐、扬、荆、豫、梁、雍分赘，某卦隶某州，馍糊约略而为之，辞亦不必求其切合也。又谁曰不宜乎？况扬雄早有"方州部家"之说矣。圣人作易以前民用，反以痴人说梦，欺世惑众，何贵乎与民同患哉？

先天卦画奇耦相加，乱左阳右阴之常经；方圆图次第撮凑小巧，紊四时之序，变八方之位，去君父母子之名分，倒长、中、少之行列。曲护其说者甚至谓"乾、坤无生六子之理"。夫子所云"乾父坤母"、"乾、坤，易之门"、"乾、坤，易之蕴"，一笔涂抹，说卦三传无一可宗，岂非大乱之道，宜其应于人事，为开辟未有之灾祥也与？

此黄晦木原图与古本异并存参考

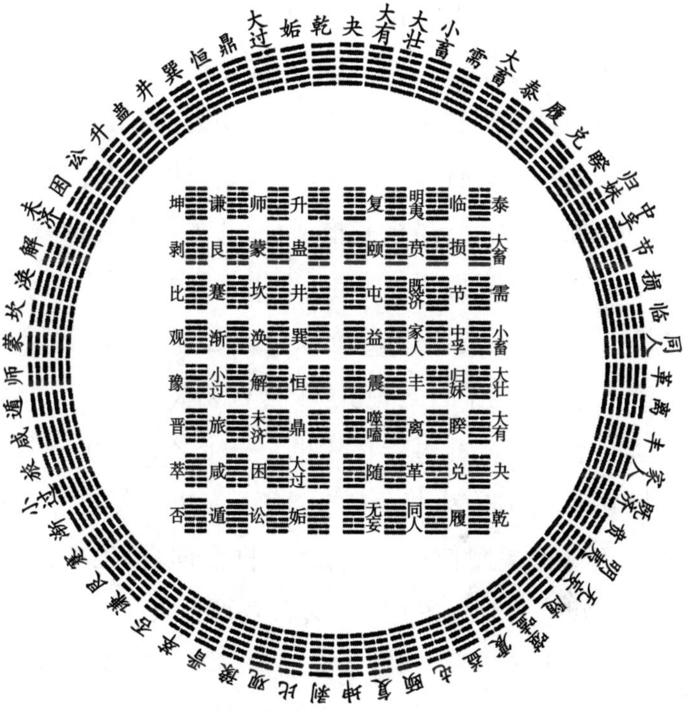

太极图说辩

序曰:太极图者,创于河上公,传自陈图南,名为无极图,乃方士修炼之术〔一〕,与老、庄之长生久视,又其旁门岐路也。老、庄以虚无为宗,无事为用;方士以逆成丹,多所造作,去"致

〔一〕"术"下,四库本有"也"字,据世本删。

虚”、“静笃”远矣。周茂叔得之，更为太极图说，则穷其本而反于老、庄，可谓拾瓦砾而悟精蕴。但缀说于图，合二途为一门，其病生矣。又惧老氏非孔、孟之正道，不可以传来学，借大易以申其意，混二术而总冒以儒，其病更甚矣。盖夫子之言太极，专以明易也；茂叔之言太极，则空中之造化也。两者本不同道。朱元晦又从而分析辩解之，则更杂以释矣。茂叔强三为一，元晦混四为一，虽极其推崇，而并失茂叔之故我矣。其病可复瘳耶？茂叔得图于方士，得偈于释，心证于老；元晦得图于[一]葛长庚，得偈于道谦，而欲会通之于儒，曰：“庖羲、文王未尝言太极，而孔子言之；孔子未尝言无极，而周子言之。先圣后圣同条共贯。”此过于标榜也。夫子之言太极，不过赞易有至极之理，非别有太极而欲上乎羲、文也。茂叔之“无极而太极”，不过推墨附儒；在元晦无乃推假即真，戴僭窃为君父乎！吾不知千圣何故吝此而不传其秘耶？夫子曰：“当仁不让于师。”愚二十年学易，稍窥十翼藩篱，确知易、老之不可混称，确知老之不同于释，灼见儒释、老之不可冒昧影响。然后敢明言此图之非易，而且有老与仙与释之淆乱。不揣固陋，一一而是正之如此。吾知见者必将怒目裂眦以定予非圣之罪，然而莫之避者，何也[二]？圣人之大道非一人所可私，亦非阿党所能据，千秋万世必有明之者矣。时贤之罪予也，何伤[三]？作太极图说辩。

〔一〕“图于”，四库本脱。据世本补。
〔二〕自“吾知”至“何也”，世本脱。
〔三〕“时贤……何伤”句，世本脱。

陈图南本图自下而上逆则成丹

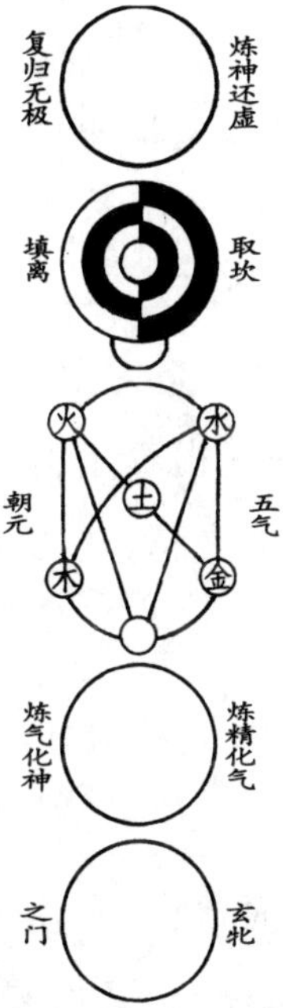

辩曰:此图本名无极图,陈图南刻于华山石壁,列此名位。创自河上公,魏伯阳得之以著参同契,锺离权得之以授吕洞宾。洞宾后与图南同隐华山,因以授陈。陈又受先天图于麻衣道者,皆以授种放,放以授穆修与僧寿涯。修以先天图授李挺之,挺之以授邵天叜,天叜以授子[一]尧夫。修以无极图授周茂叔,茂叔又得先天地之偈于寿涯。乃方士修炼之术,其义自下而上,以明逆则成丹之法。其大较重在水火,火性炎上,逆

〔一〕"子",四库本误作"于",据世本改。

之使下，则火不燥烈，唯温养而和燠；水性润下，逆之使上，则水不卑湿，唯滋养而光泽。滋养之至，接续而不已；温养之至，坚固而不败，律以老氏虚无之道已为有意。就其图而述之，其最下一○名为“玄牝之门”，玄牝即谷神也。牝者窍也，谷者虚也，玄与神皆莫可指测之谓。在老、庄而言，谓玄妙神化，即是此虚无而为万有之原；在修炼之家，以玄牝谷神为人身命门两肾空隙之处，气之所由以生，是为祖气。凡人五官百骸之运用知觉，皆根于此。于是提其祖气上升为稍上一○，名为“炼精化气，炼气化神”。炼有形之精，化为微芒之气；炼依希呼吸之气，化为出有入无之神。便贯彻于五藏六腑，而为中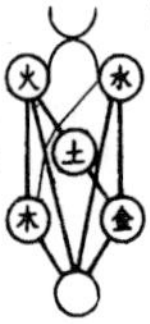

〔一〕，名为“五气朝元”。行之而得也，则水火交媾而为又其上之◎，名为“取坎填离”，乃成圣胎。又使复还于无始，而为最上之一○，名为“炼神还虚，复归无极”，而功用至矣。盖始于得窍，次于炼己，次于和合，次于得药，终于脱胎，诚〔二〕仙真求长生之秘术也。若老、庄之本旨，则不然。老氏云：“天下之道〔三〕生于有，有生于无。”“有之以为利，无之以为用。”庄生云：“万物出于无有。有不能以有为有，必出乎无有。”其意以虚无生气，气生天地万物；天地万物之运行动作皆气之运行动作也，气之运

〔一〕图中“水火木金土”，四库本无，据世本补。
〔二〕“诚”，四库本作“成”，据世本改。
〔三〕“之道”，老子原文作“万物”。

行动作皆虚无为之宰也。故曰:“忽兮恍兮,其中有象;恍兮忽兮,其中有物;窈兮冥兮,其中有精。”“有物混成,先天地生,独立而不改,周行而不殆,可以为天下母。”皆言虚无之用也。其长生也,唯神是守,昏昏昧昧,纯纯常常,与天为游,气聚而生,气散而死,复归太虚。故曰:“生死为徒,吾又何患?”彼人之形者,万化而未始有极也。生何足贪,死何足恶。故能齐彭殇,一寿夭,无心而任化。及其流而为仙真之教,则以矫揉为守气,而炼精炼气之术兴;以自私自利为全性,而取坎填离之法立,乃庄生所谓“一犯人之形,而遂贪生恶死”者也。则斯图也,非老氏之曲学与?在老氏犹为稂莠,在儒者反以为正传与?

周茂叔图自上而下顺而生人

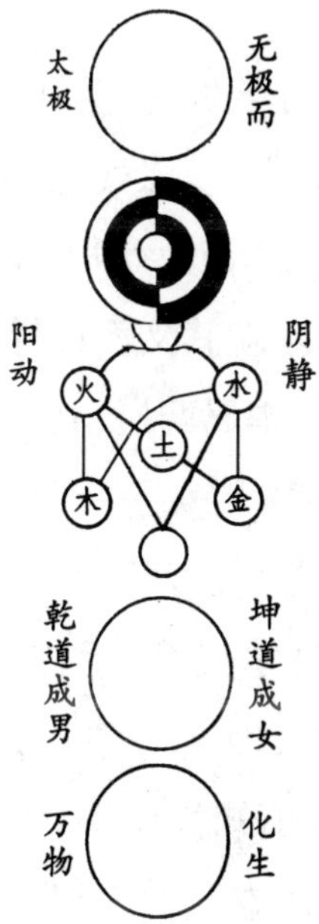

辩曰：茂叔得此图于穆修，又得先天地之偈于寿涯，乃颠倒其序，更易其名，以附于大易，指为儒者之秘传，其称号虽若正大光明，而义理不胜指摘矣。盖方士自为方士之术，但取己说之可通，修炼之得当，原无瞻前顾后之意，所以据其一曲之偏见，亦左右逢原，始终彻贯者。茂叔握方士之实，悟老氏之旨，而蒙以大易之名，所以彼此不伦，龃龉杂越，反不若陈氏之纯一而无弊也。方士之诀，逆则成丹；茂叔之意，以为顺而生人。太虚无有，有必本无，是为最上○，乃更"炼神还虚，复归无极"之名，曰"无极而太极"。太虚之中脉络分辨，指之为理，是为次◎，乃更"取坎填离"之名，曰"阳动阴静"。气生于理，落为气质之性，是为又次之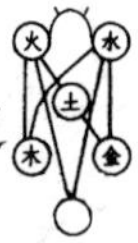

，乃更"五气朝元"之名，曰"五行各一性"。理气既具而形质呈，得其全灵者为人，人有男女，是为又次○，乃更"炼精化气，炼气化神"之名，曰"乾道成男，坤道成女"。得其偏者、蠢者为万物，是为最下之○，乃更"玄牝之门"为"化生万物"。就其义而详绎之，又与方士乖矣。夫方士之"玄牝"、"炼化"，本属两层，其用功亦有次第，故作为二图；茂叔之"男女"、"万物"，直是一气所生，则无分先后，二图之内，一为赘疣。方士之"五气朝元"，言"化气""化神"之后，堕肢体，黜聪明，搜一身之五藏，悉守其神气，然后能坎离交媾，火不炎上，水不润下，而金丹圣胎成矣；茂叔于此二图，先有条理，而后有气质，吾不知气质未露，条理安托？紊其先后，义亦背畔矣。方士之"还虚"、"归无"，又合于"玄牝"，上下始终，周旋无间，最上一图与最下一图，分而合，合而分，会之不可言一，离之不可言二，所以成长生之妙；茂叔于此为天地化生之本，虽得老氏之正宗，而于此图则未免牵强，又欲合以大易，则更不伦矣。夫方士之修炼，老氏之虚无，大易之正道，三者天渊，不可混同也。

辩　图

○辩曰：大传曰“易有太极”，夫子赞易而言也〔一〕。谓作易圣人有此至神至妙之义理，具于胸臆中，故能生两仪、四象、八卦，以成二篇之策，非追原天地之始也，不可云“无极”。夫无方者，神也；无体者，易也，不可图圆相。有者无之，无者有之，徒自戾于圣人。

◎辩曰：中分黑白，两相间杂，判左右为阴阳，以阴阳推动静。就其贯穿不淆乱之处，则指之为理，此时气尚未生，安得有此错综之状？彼将附丽于何所？观其黑白之文，实坎离两卦，成既济之象，中含圣胎。谓之“取坎填离”，则明显而彰著；谓之“阳动阴静”，则阳专属诸离，离专主动，阴专属诸坎，坎专主静，岂通论也哉？晦翁云：“◐者，○之用所以行；◑者，○之体所以立。”则本末倒置，似先有阳动阴静，而后有无极太极。岂在左者有用而无体，能行而不能立；在右者有体而无用，能立而不能行乎？茂叔本意，以无极无体故能为众体之原，众体各用莫非无极之用。如晦翁所云支离破碎，又失茂叔之本意矣。

〔一〕“夫子……言也”句，世本无。

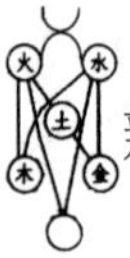

辩曰：五行始于洪范，言天地气化之运行，若有似乎水火木金土五物也。定为五行者，乃人也，非五行之能生人也。人身之分配，犹乾为马、坤为牛、震为龙、巽为鸡、坎为豕、离为雉、艮为狗、兑为羊之义同〔一〕。今以五物为生之性，将亦可〔二〕谓彼八兽者为生八卦与？况此时之人物未生，此五者之性于何而辩〔三〕？养生之家专重水火，其上第二图作坎离交媾之状，故此图之水火二系，上则达于X〔四〕，下则垂而通于♉〔五〕，木金土皆一受一授，水火乃有二受二授也。但知重在水火，于金木土不得不轻，其排列方位亦紊乱而无稽。

〇辩曰：太极、两仪、四象、八卦，夫子显然指易而言，未尝付之虚空揣测也。其曰"乾道成男，坤道成女"，亦谓乾之奇画成男之象，坤之偶画成女之象，非云生于天者为男，生于地者为女也。离易而悬度，种种乖剌。观其五行各具一性，属诸气质，则当于男女成形之后，感物而动，发为五德，或流为偏僻，或陷于人欲，始有六言六蔽之患，甚而至于恶逆者有之。岂先有五性，至此始成男女？于次序则乖舛，于图尤为扺牾。此无他，方士之图本逆，而茂叔强之为顺也。

〔一〕"同"，世本无。
〔二〕"亦可"，世本无。
〔三〕"辩"，世本作"辨"。
〔四〕"X"，四库本误作"〇"，据世本改。
〔五〕"♉"，四库本误作"X"，据世本改。

○〔一〕辩曰：天之生物，洪纤高下，灵蠢偏全，无有差别。以人视之，若与万物有贵贱之殊，而实则同赋于天，则宜同一○太极，岂此“万物化生”而别有一○太极乎？五行分为五○太极，乾男坤女又当各自为一○太极。万物既与男女别为一○太极，则飞潜动植，以至瓦砾矢溺，无不可别图一○太极也。何许子之不惮烦？

辩　说

无极而太极。

辩曰：“易有太极”，不可言无太极，非物不可执有。虽非太极之外别加无极，实赘无极之名于太极之上。夫未有此画以前，其流行显著自在天地间，不必言太极；既有作易之圣人，则“微显阐幽”，全在于易。圣人近身远物，仰观俯察，有至理存于心目，故生生无穷，特赞之曰“太极”。极者，言乎其无可复加也；太者，大而又大，无可与并也。谓之“太极”，乃至矣尽矣，不容复有辞说矣。实属诸易，原非虚空摹拟之辞。茂叔视为天地以前之物，而以“无极”释之〔二〕，盖深有得于老氏之微旨矣。老氏曰：“渊兮似万物之宗。”“吾不知其谁之子，象帝之先。”“谷神不死，是为玄牝，玄牝之门，是为天地根。”又曰：“无状之状，无象之象，是为忽恍。”庄生曰：“六合为巨，未离其内；秋毫为小，待之成体。天下

〔一〕此“○”，四库本无，据世本补。
〔二〕“之”下，四库本有“也”字，据世本删。

莫不浮沉，终身不故；阴阳四时运行，各得其序。昏然若亡而存，油然不行而神，万物畜而不知。此之谓本根。”又曰：“昭昭生于冥冥，有伦生于无形。”又曰：“天不得不高，地不得不广，日月不得不行，万物不得不昌。”“或为之纪而莫见其形。消息盈虚，一晦一明，日改月化，日有所为，莫见其功。生有所乎萌，死有所乎归，终始相反乎无端，而莫知其所穷。非是也，且莫〔一〕为之宗。”是老、庄之学皆指虚无为天地万物之根本。夫有不能生有，唯无能生有。天地万物皆气为之主宰，气生于无，则无者气之祖也。无为气之祖，则天地万物之运用，莫非无之权也。

茂叔“无极而太极”，可谓得道德、南华之神髓，而以一言括之矣。魏伯阳之言曰：“包囊万物，为道纪纲。以无制有，器用者空。”吕洞宾之言曰：“言之无兮不可舍，言之有兮不可居。谷兮谷兮太玄妙，神兮神兮真大道。”皆有会悟于此者也。但以之缀于“易有太极”，则郢人燕说，何所彲黐乎？元晦为之发明其义，更若未能深契于老氏，而与茂叔又不相蒙矣。晦翁曰：“非太极之上复有无极。”其言是也；而云：“实造化之枢纽，品物之根柢。”则似是而非矣。枢虽户之所以阖辟，然不离乎户；纽虽网之所以弛张，然不离乎网；根柢虽草木之所以发生，然不离乎草木。以之拟“无极”则全失其意。盖户网之阖辟张弛在枢纽，草木之发生在根柢，而其能阖能辟，能弛能张，能发能生，则全不在乎枢纽、根

〔一〕“莫”，庄子田子方原文作“孰”。

柢,而在于空中之运用。故曰“无用之用,其用乃大”。枢纽、根柢以有形役有形,恶在其为“无极”也?又云:“老子之言有无,以有无为二;周子之言有无,以有无为一。”则又不知释、老之异,而以释氏之有无浑之矣。老子之无,道德经云:“有无相生。”有不能自有,必出于无有;而其生也,非若父子之以形相禅而可离,乃即无而御其有,亦不可言二,此“无极而太极”之妙也。今云“以有无为一”,是释氏之“空有不二”、“即空即有,即有即空,谓之真空妙有”。迥乎与“无极”判矣。又曰“有无之间”,则并不知有之为有,无之为无,释、老两无所据者也。夫茂叔以老附易,虽失易而得老,惜其杂以方士之图,而老不纯。晦翁杂释于老以附易,而释、老两失,尚何易之可稽乎?

太极动而生阳,动极而静,静而生阴,静极复动。一动一静,互为其根。

辩曰:阴阳虽有动静之分,然而动静非截然两事,阴阳非判然两物。言“动而生阳,静而生阴”则可,言“动极而静,静极复动”,则不可。动如春夏之发生,包藏含蓄即在其中;静如秋冬之收敛,胚胎萌蘖即在此内。动者是阳,阳无阴不能动;静者是阴,阴无阳不能静。苟无阴之动,则飘蓬落絮随风播荡;无阳之静,则朽骨枯林灵魂尽灭。譬诸昼夜,一分昼去则一分夜来,一分夜去则一分昼来;譬诸气血,血附气而行,气随血而转,不逮其极而始复也。言“一动一静”,互为交错则可,言“互为其根”则不可。动静咸植根于太极,如曰动根于静,静根于动,是天之生物已非一本,不待墨者已先二本矣。老氏云“有物混成”,“生天生地”。庄生云:“至阴肃肃,至阳赫赫。肃肃出乎天,赫赫发乎地。”以此数语演为“生阴生阳”之说。大传之言阴阳动静,俱以易之为书,奇偶往来象天地之气化,非竟指天地而状貌之也。此先圣后儒背道而驰之大概尔。

分阴分阳,两仪立焉。

辩曰:传之言“分阴分阳”,指易中卦爻奇耦之象,其德则迭有刚柔之用,非曰分阳而立为天,分阴而立为地。所以谓之“两仪”者,亦因奇耦之画而得名也。仪者,文也。天下之物纯一则不文,奇耦相间杂而成文章,谓之仪。仪者,象也。卦爻有奇有耦,成其物象,谓之仪,故曰“两仪”。岂直指天地之形质乎?

阳变阴合,而生水火木金土。

辩曰:阳统阴承,阳施阴受,阳始阴生,意无亏缺,言无偏蔽。今云“阳变阴合”,此时之阳尚是无形之眹兆,从何而言变?既已变矣,彼已自为一物,阴何从而合?阴阳既合,万物齐生,岂有光生水火木金土自为一截,万物又为一截,若祖之于祢,祢之于子也?其先也孰引之?其后也孰遏之?所谓“水火木金土”者,何也?万物中之五物也。非五物独贤于他物,特以万物所具之气,若有此五等然,若水若火若木若金若土。盖指其近似者而儗之也,岂真五物哉?况云五者之能生人物哉?

五气顺布,四时行焉。

辩曰:有天地即有四时。夫子曰:“日月运行,一寒一暑。”“寒暑相推而岁成。”就四时而推之，中含五气。日月者，阴阳之成象者也。寒暑者，四时之发用者也。今曰“五气顺布而四时行”，岂先排列此五位，然后四时就道而行？则是又以五行生阴阳也。夫春气温和，万物向荣，草木尤其显著者；故以春为木，云木气者，特春气之变文耳，非木能使春温和也。夏气暵热，其逼于物如火之焦燥，此火得令之时；故以夏为火，非火能使夏暵热也。秋气肃杀，物至此而坚刚，有似金；故以秋为金令，因亦谓之金气，非金能使秋肃杀也。冬气凝结而万物闭藏，凝结者如水之向寒而冰冻，闭藏者如水之会聚而无隙；故以水令为王于冬〔一〕，非水〔二〕能使冬凝结闭藏也。木无土不植，火无土不宿，金无土不生，水无土无所归；土之无位者非无位也，无地非其位也，木火金水之时，皆其所休养也，故王于四时。然就四时之和合而言，有似乎土之于木火金水，非土之能使四时休养也。

五行一阴阳也，阴阳一太极也，太极本无极也。

辩曰：无极即是〔三〕太极，太极即是〔四〕祖气，非别有无极而后为祖气也。若合以夫子之言，则是祖气作易矣。恶乎可？

五行之生也，各一其性。无极之真，二五之精，妙合而凝。

辩曰：五行各性，性已纷杂，岂能会合而成人？阴阳既

〔一〕此句世本作“故以水为冬令”。
〔二〕“水”下，原有“之”，据世本删。
〔三〕〔四〕“是”，世本无。

生五行，则阴阳即在五行之中，当成功者退，不当复参于五行之班而为二五也。二五并列，俨然成七，杂乱棼扰，如何谓之精？如何可以凝？大传曰“天地絪緼，万物化醇；男女构精，万物化生”，故“三人损一”以“致一”。三且不能生，况于七乎？老氏云：“泛乎！其可左右。万物恃之而生而不辞。”“天得一以清，地得一以宁，万物得一以生，侯王得一以为天下贞。”“道生一，一生二，二生三，三生万物。”校之于此，自觉无弊。

“乾道成男，坤道成女”。二气交感，化生万物。万物生生而变化无穷焉。

辩曰：乾男坤女，显然形质。此时万物无不具备，何故方言二气之交感，而化生万物也？吾不知此男女者，合雌雄牝牡俱在其内而言也？又不知专指人而言也〔一〕？如合雌雄牝牡，则与图之所分属者不侔；如专指人，人无化生异类之事。人物之始，气化所生，聚而成形，以形相感，则人生人，鸟生鸟，兽生兽〔二〕，虫鱼草木俱以类相禅矣。此一推原也，实取庄生“肃肃出乎天，赫赫发乎地。两者交通成和而物生焉”。然不若庄生之无罅漏也。

惟人也得其秀而最灵。形既生矣，神发知矣，五性感动而善恶分，万事出矣。

辩曰：既受于人，五道三德行之唯一，喜怒哀乐皆缘于

〔一〕此二句世本作“合雌雄牝牡而言与，专指人而言与”。

〔二〕此二句世本作“鸟兽生鸟兽”。

感。水火木金土至此不过为臣官之用,岂得各擅其权,而一国三公,政出多门也哉?即或有偏喜偏怒偏哀偏乐,或仁之过不及,义之过不及,礼之过不及,智之过不及,信之过不及者,欲于此而专责仁于木,责义于金,责礼于火,责智于水,责信于土,指其一性之失职,非愚则狂矣。夫性一也,分天命、气质而为二,已属臆说,何得复因气质而析为五?感动在事,不在性,四端流露,触物而成。即以“乍见孺子”论之,发为不忍乃其仁,往救乃其义,救之而当乃其礼,知当救乃其智,身心相应乃其信,焉有先分五性,然后感动之理哉!夫子曰:“继之者善,成之者性。”今曰“善恶分”,是有性善,有性不善也。如以感动为习,则性不任其咎。庄生云:“多方乎仁义而用之者,列于五藏哉!而非道德之正也。”茂叔盖苗裔于此。

圣人定之以中正仁义而主静,立人极焉。

辩曰:既云五性,不当偏举“仁义”而遗礼智信,且以“中正”先之也。夫仁义为性之所发现,仁而为从井之救则愚,义而为乞邻之与则不直。圣人处之无过不及,不偏不倚,乃谓之中正。中正者,事理之当然也,虚辞也。今曰“定之以中正仁义”,则是木仁金义,原非全德,必待圣人定之,使中且正,然后不流于煦煦孑孑。此所谓仁义,非孔、孟之仁义也。大传曰:“至赜不可恶,至动不可乱。”艮之彖传曰:“时止时行,动静不失其正。”说卦传曰:“兼三才而两之。”俱一动而一静。曰“主静”,则偏枯而非孔、孟;以“立人极”,则天极地极皆两,而人极独一矣。于三极六位之道,或未暇讲与！圣人之所以异于二氏者，以其能静能动也。坐明堂而朝万国，一日二日万几，其心如澄渊，无为而治，与木石居，与鹿豕游，其闻见若决江河，未尝有专事于静者也。彼槁木死灰虽愈于火牛狂象，其非中正则一也。记曰："定而后能静，静而后能安。"此从学之途，未为学之至境。"无欲故静"，此无欲固非对私欲之欲而言，即爱亲敬长寂然未发，大人同于赤子，必继善已往，学问切磋，性流为情，虽有欲而仍不入于恶，始完大人之分量。如仅守此无欲之静，则犹为赤子尔，乌能尽参赞位育，而云"立人极"也？盖老氏之学，"致虚极，守静笃"，"离形去知"，"甘瞑于无何有之乡"，"慹然似非人"，"内守而外不荡"，"归根曰静，静曰复命"。其主静之谓与！

故圣人"与天地合其德，与日月合其明，与四时合其序，与鬼神合其吉凶"。君子修之吉，小人悖之凶。

辩曰：列此三等人品，宜以主静归君子，而为修身之功则无病矣。至于圣人，恐非一静所能尽者。

故曰："立天之道曰阴与阳，立地之道曰柔与刚，立人之道曰仁与义。"

辩曰：上之四合，乃大人已成之德业；此之三立，乃一卦所以六画之故。不取其义理，但取其规模阔大、辞气雄壮而已。阴阳、仁义又若与前不侔。

又曰："原始反终，故知死生之说。"大哉易也，斯其至矣！

辩曰："原始反终"，止是易准天地之一端，亦非可偏举以毕天下之能事。焉有天地合德，日月合明，四时合序，鬼神合吉凶之大人，而以知生死为至，如释氏之重坐脱立亡者乎？盖由此图出自方士神仙之教，但求长生不死。庄生云："生死亦大矣。"又云："无视无听，抱神以静，形将自正。必静必清，无劳汝形，无摇汝精，乃可以长生。目无所见，耳无所闻，心无所知，汝神将守形，形乃长生。慎汝内，闭汝外，多知为败。"又以能儿子为卫生之经，皆以主静求长生也。故以治身为道之真，以绪余土苴为家国天下。彼所重唯在此。茂叔传图亦从此悟入，其撮缀圣人之言而强谓之易者也。圣人夭寿不贰，朝闻夕死，视死生如日用起居。今略去务民事人，而以知生死为学之究竟，易之尽量亦自呈其立论之原尔。至于老、庄之"四肢百骸〔一〕将为尘垢，死生终始将为昼夜"亦非局蹐〔二〕于死生者。茂叔于学则全得之老，于图则杂以仙真，于说则冒以易道，未可与夫子之太极、两仪、四象、八卦同年而语也。

〔一〕"骸"，庄子田子方原文作"体"。

〔二〕"局蹐"，世本作"局脊"。

附　录

黄宗炎传

宗炎，字晦木。与兄宗羲、弟宗会俱从宗周游。其学术大略与宗羲等。著有周易象辞三十一卷，寻门余论二卷，图书辨惑一卷，力辟陈抟之学，谓周易未经秦火，不应独禁其图，至为道家藏匿二千年始出。又著六书会通，以正小学，谓扬雄但知识奇字，不知识常字，不知常字乃正字所自出也。又有二晦、山栖诸集，以故居被火俱亡。康熙二十五年，卒，年七十一。

（录自清史稿卷四百八十）

提　要

周易象辞二十一卷，附寻门余论二卷、图书辨惑一卷，清黄宗炎撰。宗炎，字晦木，余姚人。宗羲之弟也。其说易力辟陈抟之学，故其解释爻象，一以义理为主。如释坤彖曰：乾既大矣，坤能配乎乾而与之齐，是乾之大，坤亦至焉，故曰至哉。盖乾以元施而坤受之，即为坤之元，非别有元也。其义为前人所未发，而于承天时行之旨，无成有终之道，皆分明融洽。他如解豫“六二介于石”，谓处地之中，得土之坚，取象极为精确。解剥“六五贯鱼”，引仪礼鱼每鼎用十五头，昏礼用十四头，其数多，必须贯，亦颇有根据，不为牵合。解解卦“初六无咎”云：难之初解，人人喜补过之有地，此非人力，乃天时也，故直云无咎。尤能得文外之意。其他诠释大都类此，皆可备易家之一解。至于“归妹以须”，须为女之贱者，旧解本无可易，而宗炎谓须附颐以动，则以为须发之须，未免伤于好奇。又于易之字义，多引篆文以释之，亦不免王氏新义务用字说之弊。当分别观之可也。

后附录寻门余论二卷、图书辨惑一卷，宗旨大略相同。寻门余论兼排释氏之说，未免曼衍于易外。其诋斥宋儒，词气亦伤太激。然其论四圣相传，不应文王、周公、孔子之外别有伏羲之易为不传之秘。周易未经秦火，不应独禁其图，转为道家藏匿二千年，至陈抟而始出，则笃论也。图书辨惑谓陈抟之图书乃道家养生之术，与元陈应润之说合。见应润所作爻变义蕴。谓周子太极图说，图杂以仙真，说冒以易道，亦与朱彝尊、毛奇龄所考略同。彝尊说见经义考二百八十三。奇龄说见所作太极图说遗议。至谓朱子从而字析之，更流于释，则不免有意深文，存姚江朱、陆之门户矣。二书各有别本单行。然考周易象辞目录，实列此二书，谓之附录，则非别自为编也。今仍合之，俾相辅而行焉。

（录自中华书局影印四库全书总目）

跋

沈懋德周易寻门余论跋

易之为道如日月经天、江河行地,可以群知之而群见之,岂有幽渺不传之秘哉!汉之传易者,田、王而外,唯焦、京流于术数,其余则各有师承。宋儒生千百年后,空谈义理,自谓心源直接羲皇,而不自知其遁入虚无。其弊在立意过高,师心自用,离易以言易,而不能就易以言易也。夫易有八卦,因而重之而为六十四,其道止于此而已。苟可以再衍之,圣人亦早衍之矣。晦木先生专就易以言易,实能指出寻常道理,故其贬驳宋儒处,无不虚空粉碎。至谓"六书始于羲皇,不始于仓颉",而就卦画一一推阐之,精妙绝伦,使人想见造字之初,似创论实至论也。宋儒于卦画源流尚不能通晓,乃舍文、周、孔子而侈谈上古先天,岂不谬哉!卷中有指斥释教者百七十余行,与易无涉,今特节之。又谓"三画之卦,乾坤仅可谓之天地,震巽仅可谓之雷风"云云,是则不然。八卦之名始于太皞,其初止有三画,何不闻以天地雷风水火山泽命名也?

壬寅首夏吴江沈懋德识。

(录自世楷堂昭代丛书癸集)

沈懋德易学辨惑跋

向见黄石斋三易洞玑,凡天文历象无一不归之于易。窃叹易之为书，广大悉备，故术数之流皆得依附之。葛稚川、陈图南辈托易象以炼丹，黄亦犹是也。然假卦作图，要与易道无涉，可以听其别行。自邵尧夫、周茂叔转以此解经，则大谬矣。三圣之道若日星，今乃援老入儒，据先天、太极诸图，谓学易必先观图，反增一番蔀障。晦木先生起而辨之，理明词辣，直令邵、周无躲身处，岂不快哉！

壬寅首夏吴江沈懋德识。

（录自世楷堂昭代丛书癸集）